中国暴力犯罪人的心理与行为研究

张卓 著

中国政法大学出版社

2022·北京

图书在版编目（ＣＩＰ）数据

中国暴力犯罪人的心理与行为研究/张卓著.—北京：中国政法大学出版社，2022.8

ISBN 978-7-5764-0636-8

Ⅰ.①中…　Ⅱ.①张…　Ⅲ.①暴力—刑事犯罪—犯罪分子—心理行为—行为分析—中国　Ⅳ.①D917.2

中国版本图书馆CIP数据核字(2022)第162717号

出 版 者	中国政法大学出版社
地　　址	北京市海淀区西土城路 25 号
邮寄地址	北京 100088 信箱 8034 分箱　邮编 100088
网　　址	http://www.cuplpress.com (网络实名：中国政法大学出版社)
电　　话	010-58908441(编辑部) 58908334(邮购部)
承　　印	北京九州迅驰传媒文化有限公司
开　　本	880mm×1230mm　1/32
印　　张	8.25
字　　数	200 千字
版　　次	2022 年 8 月第 1 版
印　　次	2022 年 8 月第 1 次印刷
定　　价	39.00 元

前　言

　　暴力对于人类生活的影响无处不在、源远流长。在不同的历史时期和文化背景下，人们的暴力行为表现出多种形式，如宗教祭祀、部落屠杀、武装战争、残酷刑罚、荣誉决斗、恐怖袭击、情感虐待、网络欺凌等。暴力犯罪行为总是人们关注的焦点，大众媒体中杀人、强奸等暴力犯罪案件经常会被广泛传播，研究者也在不断尝试采用多种视角和方法来理解并减少暴力犯罪。

　　心理学是系统研究个体的心理过程和行为的科学。人们通过心理学的理论和方法探讨个体的犯罪行为，因而衍生出犯罪心理学这门交叉学科。暴力犯罪作为最古老且最受瞩目的犯罪形式，毫无意外地成为犯罪心理学中探讨得最深入、所获成果最丰硕的研究主题，暴力犯罪人也因此成为犯罪心理学中最受关注的目标人群。然而，目前我国针对暴力犯罪人的研究成果仍然数量有限，研究方法以个案访谈和量表测试为主，而且研究主题相对单一且零散，缺乏系统的心理学实证研究。因此，本书聚焦于我国的暴力犯罪人群体，采用量表测试、行为实验、事件相关电位、功能性磁共振成像等方法和技术，系统地考察男性暴力犯罪人在人格、认知和情绪等方面的异常，并尝试通过团体心理干预对暴力犯罪人的行为进行矫正。

　　本书以研究团队既往多年的研究成果为基础，是对我国暴力犯罪人心理与行为问题的系统研究，共包括八章：第一章主要从生物、心理、社会三个方面，回顾了暴力行为可能的影响因素；第二章介绍暴力犯罪的定义和分类标准，并阐述了近20年来暴力犯罪的发展现状与特点；第三章介绍暴力犯罪风险的心理学评估，回顾了罪犯风险评估工具的发展与现状，并重点介绍两类常用的暴力风险评估工具；第四章介绍了通过问卷和量表，对全国多所监狱内数百名男性暴力犯罪人的人口统计学特征、攻击行为类型及人格特点的调查研究；第五章介绍了采用行为实验和事件相关电位等方法，阐释精神病态暴力犯罪人在执行功能和人际合作任务中认知缺陷机制的研究；第六章通过行为实验和功能性磁共振成像等技术，探讨暴力犯罪人在情绪识别与威胁防御任务中情绪障碍机制的研究；第七章介绍了采用认知行为疗法，在监管场所内分别开展成年暴力犯罪人与未成年暴力犯罪人团体矫正实践的初步成效；第八章简要总结了既往研究中的问题和局限，并尝试为未来我国的暴力犯罪人研究提供启示与建议。本书系统总结了既往对我国暴力犯罪人的心理学实证研究成果，希望能够为深入理解暴力犯罪的风险因子和发生机制、开展暴力犯罪人的矫正和预防起到积极的作用。

本书的全部内容均凝聚着研究团队全体成员的智慧和汗水，研究过程中也得到了多位前辈和同行的无私帮助和宝贵建议。自2008年进入中国政法大学工作以来，暴力犯罪成为我个人学术研究中的一个重要主题。在此前的学术背景中，我从未接触过任何特殊人群，也从未系统研究过暴力犯罪等异常行为。幸运的是，身处中国政法大学这一国内最早开展犯罪心理学研究，并在此领域始终保持着开创和领先地位的高校，使得我能够在探索暴力犯罪的学术道路上获得大量机遇并受益匪浅：罗大华老师等犯罪心理学前辈的开创性工作，为年轻教师开展暴力犯罪的研究奠定了坚实的基础；与同事杨波老师长期无间的合作，开启了我踏足国内数十家监管场所、走近暴力犯罪人的学术生涯；刘邦惠老师对于暴力犯罪人特别是精神病态暴力犯罪人测评工具的本土化探索、马皑老师举办国际法律心理学大会并邀请多国专家进行的学术交流，为我参与犯罪心理学的国际交流提供了启示与机会；与王国芳老师等各位心理学同事的沟通与协作，为我个人的犯罪心理学研究带来了宝贵的灵感与激励。在深入监管场所开展调查和实验的过程中，得益于司法部预防犯罪研究所、各省市监狱管理局、各监管机构与一线单位全体领导和同仁的大力支持，本书所述的各项研究才能够顺利实施并有所收获，在此由衷地向他们致敬。

由于本人水平有限，谬误在所难免，希望读者不吝赐教，以便于未来的修改与完善。

张卓

2021 年于北京

目 录
CONTENTS

第一章

暴力的根源 ◆

第一节　暴力的定义与分类

一、暴力的定义

暴力（violence）是贯穿人类发展历史、在世界范围内普遍存在的一种行为，因其自身的普遍性和危害性，而成为心理学、犯罪学、医学等多个学科共同关注的研究主题。在不同学科中，研究者通常从不同的理论取向，采用不同的专业术语去描述暴力。在心理学领域，暴力通常被视作攻击行为的极端形式，如伤害、强奸或杀人[1]；在犯罪学领域，暴力指的是那些过程或结局能够造成人或财产伤害或损失的一系列事件[2]；在医学领域，世界卫生组织从公共卫生的角度提出，暴力指的是蓄意地运用躯体的力量或权力，对自身、他人、群体或社会进行威胁或伤害，造成或极有可能造成损伤、死亡、精神伤害、发育障碍或权益的剥夺[3]。此外，暴力行为的发出者不局限于生命体，物理力量如飓风、火灾或地震，以及政治或经济团体等造

---

〔1〕　C. A. Anderson, "Violence and Aggression", in A. E. Kazdin ed. , *Encyclopedia of Psychology*, American Psychological Association, Vol. 8, 2000, pp. 162-169.

〔2〕　康树华、张小虎主编：《犯罪学》（第二版），北京大学出版社 2009 年版，第 225—228 页。

〔3〕　E. G. Krug et al. , "The World Report on Violence and Health", *The Lancet*, Vol. 360, 9339（2002）, pp. 1083-1088.

成的破坏或伤害也可能被称为暴力。

由上述不同领域对"暴力"的解读可以看出，首先，暴力的概念具有一定的异质性，尽管不同学科的定义之间可能存在部分重叠，但任何一个定义都难以涵盖暴力自身的复杂性。其次，在多个定义中，暴力几乎总是被描述为破坏性的。尽管实施暴力的目的或动机是正当的，如警察在制止恐怖袭击时实施的暴力，但暴力行为本身仍会造成损害。此外，暴力与攻击的定义相似，而对于两者的差异似乎主要与伤害或破坏的程度有关，那些造成躯体伤害的行为通常被称为暴力[1]，而仅造成心理或情感上的伤害则通常被称为攻击，如言语攻击。最后，在心理学和生物学等领域，研究者更多地使用"攻击"，行为的主体包括动物和人。而在犯罪学和社会学等领域，研究者更多地使用"暴力"，多用于描述人或国家强制力量的行为。

二、暴力的分类

暴力可以从多个角度进行分类，根据施暴者的特点[2]，暴力可以分为三类：①自我指向性暴力（self-directed violence），主要包括自杀与自虐；②人际暴力（interpersonal violence），主要包括家庭和伴侣间的暴力，以及发生在无亲属关系个体之间的社区暴力；③集团暴力（collective violence），与前两种类型不同，集团暴力则体现了大的群体或国家实施暴力的动机，主要包括社会、政治和经济的暴力，如恐怖活动、战争或暴力冲突、有目的的破坏性经济活动。

---

[1] 注：近年来，随着网络暴力概念的出现，暴力也可能不涉及直接的躯体伤害。

[2] E. G. Krug et al., "The World Report on Violence and Health", *The Lancet*, Vol. 360, 9339 (2002), pp. 13-23; K. M. Jacquin, "Violence", available at https://www.britannica.com/topic/violence, last visited on 2021-5-7.

根据暴力行为的本质，暴力可以分为四类：①躯体暴力（physical violence），主要包括杀人、伤害等；②性暴力（sexual violence），主要包括强奸、轮奸等；③精神暴力（psychological violence），主要包括诅咒、侮辱、歧视等；④剥夺权益或漠视（deprivation or neglect），主要包括剥夺食物、遗弃儿童等。

根据暴力行为的动机或伴随的情感强度等，暴力或攻击可以分为两类：①冲动性（impulsive）暴力/攻击[1]。其主要表现为爆发性甚至不受控制的暴力反应，通常在受到挑衅、挫败或威胁等刺激之后发生，往往伴随着强烈的情绪唤起（如愤怒或恐惧）和自主神经反应（如心率增加等），主要目的是对受到威胁或挑衅等刺激行为进行自我防御，如受到侮辱而导致的杀人或伤害等，此类型又被称为反应性（reactive）、情感性（affective）或敌对性（hostile）暴力。②预谋性（premeditated）暴力/攻击。其主要表现为有目的、有计划的攻击行为，与受挫或威胁等外界刺激无关，其通常不伴随强烈的情绪或自主神经反应，此类暴力行为通常只是一种手段，主要目的是获取某个目标（如他人财物）或优势地位，而不是伤害被害者，如精心策划的抢劫等，此类型又被称为主动性（proactive）、工具性（instrumental）或掠夺性（predatory）暴力。

尽管目前尚未出现被广泛认可的暴力分类标准，但上述分类能够帮助人们进一步了解暴力的表现形式与基本特点、掌握暴力等反社会行为的发生机制，对开展暴力相关障碍的治疗以

---

[1] E. S. Barratt, "Measuring and Predicting Aggression Within the Context of a Personality Theory", *The Journal of Neuropsychiatry and Clinical Neurosciences*, Vol. 3, 2 (1991), pp. S35-S39; K. A. Dodge, "The Structure and Function of Reactive and Proactive Aggression", in D. J. Pepler and K. H. Rubin eds., *The Development and Treatment of Childhood Aggression*, Lawrence Erlbaum Associates, Inc., 1991, pp. 201-218.

及暴力犯罪人的矫正具有重要意义。

第二节　暴力行为溯源：生物因素

如今，暴力的研究已被分散到各个学科不同的子领域中，本章将从生物、心理、社会三个方面追溯暴力行为产生的原因。首先通过生物学各领域的研究进展和实证数据，阐释暴力行为的生物学基础。早在 18 世纪，人们就尝试从生物学角度来解释暴力行为，并开始提出有关暴力等犯罪行为的多个生物学理论，其中影响最为深远的是意大利著名犯罪学家龙勃罗梭（Cesare Lombroso）提出的"天生犯罪人"理论。20 世纪 60 年代，随着细胞染色技术的发展，人们又一度将男性的 XYY 染色体异常认定为暴力的遗传学基础。然而，早期的多个犯罪生物学理论以及 XYY 染色体异常等对暴力行为的解释，并未得到一致、有效的证据支持，因此将不会在本节内容中具体阐释。

一、暴力行为的遗传学证据

在遗传学研究中，人们采用量化的研究方法来探讨遗传因素对于暴力行为的影响，并试图回答：攻击与暴力是否具有家族遗传性？如果有，遗传因素在多大程度上影响暴力行为？

（一）行为遗传学

早期的犯罪遗传学研究主要集中于行为特性的评估，其主要研究方法包括双生子研究和寄养子研究。

1. 双生子研究

双生子通常包括同卵双生子和异卵双生子两种类型。同卵双生子（monozygotic twins）即单卵双胞胎，是由同一个受精卵分裂发育而成的，具有完全一样的遗传基础。异卵双生子（dizygotic twins）则由两个受精卵同时发育而成，遗传相似性平均约为 50%，与普通的兄弟姐妹类似。

通过双生子研究，人们可以考察攻击行为是否受到遗传因素的影响，并评估遗传因素对攻击行为的个体差异的解释度。首先，个体在某种复杂性状，如攻击行为上表现出来的个体差异，通常是遗传和环境因素共同作用的结果。其中，遗传变异在表型变异中所占的比值被称为遗传度，用来衡量复杂性状从亲代传递到子代的能力。其次，遗传度可以通过双生子之间表现出某种性状的相似程度，如从攻击行为的一致率来衡量，一致率指的是双生子中一个表现出攻击行为，另一个也表现出攻击行为的频率。如果同卵双生子表现出攻击行为的一致率显著高于异卵双生子，说明攻击行为很可能具有遗传基础，其数值越大，表明攻击行为受遗传因素的影响越大；其数值越小，则表明攻击行为受环境因素的影响越大[1]。

在有关儿童和青少年攻击行为的研究中，研究者采用父母评分的方法，对 492 对双生子的攻击行为进行了评估，结果发现同卵双生子攻击行为的一致率显著高于异卵双生子，在该样本中，遗传因素能够解释攻击行为表型变异的 70%—77%[2]。雷恩（A. Raine）总结了 13 项与犯罪相关的双生子研究，发现尽管现有双生子研究涉及的年龄、性别、国家、样本量和定罪标准等差异很大，但犯罪行为在同卵双生子上的平均一致率高达 51.5%，而在异卵双生子上则为 20.6%，这提示反社会行为与

---

〔1〕　陈竺主编：《医学遗传学》，人民卫生出版社 2005 年版，第 102—107 页。

〔2〕　J. J. Hudziak et al., "A Twin Study of Inattentive, Aggressive, and Anxious/Depressed Behaviors", *Journal of the American Academy of Child and Adolescent Psychiatry*, Vol. 39, 4 (2000), pp. 469-476.

攻击行为在很大程度上是可遗传的[1]。

2. 寄养子研究

与双生子研究相比,寄养子研究能够更好地分离遗传因素与环境因素对某行为特性的影响。在寄养子研究中,研究者们将那些早年被收养的个体与他们的亲生父母及养父母进行比较,寄养子与亲生父母之间的相似性反映了遗传因素对犯罪行为的影响,而与养父母之间的相似性则反映了环境因素对犯罪行为的影响。

大多数寄养子研究都是以档案文件为基础的回溯研究,其中梅德尼克(S. A. Mednick)等人的大样本寄养子研究最具影响力。该研究以丹麦1927—1947年所有的法庭判决记录为基础,共找到14 427名寄养子。研究者分析了其中4000余名寄养子与其亲生父母及养父母的犯罪记录,发现在亲生父母和养父母均无犯罪记录时,13.5%的寄养子有犯罪记录;当仅养父母有犯罪记录时,这一数字为14.7%;当仅亲生父母有犯罪记录时,寄养子的犯罪记录上升至20%;而当亲生父母与养父母均犯罪时,寄养子的犯罪率高达24.5%。由以上发现可知,无论养父母是否犯罪,寄养子的犯罪率均与亲生父母相关。当亲生父母的犯罪记录达3次或以上时,寄养子的犯罪可能性也比亲生父母无犯罪记录的对照组高3倍。持续犯罪人,特别是男性持续犯罪人,与其亲生父母的犯罪记录存在强相关,但两者的犯罪类型却不相关。然而,寄养子与其亲生父母之间犯罪行为的相关仅局限于财产犯罪,暴力犯罪则未发现显著相关[2]。因此,该研

---

[1] A. Raine, "The Biological Basis of Crime", in J. Q. Wilson and J. Petersilia eds., Crime: Public Polices for Crime Control, ICS Press, 2002, pp. 43-74.

[2] S. A. Mednick, W. F. Gabrielli Jr. and B. Hutchings, "Genetic Influences in Criminal Convictions: Evidence from an Adoption Cohort", Science, Vol. 224, 4651 (1984), pp. 891-894.

究表明，犯罪的遗传倾向（如亲生父母的犯罪行为）与高风险环境（如负面的收养家庭）相结合，导致个体犯罪的风险效应更大。此外，美国、瑞典等不同国家和地区的寄养子研究也发现，男性与女性的轻微罪行、青少年的反社会行为均可能受到遗传因素与环境因素交互作用的影响[1]。

尽管部分寄养子研究的结果并未发现暴力犯罪与遗传基础的高相关，但一项针对51项反社会行为的双生子与寄养子研究的元分析发现[2]，遗传因素能够解释反社会行为41%的变异量，提示攻击与暴力行为的确存在一定的遗传基础。虽然双生子和寄养子研究存在诸多局限，攻击与暴力犯罪行为的遗传基础也无法最终确定，但大量双生子与寄养子的研究结果为暴力犯罪与遗传因素之间的相关提供了令人难以反驳的有力证据。

（二）分子遗传学

大量早期的遗传学研究证明，暴力行为在很大程度上受到遗传因素的影响。随着分子生物学的发展，人们开始寻找与暴力和犯罪相关的基因，并试图回答：暴力行为是否存在特定的遗传标记？如今分子生物学研究发现，至少有七种基因已被证实与个体的反社会行为密切相关[3]。

在前述的双生子和寄养子研究中，研究者们找到了暴力行

---

[1] M. Bohman et al., "Predisposition to Petty Criminality in Swedish Adoptees. I. Genetic and Environmental Heterogeneity", *Archives of General Psychiatry*, Vol. 39, 11 (1982), p. 1233; C. R. Cloninger et al., "Predisposition to Petty Criminality in Swedish Adoptees. II. Cross-Fostering Analysis of Gene-Environment Interaction", *Archives of General Psychiatry*, Vol. 39, 11 (1982), pp. 1242–1247.

[2] S. H. Rhee and I. D. Waldman, "Genetic and Environmental Influences on Antisocial Behavior: A Meta-Analysis of Twin and Adoption Studies", *Psychological Bulletin*, Vol. 128, 3 (2002), pp. 490–529.

[3] ［美］Curt R. Bartal, Anne M. Barto 著，李玫瑾译：《犯罪心理学》（第11版），中国轻工业出版社2017年版，第68页。

为具有遗传学基础的初步证据。然而，暴力这一复杂的遗传学性状很可能涉及多个基因的共同作用。直到1993年，研究者才首次发现与人类暴力行为密切相关的特定基因——单胺氧化酶A（monoamine oxidase A，MAOA）基因。

MAOA基因位于X染色体，主要负责5-羟色胺和去甲肾上腺素两类单胺类神经递质的降解。布鲁纳（H. G. Brunner）等人发现，在荷兰的一个大家族中，数代内共有14名男性具有行为异常，主要表现为轻微的智力迟滞以及攻击和暴力行为。所有患者均表现出无缘由的攻击性爆发倾向，包括强奸、纵火、自杀未遂等冲动性攻击行为，而且上述行为异常仅发生在男性家族成员中，女性家族成员均未出现异常。布鲁纳等人对该家族成员进行了基因序列和连锁分析，发现具有异常行为的男性，均出现了MAOA基因的突变，导致MAOA活性的完全丧失，并表现出单胺类神经递质的代谢异常[1]。由于男性仅有一条X染色体，相当于该家族中的患病男性的MAOA基因被功能性敲除，表现出攻击和暴力行为。这一研究结果也是在现有研究中，MAOA基因与人类攻击和暴力行为相关的最有力证据。

尽管如前述荷兰家族的MAOA基因突变罕见，但MAOA基因的多态性在人群中普遍存在。因此，研究者开始关注该基因多态性与攻击和暴力行为的联系。在人类基因组中，大量基因在不同个体中表现出至少两种基因型，这种基因分子在等位基因上的个体差异被称为基因多态性。例如，ABO血型是人类最早被发现的基因多态性。在进化上，基因多态性意味着某一生物群体具有多样化的基因型，因此与单一基因型的种群相比，其更可能适

---

[1] H. G. Brunner et al., "Abnormal Behavior Associated with a Point Mutation in the Structural Gene for Monoamine Oxidase A", *Science*, Vol. 262, 5133 (1993), pp. 578-580.

应多种类型的生存环境，更具备选择性优势。虽然基因多态性通常不会直接导致疾病，但也可能引发个体易感性的增加。MAOA基因的多态性在人群中普遍存在，MAOA 基因多态性又被分为两大类，即高活性等位基因（high activity allele，MAOA-H）和低活性等位基因（low activity allele，MAOA-L）。MAOA 基因多态性的发现，使得人们开始尝试寻找攻击性和暴力行为的生物学标记。

2002 年，卡斯皮（A. Caspi）等人在其开创性的研究中，首次发现 MAOA 基因多态性与环境因素之间存在交互作用，并共同影响个体的攻击和暴力行为。研究发现，当仅考虑基因型时，男性个体的 MAOA 基因型与其反社会行为之间并不存在关联；而当考虑童年期这一环境因素后发现，童年生活幸福的个体，无论 MAOA 的基因型如何，均表现出较少的反社会行为，而在童年期遭受虐待的个体中，携带 MAOA-L 的男性在成人期表现出的反社会行为显著多于携带 MAOA-H 的个体[1]。上述研究结果提示，环境风险因子对男性反社会行为的影响受到了 MAOA 基因多态性的调节，攻击和暴力行为很可能是基因和环境交互作用的结果。

卡斯皮等人的研究成果堪称犯罪生物学研究史上的一座里程碑。在其之后，越来越多的研究者开始关注基因与环境的交互作用对攻击和暴力行为的影响，而不是试图寻找暴力行为单一的生物学标记。随后的多项队列研究和元分析研究也发现，携带有 MAOA-L 的男性个体，对虐待、疏忽、创伤（如早年丧母）等童年早期的负性事件更敏感，在青少年期和成人期表现

---

〔1〕 A. Caspi et al. , "Role of Genotype in the Cycle of Violence in Maltreated Children", *Science*, Vol. 297, 5582（2002），pp. 851-854.

出暴力和反社会行为的风险更高[1]。

除 MAOA 基因之外，与 5-羟色胺相关的基因，如 5-羟色胺转运体（serotonin transporter）基因；与多巴胺相关的基因，如多巴胺转运体（dopamine transporter）基因，均可能与攻击和暴力行为相关。然而，需要强调的是，所谓的"暴力犯罪基因"并不存在。虽然基因能够影响行为，但基因本身无法直接编码或决定人类的任何行为。单个基因能够改变的只是人类体内的某种蛋白质，如脑内与某类神经递质代谢相关的酶。攻击和暴力等复杂行为，很可能受到成百甚至上千个基因的调控，而这些基因的多态性可能通过影响脑结构、脑功能和人格特质等，形成个体间不同的暴力犯罪倾向。

二、暴力行为的神经生物学证据

20 世纪 70 年代后，神经科学和脑成像技术的发展极大程度地推动了活体人脑形态和功能的研究，研究者开始关注暴力行为的神经生物学基础。大量研究证据表明，暴力行为很可能与前额叶皮层、边缘系统、纹状体等一系列相互连接的神经环路结构及功能异常密切相关[2]。

（一）前额叶皮层的结构与功能异常

前额叶位于前额的正后方，是大脑皮层额叶的一部分。根

---

〔1〕 J. Kim-Cohen et al., "MAOA, Maltreatment, and Gene-Environment Interaction Predicting Children's Mental Health: New Evidence and a Meta-Analysis", *Molecular Psychiatry*, Vol. 11, 10 (2006), pp. 903–913; J. A. Schwartz and K. M. Beaver, "Evidence of a Gene×Environment Interaction Between Perceived Prejudice and MAOA Genotype in the Prediction of Criminal Arrests", *Journal of Criminal Justice*, Vol. 39, 5 (2011), pp. 378–384.

〔2〕 D. J. Flannery, A. T. Vazsonyi and I. D. Waldman eds., *The Cambridge Handbook of Violent Behavior and Aggression*, Cambridge University Press, 2007, pp. 77–242.

据功能的不同，人类的额叶可以分为三部分区域：初级运动区、运动前区和前额叶。其中，前额叶皮层（prefrontal cortex）位于初级运动皮层和运动前区的嘴端，与前两部分区域的功能不同，前额叶皮层较少参与运动控制，主要负责计划和决策等高级执行功能（executive function）。执行功能，是指在完成目标导向性活动、问题解决，以及根据任务需求进行灵活性转换时，个体调控思维和行为的各种能力，如维持注意力、自我监控、抽象推理、延迟满足和抑制冲动等。执行功能既可以使我们在持续不断变化的环境中，快速转换心理定势以适应各种情景，抑制不恰当的行为，又可以使我们制订计划、付诸实践并持之以恒直至将其完成。执行功能的介导使得我们的思维具有目标导向性，因此，在学习、工作和日常生活中至关重要，道德和伦理行为同样代表了一种执行功能[1]。前额叶皮层可以分为背外侧前额叶皮层（dorsolateral prefrontal cortex）、眶额皮层（orbitofrontal cortex）、内侧额叶皮层（medial frontal cortex），这三部分均与执行功能密切相关。

多项神经影像学研究结果表明，谋杀犯、精神病态或反社会人格障碍等暴力行为的高发群体，在前额叶皮层、杏仁核、纹状体等多个脑区表现出结构和功能异常。其中，暴力个体的前额叶皮层灰质容积减少及功能下降是最为一致的脑成像证据。2000 年，雷恩等人[2]采用磁共振成像（Magnetic Resonance Im-

---

〔1〕　M. B. Jurado and M. Rosselli, "The Elusive Nature of Executive Functions: A Review of Our Current Understanding", *Neuropsychology Review*, Vol. 17, 3 (2007), pp. 213-233; K. Ford, R. Byrt and J. Dooher, *Preventing and Reducing Aggression and Violence in Health and Social Care: A Holistic Approach*, M&K Update Ltd., 2010, pp. 104-106.

〔2〕　A. Raine et al., "Reduced Prefrontal Gray Matter Volume and Reduced Autonomic Activity in Antisocial Personality Disorder", *Archives of General Psychiatry*, Vol. 57, 2 (2000), pp. 119-127.

aging）对表现出暴力行为的反社会人格障碍患者进行扫描，首次发现反社会人格障碍患者前额叶皮层的细微结构缺陷：前额叶灰质体积比对照组减少11%。随后的脑成像研究也一致发现，精神病态个体的前额叶皮层存在结构异常，主要表现为眶额皮层和腹内侧前额叶皮层的灰质体积的异常减少或皮层厚度变薄[1]。由于灰质体积这一数值取决于皮层厚度与皮层表面积两个变量，眶额皮层的厚度下降可能更准确地反映出精神病态患者的病理生理机制[2]。随后的多项研究发现，在排除智商、物质依赖等可能影响的因素后，精神病态个体的眶额皮层仍表现出灰质体积或皮层厚度的异常减少[3]。磁共振成像研究发现，在一项评估大脑执行功能的测验——威斯康星卡片分类测验（Wisconsin Card Sorting Test）中，精神病态个体的得分与其眶额皮层的厚度成反比，提示精神病态个体眶额皮层的结构异常很可能与其无法抑制冲动反应、持续犯罪密切相关[4]。针对监狱服刑罪犯的磁共振成像研究发现，与其他罪犯相比，谋杀犯的眶额皮层、

---

〔1〕 M. Boccardi et al., "Cortex and Amygdala Morphology in Psychopathy", *Psychiatry Research*, Vol. 193, 2 (2011), pp. 85–92; J. Tiihonen et al., "Brain Anatomy of Persistent Violent Offenders: More Rather than Less", *Psychiatry Research: Neuroimaging*, Vol. 163, 3 (2008), pp. 201–212.

〔2〕 R. J. R. Blair, "Cortical Thinning and Functional Connectivity in Psychopathy", *The American Journal of Psychiatry*, Vol. 169, 7 (2012), pp. 684–687.

〔3〕 E. Ermer et al., "Aberrant Paralimbic Gray Matter in Criminal Psychopathy", *Journal of Abnormal Psychology*, Vol. 121, 3 (2012), pp. 649–658; R. de Oliveira-Souza et al., "Psychopathy as a Disorder of the Moral Brain: Fronto-Temporo-Limbic Grey Matter Reductions Demonstrated by Voxel-Based Morphometry", *Neuroimage*, Vol. 40, 3 (2008), pp. 1202–1213.

〔4〕 Y. Yang et al., "Abnormal Structural Correlates of Response Perseveration in Individuals with Psychopathy", *The Journal of Neuropsychiatry and Clinical Neurosciences*, Vol. 23, 1 (2011), pp. 107–110.

前颞叶皮层等脑区出现灰质体积的显著减少[1]，而上述脑区主要负责情绪处理、行为控制、执行与社会认知等功能。少数研究虽未报告眶额皮层的结构异常，但仍发现精神病态个体在前扣带回等区域出现皮层厚度减少的情况[2]。

（二）边缘系统的结构与功能异常

在暴力犯罪人、精神病态等群体中，最常见的脑结构和功能异常主要分布在额叶和颞叶，特别是位于内侧颞叶的边缘系统[3]。边缘系统（limbic system）是一组在解剖和功能上相互连接的结构形成的环路，主要包括杏仁核（amygdala）、扣带回（cingulate gyrus）和海马（hippocampus）等大脑半球内侧边缘的皮层和皮层下结构。边缘系统在种系的发展中比较古老，在觅食、防御、攻击等与个体生存和种族繁衍相关行为中起重要作用。在边缘系统中，与暴力行为联系最紧密、研究证据最为一致的结构是杏仁核。

杏仁核，又称杏仁核样复合体（amygdaloid complex），位于颞叶的前内侧，因核团的形状类似杏仁而得名。杏仁核可以进一步分为不同的亚核，每个亚核的功能也不尽相同。杏仁核在刺激—强化学习（stimulus-reinforcement learning）特别是与惩罚或奖赏事件相关刺激的学习中起到关键作用。由于杏仁核与前额叶之间存在大量的相互连接，杏仁核在刺激—强化学习中将强化预期传导至前额叶皮层，使得有益决策能够发生。杏仁核与重要的情绪信息，如面部表情，特别是恐惧表情的识别密切

---

〔1〕　A. Sajous-Turner et al. , "Aberrant Brain Gray Matter in Murderers", *Brain Imaging Behavior*, Vol. 14, 5 （2020）, pp. 2050-2061.

〔2〕　M. Ly et al. , "Cortical Thinning in Psychopathy", *The American Journal of Psychiatry*, Vol. 169, 7 （2012）, pp. 743-749.

〔3〕　N. E. Anderson and K. A. Kiehl, "The Psychopath Magnetized: Insights from Brain Imaging", *Trends in Cognitive Sciences*, Vol. 16, 1 （2012）, pp. 52-60.

相关。大多数人能够根据识别到的他人表情，如被攻击时的恐惧或愤怒，对自己的行为做出相应调整[1]。因此，杏仁核能够使个体在社会化过程中，学会避免伤害他人的行为，如攻击性言语或举动。

既往多项研究发现，杏仁核的结构和功能异常可能与个体的反应性攻击密切相关。磁共振成像扫描发现，与对照组相比，具有冲动性攻击行为的人格障碍患者，出现颞叶体积的显著减小[2]。2009年，杨（Y. Yang）等人在磁共振成像研究中，首次发现精神病态个体存在杏仁核的结构异常，与正常对照组相比，精神病态个体的双侧杏仁核的体积显著缩小，并与精神病态评分，特别是情感/人际关系的评分呈正相关[3]。现有的最大样本的罪犯脑成像研究也得到了类似的研究结果，研究者对近300名在押男性罪犯进行了精神病态评分与磁共振成像检测，在控制了年龄、脑的体积、物质滥用等影响因素后，发现这些精神病态个体存在杏仁核等边缘区域的灰质体积及灰质密度降低[4]。此外，攻击和暴力行为与边缘系统的过度激活密切相关，特别是杏仁核在负性情绪或挑衅性刺激的处理中起到重要作用。雷恩等人在正电子发射型计算机断层显像（Positron Emission Computed Tomography）研究中首次对暴力犯罪人的攻击类型进行区分，检

〔1〕 R. J. R. Blair, "The Amygdala and Ventromedial Prefrontal Cortex: Functional Contributions and Dysfunction in Psychopathy", *Philosophical Transactions: Biological Sciences*, Vol. 363, 1503 (2008), pp. 2557-2565.

〔2〕 M. C. Dolan et al., "Quantitative Frontal and Temporal Structural MRI Studies in Personality-Disordered Offenders and Control Subjects", *Psychiatry Research: Neuroimaging*, Vol. 116, 3 (2002), pp. 133-149.

〔3〕 Y. Yang et al., "Localization of Deformations Within the Amygdala in Individuals with Psychopathy", *Archives of General Psychiatry*, Vol. 66, 9 (2009), pp. 986-994.

〔4〕 E. Ermer et al., "Aberrant Paralimbic Gray Matter in Criminal Psychopathy", *Journal of Abnormal Psychology*, Vol. 121, 3 (2012), pp. 649-658.

测冲动性与预谋性暴力犯罪人的脑功能差异，结果发现，两种类型的杀人犯均出现右侧杏仁核等皮层下区域活动的异常[1]。

攻击与暴力行为个体的脑结构与功能缺陷，不仅仅局限于杏仁核或前额叶皮层本身，而且表现为前额叶皮层—杏仁核之间的结构完整性下降和功能联结减弱。前额叶皮层和杏仁核之间的结构和功能联结的质量在情绪反应中起关键作用[2]，而精神病态个体前额叶皮层—边缘系统之间的结构和功能联结存在异常[3]。具有反社会倾向（如品行障碍和冷漠无情特质）的青少年，在被动回避学习任务和道德决策任务中，也表现出杏仁核的活动下降、眶额皮层—杏仁核的功能联结减弱[4]。因此，成年精神病态群体的病理基础在神经发育期既已出现，而非该群体的药物滥用或其他高发行为导致。

（三）纹状体的结构与功能异常

纹状体（striatum/corpus striatum），也被称为纹状体核（the striate nucleus），是位于前脑的皮层下核团，也是连接皮层与丘脑环路中的一个重要结构。根据其功能和联结，纹状体又可以进一步分为背侧纹状体和腹侧纹状体。其中，背侧纹状体主要由尾状核和壳核组成，参与运动调节、刺激—反应学习等功能，与习惯性或反应驱动的决策有关；腹侧纹状体主要包括伏隔核，

〔1〕 A. Raine et al. , "Reduced Prefrontal and Increased Subcortical Brain Functioning Assessed Using Positron Emission Tomography in Predatory and Affective Murderers", *Behavioral Sciences and the Law*, Vol. 16, 3 (1998), pp. 319-332.

〔2〕 S. J. Banks et al. , "Amygdala-Frontal Connectivity During Emotion Regulation", *Social Cognitive and Affective Neuroscience*, Vol. 2, 4 (2007), pp. 303-312.

〔3〕 F. Sundram et al. , "White Matter Microstructural Abnormalities in the Frontal Lobe of Adults with Antisocial Personality Disorder", *Cortex*, Vol. 48, 2 (2012), pp. 216-229.

〔4〕 E. C. Finger et al. , "Disrupted Reinforcement Signaling in the Orbitofrontal Cortex and Caudate in Youths with Conduct Disorder or Oppositional Defiant Disorder and a High Level of Psychopathic Traits", *American Journal of Psychiatry*, Vol. 168, 2 (2011), pp. 152-162.

参与奖赏、强化等效应，是目标导向行为中重要的结构。由于纹状体与奖赏寻求有关，也被认为是反社会个体的主要大脑区域。然而，与前额叶皮层和杏仁核相比，在暴力相关研究中，关于纹状体的研究结果并不完全一致。

大部分研究显示，反社会行为与纹状体的灰质体积和活动增加有关。例如，一项针对杀人犯的磁共振成像研究[1]显示，纹状体的灰质体积与暴力呈显著正相关，其中左、右壳核和左侧尾状核的灰质体积与暴力的相关受到精神病态评分的调节。基尔（K. Kiehl）所在团队[2]对监狱服刑人员的磁共振成像研究也发现了类似的结果，纹状体中各亚核的体积增加，特别是双侧伏隔核和壳核的体积增加，与精神病态的冲动性/反社会特质的评分显著相关。此外，磁共振成像研究结果表明精神病态暴力犯人在奖赏相关任务中出现伏隔核的激活增强，而且前额叶皮层与纹状体之间的功能联结存在异常[3]。然而，在其他研究中发现了相反的结果[4]。这些不一致的发现，可能与被试

〔1〕 B. Y. H. Lam et al., "Psychopathy Moderates the Relationship Between Orbitofrontal and Striatal Alterations and Violence: The Investigation of Individuals Accused of Homicide", *Frontiers in Human Neuroscience*, 2017, p. 11, p. 579.

〔2〕 C. Korponay et al., "Impulsive-Antisocial Dimension of Psychopathy Linked to Enlargement and Abnormal Functional Connectivity of the Striatum", *Biological Psychiatry: Cognitive Neuroscience and Neuroimaging*, Vol. 2, 2 (2017), pp. 149-157.

〔3〕 J. G. Hosking et al., "Disrupted Prefrontal Regulation of Striatal Subjective Value Signals in Psychopathy", *Neuron*, Vol. 95, 1 (2017), pp. 221-231.

〔4〕 M. Pujara et al., "Neural Correlates of Reward and Loss Sensitivity in Psychopathy", *Social Cognitive and Affective Neuroscience*, Vol. 9, 6 (2014), pp. 794-801; B. Schiffer et al., "Disentangling Structural Brain Alterations Associated with Violent Behavior from Those Associated with Substance Use Disorders", *Archives of General Psychiatry*, Vol. 68, 10 (2011), pp. 1039-1049; M. Boccardi et al., "Atypical Nucleus Accumbens Morphology in Psychopathy: Another Limbic Piece in the Puzzle", *International Journal of Law and Psychiatry*, Vol. 36, 2 (2013), pp. 157-167.

人群的差异，如年龄、来源（监禁人群或社区人群）等特征有关，也可能归因于不同研究样本中精神病态或反社会行为的严重程度、物质滥用等。

（四）脑电活动异常

除脑成像研究证据之外，研究者通常还通过头皮记录或诱发神经系统活动的方式，探究攻击与暴力行为的神经生理学基础。目前，已有数百篇研究关注暴力犯罪人、精神病态个体和越轨者的脑电活动，大量脑电（Electroencephalogram）与事件相关电位（Event-related Potential）研究结果显示，高攻击与暴力行为的个体更可能表现出脑电的活动异常，主要表现为皮层的低唤醒水平。在高攻击与暴力行为的人群中，脑电异常的比例为25%—50%，并且大部分脑电异常发生在额叶皮层，而在一般人群中，脑电异常的发生率仅为5%—20%。

许多研究一致发现，持续暴力犯罪人的额叶脑电活动存在异常，表现为慢波活动，特别是δ波的比例增加提示其皮层的唤醒度异常降低。例如，对105名死刑犯及130名爆发性暴力者的研究均发现，约50%的个体表现出脑电异常，特别是慢波活动的异常增多[1]。在一项对333名暴力犯罪人的大样本研究中，排除器质性脑损伤后，56.9%的"习惯性躯体攻击或愤怒爆发"罪犯存在脑电异常，其中大部分异常源于额叶，而在仅有单次攻击行为的罪犯中，出现脑电异常的比例只有11.8%[2]。暴力

〔1〕 D. Hill and D. A. Pond, "Reflections on One Hundred Capital Cases Submitted to Electroencephalography", *Journal of Mental Science*, Vol. 98, 410 (1952), pp. 23–43; G. Bach-y-Rita et al., "Episodic Dyscontrol: A Study of 130 Violent Patients", *The American Journal of Psychiatry*, Vol. 127, 11 (1971), pp. 1473–1478.

〔2〕 D. Williams, "Neural Factors Related to Habitual Aggression. Consideration of Differences Between Those Habitual Aggressives and Others Who Have Committed Crimes of Violence", *Brain*, Vol. 92, 3 (1969), pp. 503–520.

犯罪人的脑电慢波活动异常增多，提示其皮层的发育不成熟，可能出现抑制控制等执行功能缺陷。尽管有研究者认为，早期的研究可能存在样本偏差或脑电数据非量化统计的缺陷，但此后大量更严谨的研究仍显示，脑电活动异常与反社会人格障碍和暴力史密切相关。

与脑电研究相比，暴力犯罪人的事件相关电位研究相对较少。如前文所述，事件相关电位研究通常采用某种实验范式，通过给予视觉或听觉等刺激（即事件），记录在不同脑区诱发的脑电成分。在事件相关电位各成分与攻击性的研究结果中，最为一致的发现是冲动性攻击者在 Oddball 任务中出现 P300 成分的波幅减少。研究者在暴力犯罪人、酗酒者和大学生中均发现，P300 波幅下降与冲动性攻击及暴力行为密切相关[1]。雷恩等人的前瞻性研究还发现，男性青少年的 P300 与 N1 异常能够预测其 24 岁时的犯罪行为[2]。但 P300 波幅与预谋性攻击似乎并无相关，精神病态个体的 P300 研究结果也并不一致。同时，P300 波幅下降还见于其他患有冲动性障碍的群体，例如，缺陷/多动症、品行障碍患者以及尼古丁、药物依赖者等。因此，有研究者提出，P300 波幅的减少可能反映了冲动控制问题的易感性，

〔1〕 J. E. Gerstle, C. W. Mathias and M. S. Stanford, "Auditory P300 and Self-Reported Impulsive Aggression", *Progress in Neuro-Psychopharmacology and Biological Psychiatry*, Vol. 22, 4（1998）, pp. 575–583; E. S. Barratt et al., "Neuropsychological and Cognitive Psychophysiological Substrates of Impulsive Aggression", *Biological Psychiatry*, Vol. 41, 10（1997）, pp. 1045–1061; M. H. Branchey, L. Buydens-Branchey and C. S. Lieber, "P3 in Alcoholics with Disordered Regulation of Aggression", *Psychiatry Research*, Vol. 25, 1（1988）, pp. 49–58.

〔2〕 A. Raine, P. H. Venables and M. Williams, "Relationships Between N1, P300, and Contingent Negative Variation Recorded at Age 15 and Criminal Behavior at Age 24", *Psychophysiology*, Vol. 27, 5（1990）, pp. 567–574.

对理解冲动性攻击行为的发生至关重要[1]。

（五）自主神经活动异常

心率（heart rate）和皮肤电导（skin conductance）是自主神经活动的两个重要指标，也是心理生理反应测量中使用最广泛的两个变量[2]。现有研究发现，高攻击和反社会行为的个体通常表现出自主神经反应的活动异常。此外，不同年龄、不同攻击类型的群体，其自主神经系统的活动也存在差异。

低静息心率与反社会行为的关系已得到多个纵向研究的证明。雷恩等人在一项1795名儿童的大样本研究中发现，3岁时具有低静息心率的儿童在11岁时表现出更明显的攻击倾向[3]；在15岁时具有低静息心率的男孩中，约75%的个体在24岁时表现出犯罪行为[4]。另一项关于411名英国男性的纵向研究也显示，18岁时的低静息心率与40岁时的暴力犯罪行为呈显著相关[5]。雷恩在其一篇关于儿童攻击与反社会行为生理基础的综述中指出：反社会行为与低静息心率之间的关系并非伪相关，

〔1〕 C. J. Patrick, "Psychophysiological Correlates of Aggression and Violence: An Integrative Review", *Philosophical Transactions of the Royal Society B: Biological Sciences*, Vol. 363, 1503 (2008), pp. 2543-2555.

〔2〕 M. F. Lorber, "Psychophysiology of Aggression, Psychopathy, and Conduct Problems: A Meta-Analysis", *Psychological Bulletin*, Vol. 130, 4 (2004), pp. 531-552.

〔3〕 A. Raine, P. H. Venables and S. A. Mednick, "Low Resting Heart Rate at Age 3 Years Predisposes to Aggression at Age 11 Years: Evidence from the Mauritius Child Health Project", *Journal of the American Academy of Child and Adolescent Psychiatry*, Vol. 36, 10 (1997), pp. 1457-1464.

〔4〕 A. Raine, P. H. Venables and M. Williams, "Relationships Between Central and Autonomic Measures of Arousal at Age 15 Years and Criminality at Age 24 Years", *Archives of General Psychiatry*, Vol. 47, 11 (1990), pp. 1003-1007.

〔5〕 D. P. Farrington, "The Relationship Between Low Resting Heart Rate and Violence", in A. Raine et al. eds., *Biosocial Bases of Violence*, Plenum Press, Vol. 292, 1997, pp. 89-105.

在排除了身高、体重、药物/酒精滥用、体育锻炼、社会心理差异等其他可以混淆的变量后，这种关系仍然存在[1]。

研究发现，在面对应激源时，精神病态等暴力高发群体还会表现出异常的皮肤电导活动，该结果具有较高的一致性和可重复性。早在1957年，研究者就已发现，在回避学习任务中，成年精神病态个体的皮肤电导反应显著小于正常被试，回避学习只能让成绩更差[2]。此后的多个研究发现，与其他罪犯相比，成年精神病态个体在对厌恶性刺激的期待和反应中，均会出现皮肤电导反应的下降[3]。无论惩罚性刺激是何种类型，如电击、损失分数或金钱等，成年精神病态个体均表现出学习能力的减弱。因此，精神病态个体的回避学习缺陷，可能是其习惯性地违反法律，却无法从过去经历中吸取教训的原因之一。

与其他测量程序复杂的神经心理学研究手段相比，自主神经活动的测量简单易行，因此可以在大规模群体和纵向研究中发挥重要作用。尤其是针对婴幼儿的纵向研究，对了解反社会行为的发展路径及反社会行为的早期干预治疗有着重要意义。然而，对自主神经活动的测量属于"标记研究"（marker study），此类研究仅能告诉我们不同群体在生理特点上的差异，对于产生这种差异的原因却需要其他研究方法的补充，并且此类研究并不

---

〔1〕 A. Raine, "Biosocial Studies of Antisocial and Violent Behavior in Children and Adults: A Review", *Journal of Abnormal Child Psychology*, Vol. 30, 4 (2002), pp. 311–326; 王绍坤、杨波、张卓: "低静息心率与反社会行为的关系", 载《心理科学进展》2012年第2期。

〔2〕 D. T. Lykken, "A Study of Anxiety in the Sociopathic Personality", *The Journal of Abnormal and Social Psychology*, Vol. 55, 1 (1957), pp. 6–10.

〔3〕 P. A. Arnett, "Autonomic Responsivity in Psychopaths: A Critical Review and Theoretical Proposal", *Clinical Psychology Review*, Vol. 17, 8 (1997), pp. 903–936; M. F. Lorber, "Psychophysiology of Aggression, Psychopathy, and Conduct Problems: A Meta-Analysis", *Psychological Bulletin*, Vol. 130, 4 (2004), pp. 531–552.

能用于个体的诊断和筛选。近年来，有研究者提出，自主神经系统的活动水平可能反映了个体的自我调节能力，如在处理恐惧或威胁等情绪刺激时的行为抑制能力，而在情绪反应中的自我调节能力则与前额叶—边缘系统神经回路的功能密切相关[1]。因此，在高攻击和反社会群体中，自主神经系统与前额叶神经回路的相互作用可能对于理解暴力行为的发生机制和预防干预均有重要意义。

　　上述各类研究证据均重点关注了某一生物学因素对于暴力的可能影响。然而，生物、环境、经验等因素并非彼此独立，而是在个体发展过程中不可分割地共同影响暴力行为。既往的多项研究表明，个体在出生前接触的环境风险因子能够通过影响个体的生物学因素，进而影响个体的暴力行为。例如，分娩期并发症、胎儿神经发育不良、产前暴露于毒素（如铅、酒精、毒品等）、贫困引发的营养不良等早期环境因素，均可能影响个体中枢神经系统的功能，并导致其在成年后更容易出现暴力行为[2]。因此，生物因素通常需要与其他因素相互整合，才能够更好地阐释暴力行为。

第三节　暴力行为溯源：心理因素

　　个体的心理因素对暴力行为的产生具有重要的影响，早期的多个心理学理论都曾涉及对暴力等犯罪行为的分析和阐释。

---

〔1〕　S. M. Gillespie, A. Brzozowski and I. J. Mitchell, "Self-Regulation and Aggressive Antisocial Behaviour: Insights from Amygdala-Prefrontal and Heart-Brain Interactions", *Psychology, Crime and Law*, Vol. 24, 3 (2017), pp. 1-15.

〔2〕　A. Scarpa and A. Raine, "Biosocial Bases of Violence", in D. J. Flannery, A. T. Vazsonyi and I. D. Waldman eds., *The Cambridge Handbook of Violent Behavior and Aggression*, Cambridge University Press, 2007, pp. 156-163.

例如，弗洛伊德（Sigmund Freud）的精神分析理论，从人格动力（生的本能、死的本能以及性的本能）、人格结构（本我、自我、超我）等方面阐释犯罪行为；艾森克（Hans J. Eysenck）的人格模型则认为，罪犯作为一个群体会表现出较低的皮层唤醒水平（外向性）、较高的自主唤醒水平（神经质）和相当的冷漠无情（精神质）。然而，上述心理学理论对暴力行为的解释，并未得到大量、一致的研究证据支持。如今，犯罪心理学取向的研究主要聚焦于具有精神病态、反社会人格障碍、品行障碍等问题的暴力高发人群。本节也将重点阐述上述与暴力犯罪密切相关的心理学概念，而有关暴力犯罪人的人格、认知和情感等心理特点的具体研究证据将在本书第四章至第六章中详细介绍。

一、精神病态

精神病态（psychopathy）这一概念，早在 19 世纪就已出现。随着精神病学和心理学的发展，其定义和评估标准也曾多次改变。因此，在具体介绍精神病态的定义之前，我们首先简要回顾一下精神病态概念的发展历史。

（一）精神病态概念的发展

19 世纪初期，一类道德低下的特殊人群引起了人们的关注，这类个体通常表现出极端的反社会行为。当时的人们普遍认为，所有疾病都是由理智的损害引起的。但是，著名的法国精神病学先驱皮内尔（Philippe Pinel）发现，部分个体在智力上并没有缺陷，而且明知自己行为的后果，但仍然表现出异常的、自我挫败的行为。皮内尔认为这类非理智因素导致的异常属于一种精神错乱，并称之为"不伴随谵妄的精神失常"（法语：manie sans délire）。这一术语在提出后，被英国的精神病学家普理查德（James Cowles Prichard）进一步发展，将其重新命名为"悖德狂

（moral insanity）"。此后，悖德狂这一术语在精神病学领域得到了广泛的应用。

19 世纪末期，"悖德狂"的名称遭到了来自神学和司法领域的反对与批判，认为"悖德狂"一词错误地暗示了该类个体存在先天异常，无法为自己的行为负责。因此，德国的精神病学家科赫（Julius Ludwig August Koch）在 1888 年提出，用"精神病态性人格低下（psychopathic inferiority）"这一更中性的术语取代"悖德狂"，并在其长达三卷、名为《精神病态性人格低下》（*Psychopathic Inferiority*）的著作中，重点阐述了这一概念及其分类。尽管科赫对"精神病态性人格低下"的定义和症状的描述过于宽泛，并引发争议，但"精神病态"一词开始被广泛接受[1]。

此后，由于缺乏明确而统一的定义，"精神病态"一词的含义逐渐变得宽泛而模糊，各种人格偏差都被笼统地划归为精神病态。直到 1941 年，美国精神病学家克莱克利（Hervey M. Cleckley）在其著作《理智的面具》（*The Mask of Sanity*）一书中，首次详尽且明确地阐释了精神病态的定义，描述了精神病态的 16 种特征（见表 1-1），并通过具体个案予以介绍，成为今天精神病态研究的基础[2]。

表 1-1　克莱克利描述的精神病态特征[3]

1. 外表迷人和高智力

---

[1] K. W. M. Fulford et al. eds. , *The Oxford Handbook of Philosophy and Psychiatry*, Oxford University Press, 2013, pp. 889-894.

[2] H. Hakkanen-Nyholm and Jan-Olof Nyholm, *Psychopathy and Law: A Practitioner's Guide*, Wiley-Blackwell, 2012, p. 5.

[3] ［美］巴特尔著，杨波等译：《犯罪心理学》（第七版），中国轻工业出版社 2009 年版，第 102 页；刘邦惠："精神病态男性罪犯自我的特点"，西南大学 2008 年博士学位论文。

2. 病理性的自我中心

3. 不真诚和伪善

4. 操纵欲强

5. 缺乏负罪感

6. 情感反应贫乏

7. 人际关系淡漠

8. 不可靠

9. 性生活冷淡

10. 无法执行其生活计划

11. 冲动

12. 动机不良的反社会行为

13. 错误的判断

14. 具有妄想或神经症状

15. 极少自求

16. 饮酒后甚至未饮酒时出现古怪的行为

(二) 精神病态的测量

精神病态通常被用于描述一组与犯罪密切相关的情感、人际关系和行为等方面的异常[1]。为准确筛查和鉴别精神病态者，加拿大犯罪心理学家黑尔（R. D. Hare）以克莱克利对精神病态的定义为基础，编制了精神病态检核表（Psychopathy Checklist）[2]。

---

[1] J. Blair, D. Mitchell and K. Blair, *The Psychopath: Emotion and the Brain*, Blackwell Publishing, 2005, pp. 1-17.

[2] R. D. Hare, "A Research Scale for the Assessment of Psychopathy in Criminal Populations", *Personality and Individual Differences*, Vol. 1, 2 (1980), pp. 111-119.

1991 年，黑尔又对该表的条目进行了调整，编制了精神病态检核表的修订版（Psychopathy Checklist-Revised），并在 2003 年再次修订[1]。修订版精神病态检核表在研究司法和临床领域均得到了广泛的应用，具有较高的信效度，因此被视为精神病态评定的"金标准"。

修订版精神病态检核表共包括 20 个条目，其标准评估程序包括半结构化访谈、档案等资料的审阅，由有经验的调查者根据访谈结果和资料信息，对每个条目进行评分。每个条目采用三点评分（0=完全不适用，1=可能适用，2=完全适用），总分的范围是 0—40 分，其中总分为 30 分或以上的个体被认为是精神病态（有研究者提出，由于存在文化差异，欧洲的被试样本可以采用 25 分为标准），而总分低于 20 分的个体被认为不符合精神病态，处于 21—29 分的个体则被认为"中间型"。

由于精神病态是一个多维度的结构，包括情绪、人际关系和行为等多种成分，研究者们试图通过因素分析（factor analysis），从修订版精神病态检核表的各条目中获得精神病态的基本因子或维度。早期的因素分析研究发现，修订版精神病态检核表的大部分条目能够被划分为两个因子或维度：人际关系/情感（interpersonal/affective）、冲动/反社会生活方式（impulsive/antisocial lifestyle）[2]。其中，因子 1：人际关系/情感，包括冷漠并缺乏同情心、夸大的自我价值、病理性说谎等 8 个条目；因子 2：冲动/反社会生活方式，包括寄生式的生活方式、冲动性、青少年期越轨行为等 9 个条目；剩余的性乱行为、多次短暂

---

〔1〕 R. D. Hare, *Manual for the Revised Psychopathy Checklist*, Multi-Health Systems, 1991; R. D. Hare, *Manual for the Revised Psychopathy Checklist*, 2nd ed., Multi-Health Systems, 2003.

〔2〕 R. D. Hare et al., "The Revised Psychopathy Checklist: Reliability and Factor Structure", *Psychological Assessment*, Vol. 2, 3（1990）, pp. 338–341.

的婚姻关系以及犯罪类型多样化3个条目，未被划分至上述两个因子中，但仍与修订版精神病态检核表的总分密切相关。表1-2中详细列出了该表的两个因子以及条目组成。

表1-2　修订版精神病态检核表的两个因子以及条目组成[1]

因子1：人际关系/情感	因子2：冲动/反社会生活方式	其他条目
1. 油腔滑调/外表迷人	1. 寻求刺激/易感到厌倦	1. 性乱行为
2. 夸大的自我价值	2. 寄生式的生活方式	2. 多次短暂的婚姻关系
3. 病理性说谎	3. 行为控制力差	3. 犯罪类型多样化
4. 操纵他人/狡猾	4. 早期行为问题	
5. 缺乏懊悔或内疚	5. 缺乏现实的长期目标	
6. 情感浅薄	6. 冲动性	
7. 冷漠并缺乏同情心	7. 没有责任感	
8. 对自己的行为不负责任	8. 青少年期越轨行为	
	9. 有条件释放被撤销（即假释期间再次犯罪）	

　　精神病态在一般人群中的发生率约为1%，然而在矫正机构

---

　　[1]　刘邦惠：“精神病态男性罪犯自我的特点”，西南大学2008年博士学位论文。

的成年服刑人员中，这一比例为15%—25%[1]，因此，关于精神病态的大量研究聚焦于犯罪人群体。精神病态者的暴力犯罪通常具有下述特点：首先，非精神病态者的暴力犯罪，如杀人和严重伤害等行为，多发生在家庭纠纷或极度情绪唤起时，即表现为反应性攻击。相比之下，精神病态罪犯通常把施暴作为报复或惩罚的一种方式，即表现为预谋性攻击，并且出现暴力行为和虐待倾向的显著增加。例如，与非精神病态罪犯相比，精神病态罪犯更可能实施性侵害杀人（在杀人的前/中/后实施性侵害），并表现出过度施暴以及虐待行为[2]。其次，与非精神病态罪犯相比，精神病态罪犯更可能再次犯罪、反复施暴。在释放一年后，精神病态罪犯的再犯率是非精神病态罪犯的3倍，其中，暴力犯罪的再犯率高达3倍—5倍[3]。与非精神病态罪犯相比，精神病态罪犯出现再次犯罪和违反假释的时间间隔更短，在监禁机构中也表现出更多的暴力行为[4]。高精神病态评分不仅与释放一年后的再犯率显著相关，而且能够预测释放十年后的再犯率。在青少年罪犯中，精神病态评分较高的个体在五年的随访期内更可能逃脱监管、违反假释条例并再次实

---

[1] R. D. Hare, "Psychopathy, Affect and Behavior", in D. J. Cooke, A. E. Forth and R. D. Hare eds., *Psychopathy: Theory, Research and Implications for Society*, Vol 88, 1998, pp. 105-137; D. J. Cooke, A. E. Forth and R. D. Hare, *Psychopathy: Theory, Research and Implications for Society*, Springer-Science+Business Media, 1995, p. 88.

[2] S. Porter et al., "Characteristics of Sexual Homicides Committed by Psychopathic and Nonpsychopathic Offenders", *Law and Human Behavior*, Vol. 27, 5 (2003), pp. 459-470.

[3] J. F. Hemphill, R. D. Hare and S. C. P. Wong, "Psychopathy and Recidivism: A Review", *Legal and Criminological Psychology*, Vol. 3, 1 (2011), pp. 139-170.

[4] S. Porter, A. R. Birt and D. P. Boer, "Investigation of the Criminal and Conditional Release Profiles of Canadian Federal Offenders as a Function of Psychopathy and Age", *Law and Human Behavior*, Vol. 25, 6 (2001), pp. 647-661.

施暴力犯罪[1]。

值得说明的是，尽管精神病态与犯罪行为显著相关，但是精神病态并不等同于暴力或犯罪。虽然监管机构中精神病态者的比例远高于一般人群，但也有部分精神病态个体从未在司法系统的记录中出现，这些个体很可能同样具有说谎、操控他人等反社会或不道德行为，但从未实施犯罪或者其犯罪行为从未被发现或侦破。在商业等领域，某种程度上具有精神病态特质的个体可能被认为具备更好的沟通技巧，更具有人格魅力，更可能获得职业上的成功[2]。

二、反社会人格障碍

反社会人格障碍（antisocial personality disorder）是精神障碍的一种，也是与攻击和暴力联系最紧密的人格障碍。

（一）反社会人格障碍的诊断标准

目前，在国际常用的精神障碍分类系统中，美国精神病学会（American Psychiatric Association）发布的《精神疾病诊断与统计手册》（*The Diagnostic and Statistical Manual of Mental Disorders*）第五版、世界卫生组织发布的《国际疾病分类》（*International Classification of Diseases*）第十一次修订本均包含了人格障碍的定义和诊断标准。以《精神疾病诊断与统计手册》第五版的诊断标准为例，与既往各版本不同，《精神疾病诊断与统计手册》第五版针对人格障碍给出了两种不同取向的诊断标准。首先，《精神疾病诊断与统计手册》第五版的第二部分"诊断标准

---

[1] H. M. Gretton et al., "Psychopathy and Recidivism in Adolescent Sex Offenders", *Criminal Justice and Behavior*, Vol. 28, 4 (2001), pp. 427-449.

[2] P. Babiak, C. S. Neumann and R. D. Hare, "Corporate Psychopathy: Talking the Walk", *Behavioral Sciences and the Law*, Vol. 28, 2 (2010), pp. 174-193.

与编码"中，保留了《精神疾病诊断与统计手册》第四版中对人格障碍的分类诊断；其次，《精神疾病诊断与统计手册》第五版第三部分"新兴的测量方法与模式"中介绍了另一种更为有效的维度诊断模式。

根据传统的分类取向，《精神疾病诊断与统计手册》第五版对反社会人格障碍的诊断标准如下：[1]

A. 一直不顾或冒犯他人的权利，在 15 岁以前，表现出下列 3 项以上：

    1. 不遵守有关法律行为的社会准则，表现为多次做出可遭拘捕的行动；

    2. 欺诈，表现为为了个人利益或乐趣而多次说谎、应用假名或诈骗他人；

    3. 冲动性或事先不做计划；

    4. 激惹和攻击性，表现为多次殴斗袭击；

    5. 鲁莽地不顾他人或自己的安全；

    6. 一向不负责任，表现为多次不履行工作或经济义务；

    7. 缺乏懊悔，表现为在伤人、虐待他人或偷窃之后显得无所谓或做所谓的合理化辩解。

B. 至少 18 岁。

C. 有品行障碍的证据。

D. 反社会行为并非发生在精神分裂症或躁狂发作的病程中。

根据上述诊断标准，反社会人格障碍在一般人群中的患病率为 0.2%—3.3%，而在物质滥用门诊、监狱等矫正机构的成

---

    [1] American Psychiatric Association, *Diagnostic and Statistical Manual of Mental Disorders*, 5th ed., American Psychiatric Publishing, 2013, pp. 659-663.

年男性中，反社会人格障碍的患病率高达70%以上。

尽管在最新版的《国际疾病分类》和《精神疾病诊断与统计手册》中，精神病态并未以正式的诊断名称出现，但《国际疾病分类》第十版在社交紊乱型人格障碍的诊断标准下方，列出了与之相近的诊断，其中包括精神病态。《精神疾病诊断与统计手册》则明确指出，反社会人格障碍的核心特征是一种从童年或青少年早期持续至成人期，无视与侵犯他人权利的行为模式，该模式又被称为精神病态、社会病态或社交紊乱型人格障碍。此外，根据《精神疾病诊断与统计手册》第五版的诊断标准，临床医师还需对个体是否具备精神病态做出特征说明。

值得提出的是，许多研究者会把个体的"反社会行为（antisocial behavior）"而非"犯罪"作为研究对象，以减少不同法律体系对犯罪定义的差异。与反社会人格障碍不同，反社会行为是指比较严重的、习惯性的品行不良行为，尤其是对社会和他人造成直接伤害的行为，其在青少年和成人群体中均可能出现。[1]

（二）反社会人格障碍与精神病态的异同

尽管反社会人格障碍与精神病态在概念发展和个体行为表现等方面均存在共同之处，但是两者并非完全等同。在反社会人格障碍的患者中，仅有20%—50%的个体同时满足精神病态的诊断[2]。

根据修订版精神病态检核表等精神病态的评分标准，符合精神病态的个体须表现出情绪缺陷，特别是内疚与共情的缺乏或降低。因此，精神病态患者很可能具有更为一致的病因学基

---

〔1〕〔美〕巴特尔著，杨波等译：《犯罪心理学》（第七版），中国轻工业出版社2009年版，第33—35页。

〔2〕 R. D. Hare, "Psychopathy: A Clinical and Forensic Overview", *The Psychiatric Clinics of North America*, Vol. 29, 3 (2006), pp. 709-724.

础。相比之下，在反社会人格障碍的多个诊断标准中，情绪缺陷并非必要特征，而且《精神疾病诊断与统计手册》主要采用可操作性标准，更强调可观察到的行为，因此，反社会人格障碍这一群体可能在病因学上具有更大的异质性。然而，精神病态并非反社会人格障碍的一种严重类型，因为反社会人格障碍的患者通常可能患有抑郁/躁狂等心境障碍或焦虑障碍，而精神病态似乎能够"保护"个体，使其免于罹患上述精神异常。所以，在反社会人格障碍的患者中，一部分个体的精神病理改变可能使之罹患心境或焦虑障碍的风险升高，另一部分个体则可能表现出情绪缺陷，即精神病态[1]。

三、品行障碍

与成年人相比，青少年的暴力行为通常会引发更广泛的关注，也更令人震惊与痛心。尽管青少年并非暴力犯罪的主体，甚至更可能成为暴力犯罪的受害者，但理解青少年犯罪的心理成因和发展路径，对于暴力犯罪的预防和矫正意义深远。

（一）品行障碍的定义与诊断标准

在《国际疾病分类》和《精神疾病诊断与统计手册》两大精神障碍分类系统中，与青少年暴力犯罪最相关的诊断是品行障碍（conduct disorder）。在《精神疾病诊断与统计手册》第五版中，品行障碍指的是一种持久的、品行不良的行为模式。品行障碍、对立违抗障碍（oppositional defiant disorder）、间歇性爆发障碍（intermittent explosive disorder）、反社会人格障碍[2]

〔1〕 R. J. R. Blair, "Cortical Thinning and Functional Connectivity in Psychopathy", *The American Journal of Psychiatry*, Vol. 169, 7（2012）, pp. 684-687.

〔2〕 注：反社会人格障碍在《精神疾病诊断与统计手册》第五版中被双重编码，同时出现在破坏性、冲动控制和品行障碍（Disruptive, Impulse-Control, and Conduct Disorders）与人格障碍（Personality Disorder）两章中。

被共同界定为破坏性、冲动控制和品行障碍。在《精神疾病诊断与统计手册》第五版中，品行障碍诊断标准的要点如下[1]：

A. 侵犯他人基本权利或违反与年龄相称的主要社会准则的，持久反复发生的不良行为，具有下列 15 个标准中至少 3 个（在过去 12 个月内），其中至少 1 项发生在 6 个月之内。

　对人或动物的攻击行为：

　1. 常威胁、恐吓他人；

　2. 常殴斗；

　3. 曾使用能使他人产生严重躯体损伤的武器（如短棍、砖块、刀、枪）；

　4. 曾使他人躯体受虐待；

　5. 曾使动物躯体受虐待；

　6. 曾抢劫路人（如背后袭击、抢钱袋、勒索、武装抢劫）；

　7. 曾胁迫对方进行性行为；

　损坏财物：

　8. 故意纵火企图造成严重损失；

　9. 故意破坏他人财物（除纵火外）；

　欺诈或偷窃：

　10. 破门进入他人的房屋或汽车；

　11. 常说谎以取得好处或者是为了逃避责任（如欺诈他人）；

　12. 曾偷窃值钱财物（如并不是破门而入的偷窃、伪造正品）；

---

〔1〕 American Psychiatric Association, *Diagnostic and Statistical Manual of Mental Disorders*, 5th ed., American Psychiatric Publishing, 2013, pp. 469–475.

严重违反准则：

13. 常在外过夜，即使父母禁止也是如此（在 13 岁以前）；

14. 曾至少有 2 次晚上逃离家在外过夜（或 1 次长期不归）；

15. 常逃学（在 13 岁以前）。

B. 行为问题已明显影响社交、学业或工作。

C. 如年龄已超过 18 岁，尚不符合反社会人格障碍诊断标准。

特征说明：

儿童期初发型（childhood-onset type）：在 10 岁以前至少有一项品行障碍的特征行为发生；

青春期初发型（adolescent-onset type）：在 10 岁以前没有品行障碍的特征行为发生；

未明确初发型（unspecified onset）：符合品行障碍的诊断标准，但没有足够的信息判断首次出现品行障碍特征行为的时间。

特征说明：

有限的亲社会情感（with limited prosocial emotions）：满足这一说明的个体，须在多种关系和情境中，持续表现出至少下述 2 项特征（在过去 12 个月内）：

缺乏自责和内疚（lack of remorse or guilt）

冷漠—缺乏共情（callous-lack of empathy）

不在意绩效（unconcerned about performance）

情感浅薄或缺陷（shallow or deficient affect）

特征说明：

轻度（mild）：除构成诊断所需外，很少有其他品行问题，而且其品行问题仅对别人产生轻微伤害；

中度（moderate）：其品行问题的数目和对别人的伤害介于轻度与重度之间；

重度（severe）：除构成诊断所需外，尚有许多品行问题或这些品行问题对别人产生相当大的伤害。

根据上述诊断标准，品行障碍在一般人群中的患病率为2%—10%，青少年的患病率大于儿童，男性的患病率大于女性。[1]由上述诊断标准可以看出，心理学意义上的青少年犯罪不一定要达到法律所规定的标准，并且心理学所指的品行障碍的年龄下限要低于14岁。由于在《国际疾病分类》和《精神疾病诊断与统计手册》中，反社会人格障碍的诊断标准具有严格的年龄限制，未满18岁的青少年很可能首先被诊断为品行障碍，并进而在成人期发展为反社会人格障碍。

（二）冷漠无情特质

冷漠无情特质是一组持续性的行为模式，包括漠视他人、缺乏共情和内疚，以及情感肤浅等核心特征，是鉴别成年精神病态及青少年精神病态倾向的一个首要维度。[2]2004年，弗里克（P. J. Frick）等人[3]以反社会人格障碍中测量冷漠无情（callous-unemotional）特质的4个负荷稳定的条目为基础，编制了冷漠无情特质量表（Inventory of Callous Unemotional Traits），该量表是一个包含24个条目的问卷[4]。冷漠无情特质量表共

〔1〕 American Psychiatric Association, *Diagnostic and Statistical Manual of Mental Disorders*, 5th ed., American Psychiatric Publishing, 2013, pp. 469-475.

〔2〕 P. J. Frick and S. F. White, "Research Review: The Importance of Callous-Unemotional Traits for Developmental Models of Aggressive and Antisocial Behavior", *Journal of Child Psychology and Psychiatry*, Vol. 49, 4 (2008), pp. 359-375.

〔3〕 P. J. Frick, *Inventory of Callous-Unemotional Traits*, University of New Orleans, 2004.

〔4〕 P. J. Frick, S. D. Bodin and C. T. Barry, "Psychopathic Traits and Conduct Problems in Community and Clinic-Referred Samples of Children: Further Development of the Psychopathy Screening Device", *Psychological Assessment*, Vol. 12, 4 (2000), pp. 382-393.

包括三个维度：麻木不仁（callousness）、漠不关心（uncaring）和缺乏情感（unemotional），采用四点计分方式，其中一半为反向计分，从 0 分（完全不属实）到 3 分（完全属实）。冷漠无情特质量表同样包括青少年自我报告版本、家长评估版本和教师评估版本。德国、美国、希腊和比利时等多个国家和地区的冷漠无情特质量表研究均支持该量表的上述三个维度，群体的量表总分都表现出了较高的内部一致性信度（α 系数为 0.77—0.89），与其他冷漠无情量表相比，冷漠无情特质量表对攻击性、反社会行为和暴力犯罪具有较好的预测效度。

《精神疾病诊断与统计手册》第五版已将冷漠无情纳入品行障碍的诊断标准，根据品行障碍儿童是否具有冷漠无情特质，可将他们分为冷漠无情亚型和非冷漠无情亚型。伴随有冷漠无情特质的品行障碍青少年，表现出的预谋性攻击和冲动性攻击水平都较高，而不伴随冷漠无情特质的个体，暴力行为相对较少，而且主要表现为冲动性攻击[1]。与非冷漠无情亚型相比，冷漠无情特质者也更可能表现出情绪、认知、道德发展等方面的缺陷。例如，对他人的悲伤和恐惧反应的敏感性低，对惩罚线索不敏感，以追求利益为目标，喜欢刺激和从事冒险、低恐惧性行为等。这些特点使他们对自己的越轨行为无所顾忌，对待惩罚无动于衷，更容易产生犯罪行为。因此，对其干预的难度也相应加大，在矫治中也应区别对待[2]。双生子研究发现，冷漠无情特质还具有较强的遗传易感性和稳定性，表现为冷漠无情特质从儿童期到青少年早期呈稳定状态，遗传对冷漠无情特质的

〔1〕 J. Feilhauer and M. Cima, "Youth Psychopathy: Differential Correlates of Callous-Unemotional Traits, Narcissism, and Impulsivity", *Forensic Science International*, Vol. 224, 1-3 (2013), pp. 1-7.

〔2〕 American Psychiatric Association, *Diagnostic and Statistical Manual of Mental Disorders*, 5th ed., American Psychiatric Publishing, 2013, pp. 764-765.

影响大于环境对其的影响[1]。与非暴力犯罪人相比，冷漠无情特质在青少年暴力犯罪人中检出率更高，且能预测再犯率，尤其是暴力罪的再犯率[2]。

（三）终身持续型犯罪人和青春期局限型犯罪人

1993 年，美国心理学家莫菲特（T. E. Moffitt）基于年龄与犯罪的关系曲线，提出了著名的犯罪发展理论，认为青少年的反社会行为存在两种发展路径：终身持续型犯罪人（life-course-persistent offenders）与青春期局限型犯罪人（adolescent-limited offenders）[3]，为其后的犯罪学研究带来深远影响[4]。

第一类终身持续型犯罪人，通常在生命早期，远早于刑事责任年龄之前就表现出高频率、高破坏性的犯罪倾向。如在童年时期，终身持续型犯罪人就表现出典型的躯体攻击、难以管理并且不遵守规则。在青少年时期，这类犯罪人开始出现一系列的越轨行为，如喝酒、使用毒品和逃学。与其他青少年罪犯不同的是，终身持续型犯罪人在青少年期既已参与严重的暴力行为，如故意伤害、持械抢劫和强奸。在成人时期，终身持续型犯罪人继续从事严重的暴力犯罪，犯罪生涯持续至生命后期，

---

〔1〕 E. Viding et al., "Evidence for Substantial Genetic Risk for Psychopathy in 7-Year-Olds", *The Journal of Child Psychology and Psychiatry*, Vol. 46, 6 (2005), pp. 592-597.

〔2〕 E. Viding and H. Larsson, "Genetics of Child and Adolescent Psychopathy", in R. T. Salekin and D. R. Lynam eds., *Handbook of Child and Adolescent Psychopathy*, The Guilford Press, 2010, pp. 113-134; E. R. Kimonis, K. A. Fanti and J. P. Singh, "Establishing Cut-Off Scores for the Parent-Reported Inventory of Callous-Unemotional Traits", *Archives of Forensic Psychology*, Vol. 1, 1 (2014), pp. 27-48.

〔3〕 T. E. Moffitt, "Adolescence-Limited and Life-Course-Persistent Antisocial Behavior: A Developmental Taxonomy", *Psychological Review*, Vol. 100, 4 (1993), p. 674.

〔4〕 T. E. Moffitt, "Male Antisocial Behaviour in Adolescence and Beyond", *Nature Human Behaviour*, 2 (2018), pp. 177-186.

甚至在 70 岁时仍保持稳定的犯罪记录。尽管终身持续型犯罪人仅占总体犯罪人群的 3%—5%，但他们参与了大多数的严重暴力犯罪。

第二类青春期局限型犯罪人，约占总人口数的 70%，在青春期涉足了轻微的违法行为，如旷课、小偷小摸、破坏公物等，其犯罪行为主要表现为财产犯罪、毒品相关犯罪。然而，他们的犯罪行为仅限于青少年时期，既不会在生命早期出现，也不会持续到成人期，尽管成人期后可能遭遇工作和生活的挫折，但 70% 的青春期局限型个体在成人期后不再表现出违法行为，而是重返常规的生活方式[1]。

莫菲特认为，上述两类犯罪人群体具有不同的病因学基础。终身持续型犯罪人很可能受到两种因素的相互作用：神经心理缺陷和不良的教养环境。神经心理缺陷引发的一系列问题使个体出现暴力犯罪的风险增高。与此同时，如果一个存在神经心理缺陷的儿童由具有虐待倾向或犯罪行为的父母抚养，那么，恶劣的教养环境将加剧孩子的反社会倾向，使其很可能最终形成一个终身持续型犯罪人。相比之下，青春期局限型犯罪人并非神经心理缺陷或遗传倾向导致，其在很大程度上是社会模仿的产物。在现代社会的环境中，青少年在出现生理成熟时，往往并未达到社会成熟，因此产生了莫菲特提出的成熟代沟（maturity gap）。青春期个体的反社会行为和生活方式很可能是一种适应性的社会行为，为了消除成熟代沟导致的失调，部分个体开始模仿违法犯罪行为。一旦步入成人期，个体不再受困于成

［1］ W. G. Jennings and J. M. Reingle, "On the Number and Shape of Developmental/Life-Course Violence, Aggression, and Delinquency Trajectories: A State-of-the-Art Review", *Journal of Criminal Justice*, Vol. 40, 6 (2012), pp. 472-489; D. M. Carkin and P. E. Tracy, "Moffitt Revisited: Delinquent and Criminal Career Paths in the 1958 Philadelphia Birth Cohort", *Journal of Law and Criminal Justice*, Vol. 3, 1 (2015), pp. 14-39.

熟代沟，其违法行为也随之消失。

尽管也有研究者质疑，认为犯罪发展路径不仅限于上述两种类型，部分暴力犯罪人还可能表现为成人期始发等特征[1]，但来自不同国家的研究结果均支持了莫菲特的二分理论，多个纵向和前瞻研究的结果均一致显示：约5%的男性罪犯导致了70%以上的暴力犯罪[2]。这些反复施暴的犯罪人存在以下共同特征：在生命早期，即远在刑事责任年龄之前，就表现出攻击行为和反社会倾向，随着年龄的增加出现罪行程度的升级，并持续终生[3]。目前，探讨暴力犯罪人的可能发展路径已成为犯罪心理学领域中最受关注的主题之一：个体在生命早期是否出现品行障碍、是否伴随冷漠无情特质，成年后是否被诊断为反社会人格障碍、是否被诊断为精神病态等，可能是暴力犯罪人在行为模式和神经心理机制等方面表现出差异的重要影响因素，但其具体发展路径仍需要后续实证研究的探索和验证。

---

〔1〕 T. Skardhamar, "Reconsidering the Theory on Adolescent-Limited and Life-Course Persistent Anti-Social Behaviour", *The British Journal of Criminology*, Vol. 49, 6 (2009), pp. 863–878.

〔2〕 D. P. Farrington and D. J. West, "Criminal, Penal and Life Histories of Chronic Offenders: Risk and Protective Factors and Early Identification", *Criminal Behaviour and Mental Health*, Vol. 3, 4 (1993), pp. 492–523; L. Kratzer and S. Hodgins, "A Typology of Offenders: A Test of Moffitt's Theory Among Males and Females from Childhood to Age 30", *Criminal Behaviour and Mental Health*, Vol. 9, 1 (2010), pp. 57–73.

〔3〕 D. P. Farrington et al., "Are There Any Successful Men from Criminogenic Backgrounds?", *Psychiatry Interpersonal and Biological Processes*, Vol. 51, 2 (1988), pp. 116–130; T. E. Moffitt and A. Caspi, "Childhood Predictors Differentiate Life-Course Persistent and Adolescence-Limited Antisocialpathways Among Males and Females", *Development and Psychopathology*, Vol. 13, 2 (2001), pp. 355–375.

第四节 暴力行为溯源：社会因素

暴力犯罪的本质是人际的暴力行为，通常具有一个或一组受害人。因此，暴力并非单一的个体活动，而是受到他人、情境等多个因素影响的社会现象。社会学取向的研究通常不会从犯罪者的内部出发，而是从社会情境因素中寻找暴力的原因。关注暴力的社会学理论众多，且随着社会的变迁而兴起、发展和衰落。本节将重点介绍在暴力研究领域最具影响力的三个社会学理论：压力理论、社会学习理论和控制理论。

一、压力理论

压力理论（strain theory）又称紧张理论或失范理论。1938年，美国社会学家、犯罪学家默顿（Robert Merton）提出，压力增加了犯罪发生的风险，即当人们无法通过合法手段来实现其目标时，他们会采取不正当或非法的措施来实现[1]。此后，美国犯罪学家科恩（Albert Cohn）、社会学家克洛沃德（Richard Cloward）和奥林（Lloyd Ohlin）等多名研究者拓展了这一理论，其中美国犯罪学家阿格纽（R. Agnew）在对既往的压力理论进行修正后，提出了一般压力理论（General Strain Theory），并提供了大量的实证研究证据[2]。

（一）一般压力理论

根据一般压力理论，压力通常指的是人们不喜欢的事件和

---

〔1〕 〔美〕亚历克斯·梯尔著，王海霞等译：《越轨社会学》（第10版），中国人民大学出版社2011年版，第16—21页。

〔2〕 R. Agnew, "A Revised Strain Theory of Delinquency", *Social Forces*, Vol 64, 1（1985），pp. 151–167.

情形。阿格纽认为压力可以分为三种类型：其一，失去正向的刺激，即失去那些对他们有价值的人或物，如他们的钱财被盗、亲密的朋友或家人死亡、伴侣与他们分手等；其二，出现负面的刺激，即个体可能受到他人厌恶或消极地对待，如他们可能受到家庭成员的性虐待或受到同龄人的侮辱；其三，未能实现的目标，即个体可能无法通过合法的途径实现自己的目标，如他们可能无法获得想要的金钱、地位或自主权。

然而，一般压力理论认为，仅有某些压力会增加暴力的可能性。当发生下述情况时，压力最有可能导致暴力的发生：一是严重或高强度的压力。压力程度较高（如大量金钱损失、身体损伤），压力频繁或持续时间长，压力威胁到个人核心的需求、目标、价值观、活动或身份。二是被认为是不公平的压力。当涉及自愿和故意违反相关司法规范时，压力更可能被视为不公平。三是与社会控制低下有关的压力。即压力缺乏传统的密切监督（如家长、教师、学校等），或缺乏传统的信仰和价值观等。四是压力产生或激发暴力的应对方式。某些压力通过暴力更容易解决，而通过非暴力渠道则不那么容易解决。例如，通过暴力解决对金钱的极度需求，远比通过获得教育成功而获取金钱更容易。此外，某些压力还会使个体更多地暴露与暴力相关的人，如那些示范暴力、强化暴力或传授暴力信仰的人[1]。

根据上述理论基础，阿格纽列出了一些影响暴力等犯罪行为的特定压力。满足这些条件的压力包括：父母的拒绝和虐待、严厉或过度的父母管教、在学校的负面经历（如成绩不及格或与教师的关系不良）、成为被欺凌或被其他同伴虐待的受害者、

---

〔1〕 R. Agnew, "Building on the Foundation of General Strain Theory: Specifying the Types of Strain Most Likely to Lead to Crime and Delinquency", *Journal of Research in Crime and Delinquency*, Vol. 38, 4（2001），pp. 319-361.

犯罪受害、婚姻问题、持续失业或就业不足、种族歧视、无家可归、居住在经济贫困的社区，以及无法通过合法途径满足对金钱和男性地位等的强烈欲望。实证研究表明，这些压力大多与犯罪有关[1]。

在上述压力中，有一些是其他犯罪学理论关注的重点，例如，犯罪被认为与低社会控制有关（如消极的学校经历），或者犯罪与社会学习有关（如遭受虐待或严厉的体罚）。然而，一般压力理论认为，上述压力与犯罪行为相关的主要原因是，它们增加了个人经历负面情绪的可能性，如愤怒或怨恨。赋予负面情绪在犯罪原因中的中心作用，是一般压力理论与其他犯罪学理论的重要区别之一。

（二）一般压力理论与暴力犯罪

愤怒情绪在一般压力理论中起着特殊的作用，被认为最可能引发暴力行为。尽管暴力行为也可能来自其他负面情绪，如沮丧或焦虑的反应，但愤怒具有一定的独特性，因为当压力被归咎于他人时，个体通常会产生愤怒情绪，愤怒反过来又增加了暴力的可能性。首先，愤怒会降低个体通过合法方式应对问题的能力，使个人更难与他人理性地解决问题。其次，愤怒会降低个人对犯罪成本的意识和认知（即"被愤怒吞噬"）。最后，愤怒往往会降低一个人对伤害或侮辱的容忍度，助长暴力是正当的信念，使个体的暴力倾向增加，并产生报复的欲望。既往的实证研究表明，压力的确极大地增加了个人变得愤怒的可能性，这种愤怒解释了压力对犯罪特别是暴力犯罪的影响[2]。

---

〔1〕　R. Agnew, *Pressured Into Crime: An Overview of General Strain Theory*, Oxford University Press, 2007, pp. 1-238.

〔2〕　S. J. Jang and B. R. Johnson, "Strain, Negative Emotions, and Deviant Coping Among African Americans: A Test of General Strain Theory", *Journal of Quantitative Criminology*, Vol. 19, 1 (2003), pp. 79-105.

尽管一般压力理论强调负面情绪对暴力的影响，但个体的压力经历本身就具有犯因性属性。长期或反复的压力，可能会削弱与他人的关系，暂时降低个人的社会控制水平，例如：受到父母严厉惩罚的青少年可能会在短期内不喜欢他们的父母；在工作中受到恶劣待遇的成年人可能会暂时减少他们对工作的投入。压力本身可能会促进犯罪的社会学习，某些特定压力如虐待和犯罪受害，使个体暴露于他人的暴力示范，进而导致个体认可暴力是一种适当的应对机制。此外，压力可能会增加犯罪同伴群体的吸引力，使得这类群体被视为压力的解决方案，并可能促进个体形成犯罪相关的特质，如消极情绪和低自我控制[1]。

基于上述理论，阿格纽提出，具有下述特征的个体，面对压力更可能表现出暴力行为：①个体缺乏以合法方式应对压力的资源和能力。例如，低自我控制和消极情绪等特质（具有高攻击倾向）、社交技巧和解决问题的能力较差、社会经济地位较低。②个体拥有暴力应对的丰富资源和能力。例如，低自我控制和消极情绪、体格强壮、高"暴力自我效能感"（相信自己有能力成功地参与暴力）。③个体缺乏传统的社会支持水平，其父母、教师和雇主难以为其提供应对压力的帮助。例如，缺乏信息支持、物质支持、情感支持和直接帮助。④个体的社会控制水平低，未受到他人的密切监督，也未因暴力行为而一贯受到制裁（如失业），因此社会控制力低的个体更可能认为暴力的代价极小。⑤个体具有实施暴力的同伴，暴力同伴更可能示范、强化暴力行为，传授有利于暴力的信念，从而影响个体的暴力

---

〔1〕 R. Agnew, "General Strain Theory: Current Status and Directions for Further Research", in F. T. Cullen et al. eds., *Taking Stock: The Status of Criminological Theory: Advances in Criminological Theory*, Transaction, 2006, pp. 105-123.

倾向，同伴还可以协助个体实施暴力行为，并降低个体对暴力的感知成本。⑥个体具有赞同暴力的信念。虽然很少有人会无条件地赞同暴力，但有些人确实认为，在某些情况下暴力是可取的、正当的或可原谅的。⑦个体处于暴力代价很低而收益很高的社会情境中。暴力的情境成本在一定程度上取决于个体感知到的目标抵抗暴力的能力，以及其他人帮助目标的可能性（如小人物很少攻击大人物）。

如今，压力理论已成为现代犯罪学中最受关注的主流理论之一。自1985年阿格纽提出对压力理论的修正之后，已有数百篇学术论文聚焦于一般压力理论，并将该理论用于对犯罪或越轨行为的研究。在首次提出一般压力理论之后，阿格纽等人[1]以大量青少年样本为基础，考察了各种压力对犯罪的影响。纵向研究的结果显示，即使在控制了社会控制水平、犯罪同伴联结和既往犯罪行为等变量之后，压力的总量仍然能够预测个体的犯罪行为。此后，大量的实证研究数据也显示了类似的研究结果[2]，提示压力与暴力等犯罪行为之间存在关联。

总的来说，一般压力理论能够较好地阐释暴力发生的影响因素，而且能够解释在不同性别、年龄、族裔、社会经济地位等群体中暴力发生的差异。与此同时，一般压力理论能够较好地同其他与暴力相关的理论兼容，包括生物、心理与社会学理

---

〔1〕 R. Agnew, "Foundation for a General Strain Theory of Crime and Delinquency", *Criminology*, Vol. 30, 1 (2010), pp. 47-88.

〔2〕 R. Agnew and T. Brezina, *Juvenile Delinquency: Causes and Control*, 5th ed., Oxford University Press, 2015; G. C. Ousey, P. Wilcox and C. J. Schreck, "Violent Victimization, Confluence of Risks and the Nature of Criminal Behavior: Testing Main and Interactive Effects from Agnew's Extension of General Strain Theory", *Journal of Criminal Justice*, Vol. 43, 2 (2015), pp. 164-173; R. Agnew et al., "Strain Theory and Violent Behavior", in A. T. Vazsonyi, D. J. Flannery and I. M. DeLisi eds., *The Cambridge Handbook of Violent Behavior and Aggression*, Cambridge University Press, 2018, pp. 453-466.

论，而且其他理论中的变量能够帮助解释为何某些类型的压力更可能引发暴力、为何某些个体更可能表现出暴力行为。此外，上述理论中的变量可能会相互影响，例如，低自我控制和消极情绪等人格特质会引发压力，而压力则会导致这些人格特质的形成。

二、社会学习理论

（一）社会学习理论的早期发展

社会学习理论（social learning theory）的提出和发展，可以追溯到 20 世纪中期社会学和心理学两个学科的联合。1939 年，美国犯罪学家萨瑟兰（E. H. Sutherland）提出的差异交往理论（Differential Association Theory）[1]，首次完全从社会学的角度阐释犯罪原因。该理论打破了传统理论从生物和心理异常探讨犯罪行为原因的研究定式，不再诉诸个体的生物基础或精神异常等方面的假设，而是认为人们是通过社会环境中的人际互动而习得越轨或犯罪行为的。差异交往理论被认为是萨瑟兰对现代犯罪学最重要的贡献之一，对美国的犯罪学发展具有深远影响。然而，该理论未能解释社会学习行为的机制，也未能考虑到个体差异。例如，该理论无法解释个体的人格特质与环境之间的相互作用。

1941 年，美国心理学家米勒（N. E. Miller）和多拉德（J. Dollard）在著作《社会学习与模仿》中首次提出社会学习这一概念，认为"人的行为是后天习得的，而不是与生俱来的"[2]，

---

〔1〕 E. H. Sutherland and D. R. Cressey, *Principles of Criminology*, 3rd ed., J. B. Lippincott Company, 1939, pp. 4-9.

〔2〕 N. E. Miller and J. Dollard, *Social Learning and Imitation*, Yale University Press, 1941, pp. 1-326.

并主张应用学习的原理来理解社会行为。自 20 世纪中期开始，心理学研究者开始关注人在真实社会环境中的学习机制，其中，最具影响力的是美国心理学家班杜拉（A. Bandura）提出的社会学习理论。班杜拉提出，人们能够通过观察他人（榜样）所表现的行为及其结果进行学习，这并非斯金纳等人提出的通过尝试错误、体验强化才能掌握新的行为方式。此外，班杜拉将社会学习机制的研究进一步扩展至青少年攻击行为[1]。

上述社会学取向与心理学取向的研究各自独立发展，直至 1966 年美国犯罪学家阿科斯（R. L. Akers）和社会学家伯吉斯（R. L. Burgess）在萨瑟兰的差异交往理论、斯金纳和班杜拉有关学习理论的基础上，提出了差异交往强化理论（Differential Association Reinforcement Theory）[2]。1973 年，阿科斯以差异交往强化理论为基础，在《越轨行为：社会学习取向》一书中进一步阐述了越轨行为的社会学习理论[3]，并成为现代犯罪学中最受关注的主流理论之一。

（二）差异交往强化理论

在差异交往强化理论中，阿科斯等人[4]提出了四个核心元素：差异交往（differential association）、定义（definitions）、模

---

〔1〕　A. Bandura, *Aggression: A Social Learning Analysis*, Prentice-Hall, 1973, pp. 1-324.

〔2〕　R. L. Burgess and R. L. Akers, "A Differential Association-Reinforcement Theory of Criminal Behavior", *Social Problems*, Vol. 14, 2 (1966), pp. 128-147.

〔3〕　R. L. Akers, *Deviant Behavior: A Social Learning Approach*, Wadsworth, 1973, pp. 24-41.

〔4〕　M. Radosevich et al., "The Sociology of Adolescent Drug and Drinking Behavior: A Review of the State of the Field: Part I", *Deviant Behavior*, Vol. 1, 1 (1979), pp. 15-35; R. L. Akers, "A Social Learning Theory of Crime", in S. Cote ed., *Criminological Theories: Bridging the Past to the Future*, Sage Publications Inc., 2002, pp. 135-143.

仿（imitation）、差异强化（differential reinforcement）。

差异交往，是指与表达某种规范、价值观和态度的群体的直接交往。个体交往的群体提供了社会学习发生的社会背景。最主要的群体包括家人和朋友，次要群体包括更广泛的来源，如教师、邻居、媒体等[1]。个体的差异交往模式越倾向于亲社会的、积极的行为和态度，则其参与积极行为的可能性就越大。

阿科斯通过其余三个核心元素，进一步阐释了差异交往是如何转化为守法或违法行为的。第一种社会学习的机制是定义。定义指的是一个人对一个给定行为的态度、意义或合理化，其将行为定义为好或坏、对或错、合理或不合理、适当或不适当。这些定义或价值观是通过对同伴和家庭成员的模仿以及差异强化而习得的。定义的相对权重，将决定个体是否认可社会规范并参与行为，当行为的积极和中性定义抵消了消极定义时，个体就会从事该行为。以青少年为例，当青少年在与他人交往的过程中，了解到暴力有时是一种可接受或合理的反应，那么青少年更有可能表现出暴力行为。

第二种社会学习的机制是模仿。个体通过观察周围的人尤其是亲密的他人，如父母、兄弟姐妹或朋友，来学习行为。当个体接触到他人的行为和规范，并观察到他人从这些行为中获得了积极结果或防止了负面结果时，其行为就会受到影响，这类观察学习被称为替代强化或模仿。例如，当青少年目睹了其他人的暴力行为，而这些人是他们喜欢和尊重的，并且暴力行为的结果是有利的，那么他们更有可能模仿暴力行为。

---

[1] R. L. Akers and G. F. Jensen, "The Empirical Status of Social Learning Theory of Crime and Deviance: The Past, Present, and Future", in F. T. Cullen et al. eds., *Taking Stock: The Status of Criminological Theory: Advances in Criminological Theory*, Transaction Publishers, 2006, pp. 37-76.

第三种社会学习的机制是差异强化。差异强化指的是对一个给定行为的预期或实际奖惩的平衡。行为会通过获得奖赏和避免惩罚而得到加强，或者通过受到惩罚和失去奖赏而得到削弱。因此，通过社会奖赏或避免社会惩罚而得到强化的行为更容易重复，而引发社会惩罚的行为则不太可能重复。例如，青少年个体与越轨同伴群体交往，最初源于观察学习而表现出的暴力行为，由于越轨同伴对暴力应对方式的支持和鼓励，同时，缺乏父母或者其他同伴的否定性约束而被强化。差异强化可能促使个体的犯罪生涯确立，并且是解释持续性犯罪的一个关键性因素。

（三）社会学习理论与暴力犯罪

自社会学习理论提出之后，社会学习与犯罪行为之间的相关已得到大量实证研究的支持。既往研究对阿科斯提出的差异交往、定义、模仿和差异强化四个核心概念均进行了探讨。其中，差异交往已在多个研究中被证实是犯罪和越轨行为的重要影响因素[1]。研究还发现，定义、模仿和差异强化作为社会学习的变量，均与犯罪行为之间存在中等相关[2]。既往研究中考察的行为类型广泛且多样，包括但不限于儿童和青少年攻击、亲密

---

〔1〕 X. B. Arriaga and V. A. Foshee, "Adolescent Dating Violence: Do Adolescents Follow in Their Friends', or Their Parents', Footsteps?" *Journal of Interpersonal Violence*, Vol. 19, 2 (2004), pp. 162-184; W. G. Clingempeel and S. W. Henggeler, "Aggressive Juvenile Offenders Transitioning Into Emerging Adulthood: Factors Discriminating Persistors and Desistors", *The American Journal of Orthopsychiatry*, Vol. 73, 3 (2003), pp. 310-323.

〔2〕 S. W. Baron, L. W. Kennedy and D. R. Forde, "Male Street Youths' Conflict: The Role of Background, Subcultural, and Situational Factors", *Justice Quarterly*, Vol. 18, 4 (2001), pp. 759-789; T. I. Herrenkohl et al., "A Comparison of Social Development Processes Leading to Violent Behavior in Late Adolescence for Childhood Initiators and Adolescent Initiators of Violence", *Journal of Research in Crime and Delinquency*, Vol. 38, 1 (2001), pp. 45-63.

伴侣暴力、恐怖主义以及其他暴力犯罪和非暴力犯罪行为，对不同形式暴力行为的研究结果均支持了社会学习理论[1]。

社会学习理论对暴力的解释，使得暴力犯罪变得和一般习得性无助行为一样易于理解。然而，社会学习理论对暴力等犯罪行为的解读也存在一定的局限性。例如，该理论并没有考虑到人际交往和学习过程中存在的个体差异，无法解释为何某些个体最先发生偏差行为。事实上，个体在生理、心理等方面的差异可能导致部分人更容易走上犯罪的道路，而其他人则遵纪守法。

三、控制理论

控制理论（control theory）是犯罪学理论中的一大类，主要包括社会控制理论、自我控制理论、威慑理论等。阐释犯罪行为的多个控制理论，建立在古典犯罪学派的假设之上。根据古典犯罪学派代表性人物贝卡利亚（Cesare Beccaria）和边沁（Jeremy Bentham）等人的观点，控制理论假设所有人都会按照自己的私利追求共同的动机，并最大限度地寻求快乐和避免痛苦，由于对自身利益的自然追求会导致人们出现犯罪行为，每个人都是潜在的犯罪人。基于上述假设，控制理论认为有效约束的缺失是导致人们违法犯罪存在差异的原因，因而重点关注个人、社会、法律和情境等一系列控制因素对犯罪行为的影响。与前述的压力理论和社会学习理论有所不同，控制理论认为犯

---

[1] R. L. Akers and A. L. Silverman, "Toward a Social Learning Model of Violence and Terrorism", in M. Zahn, H. Brownstein and S. Jackson eds. , *Violence: From Theory to Research*, LexisNexis and Andersen Publishing, 2004, pp. 19 - 35; S. B. Boeringer, C. Shehan and R. Akers, "Social Contexts and Social Learning in Sexual Coercion and Aggression: Assessing the Contribution of Fraternity Membership", *Family Relations*, Vol. 40, 1 (1991), pp. 558-564.

罪学的焦点并不是回答为什么有些人会犯罪，而是解释为什么大多数人不犯罪，从而间接地阐明犯罪的原因[1]。

（一）社会控制理论

在控制理论中，美国犯罪学家赫希（T. Hirschi）提出的社会控制理论（Social Control Theory）影响最为深远，并且得到了大量实证研究的支持，成为当代犯罪学中最重要的理论之一。赫希在 1969 年出版的专著《犯罪的原因》（*Causes of Delinquency*）中详细阐述了社会控制理论[2]。非正式的社会控制机制被统称为社会联结，根据社会控制理论，犯罪可以用社会联结的缺失来解释。赫希认为，与家庭、学校等方面的社会联结有助于减少个体的犯罪行为倾向。而当社会联结被削弱或没有很好地建立时，犯罪就会发生，在青少年时期这种情况更为突出。

社会联结是赫希社会控制理论中的核心概念，指的是个人与传统社会之间的联结[3]，主要由四个要素组成：依恋（attachment）、奉献（commitment）、投入（involvement）和信念（belief）。依恋指的是个体对他人的情感联系，可以分为对父母、对学校、对同辈群体的依恋，其中对于父母的依恋最为重要，如果个体在情感上依恋父母、老师、朋友等，就会关心他人的看法和情感，会因为害怕失去别人的尊重和感情而不去犯罪。奉献指的是个人将时间、精力投入有意义的传统活动中，例如，接受教育、建功立业、赢得声望等。如果个体致力于有意义的教育或职业目标，他们将不愿意冒着失去实现这些目标

〔1〕 G. E. Higgins and D. Osborne, "Self-Control Theory and Crime", *International Encyclopedia of the Social & Behavioral Sciences (Second Edition)*, 2015, pp. 481-485.

〔2〕 T. Hirschi, *Causes of Delinquency*, University of California Press, 1969, pp. 3-234.

〔3〕 吴宗宪："赫希社会控制理论述评"，载《预防青少年犯罪研究》2013 年第 6 期。

的风险而犯罪，其犯罪的可能性就越小。投入指的是个人的时间被传统活动消耗的程度，传统活动包括功课、工作、运动、爱好等。投入传统活动既有助于个人与他人的进一步联结，又能够使个体没有足够的时间考虑和参与违法活动，而拥有大量空闲时间则会增加个体犯罪的可能性。信念指的是对传统价值体系和道德法制观念持接受与坚守的态度。社会或群体中共同的道德信念会促使个体替他人着想、尊重他人的权利，并且服从法律。然而人们对于道德规范的信念有着程度上的差异，如果个体的道德信念缺失或削弱，就可能去实施越轨或犯罪行为。上述社会联结的四个要素，每个要素独立且共同发挥作用，以阻止或预防犯罪。

在赫希看来，"行为是个体与社会联系的函数。处于社会内部的人受到社会的控制，而社会外部的人则自由地追随自己的冲动[1]"，这一思想不仅贯穿于上述社会控制理论中，而且在多年后赫希与其合作者共同提出的自我控制理论中得以进一步体现。

（二）自我控制理论

在社会控制理论的基础上，赫希与美国犯罪学家古特弗里森（M. R. Gottfredson）在1990年进一步提出了犯罪的一般理论（General Theory of Crime）[2]，又称自我控制理论（Self-Control Theory）。既往的控制理论，通常强调社会控制对于保护个体不参与犯罪的重要性，但自我控制理论认为，低自我控制是个体犯罪的关键因素。

---

〔1〕 T. Hirschi and J. H. Laub, *The Craft of Criminology : Selected Papers*, Transaction, 2002, p. xiv.

〔2〕 M. R. Gottfredson and T. Hirschi, *A General Theory of Crime*, Stanford University Press, 1990, pp. 3–122.

根据古特弗里森和赫希的理论，自我控制指的是放弃能带来即时或短期快乐，但会产生负面后果的行为的能力，以及做出有利于长期利益的行为的能力。自我控制这一概念，与心理学中的自我调节和冲动性、经济学中的时间折扣和技能形成、社会学中的社会控制等概念有关。古特弗里森和赫希认为，大多数违法犯罪行为都可以被看作是追求相对直接和简单的收益或追求直接和短暂的快乐，而不考虑长期的社会后果。因此，犯罪行为往往是由自控力相对较低的个体实施的[1]。

虽然自我控制理论重点关注个体特征在犯罪中所起的作用，似乎不再强调其他社会因素的影响，但是该理论仍然强调父母教养在儿童发展过程中对于自我控制的作用。自我控制理论认为，个体自我控制水平的主要影响因素是家人或其他养育者在其生命早期的行为。儿童期的社会化差异使得人们专注于长期目标的能力不一，即自我控制的发展程度不同[2]。因此，自我控制被认为是在儿童期获得的，且在一生中保持相对稳定。那些在生命早期发展出高自我控制能力的人，则在青少年期和成人期犯罪的可能性较小。

（三）控制理论与暴力犯罪

在控制理论看来，大部分暴力犯罪，如杀人、抢劫、虐待儿童等，均具有为行为人带来短期利益和即时满足，却忽视长期社会成本和负性后果的特点。社会控制理论和自我控制理论，在前人研究的基础上进一步丰富和发展了控制理论，并分别为解析暴力犯罪的原因提供了新的视角。

---

〔1〕 M. R. Gottfredson and T. Hirschi, "The Criminal Career Perspective as an Explanation of Crime and a Guide to Crime Control Policy: The View from General Theories of Crime", *Journal of Research in Crime and Delinquency*, Vol. 53, 3 (2016), pp. 406-419.

〔2〕 M. R. Gottfredson and T. Hirschi, "Self-Control and Opportunity", *Control Theories of Crime and Delinquency*, 2003, pp. 5-19.

社会控制理论是赫希在大量调查研究的基础上提出的，该理论明确指出了社会联结在犯罪因果关系中的具体要素，使得社会控制理论的验证更具有可操作性，并在提出后得到了大量实证研究的支持。多项研究发现，暴力犯罪特别是青少年暴力犯罪行为，与青少年对父母的依恋呈现显著的负相关[1]，与其对学校的依恋同样存在显著的负相关[2]。相比之下，在社会控制理论中关于同伴依恋与暴力犯罪之间存在负相关的预测，并未得到实证数据的支持，有研究发现同伴关系与犯罪之间呈现正相关，类似的研究结果似乎更支持社会学习理论[3]，而难以通过社会控制理论予以解释。与此同时，部分研究者质疑，认为社会控制理论能够较好地解释轻微犯罪，而难以充分解释更严重的犯罪，也未能阐释社会联结是如何形成或削弱的。尽管存在质疑，但社会控制理论仍是犯罪学领域最为广泛验证、引用率最高的理论之一。

尽管自我控制理论与社会控制理论不同，其分别侧重于内化控制和外化控制对于犯罪行为的影响，但两者均强调早期发展过程中教导个体遵守规范和社会规则的重要性。自我控制理论在提出之后，也得到了大量实证研究的支持。元分析研究结

〔1〕 K. A. Brookmeyer, K. A. Fanti and C. C. Henrich, "Schools, Parents, and Youth Violence: A Multilevel, Ecological Analysis", *Journal of Clinical Child and Adolescent Psychology*, Vol. 35, 4 (2006), pp. 504-514; T. I. Herrenkohl et al., "Protective Factors Against Serious Violent Behavior in Adolescence: A Prospective Study of Aggressive Children", *Social Work Research*, Vol. 27, 3 (2003), pp. 179-191.

〔2〕 J. B. Sprott, J. M. Jenkins and A. N. Doob, "The Importance of School Protecting at-Risk Youth from Early Offending", *Youth Violence and Juvenile Justice*, Vol. 3, 1 (2005), pp. 59-77.

〔3〕 D. L. Haynie and D. W. Osgood, "Reconsidering Peers and Delinquency: How Do Peers Matter?", *Social Forces*, Vol. 84, 2 (2005), pp. 1109-1130.

果显示[1]，在不同人群、不同文化、不同评估模式、不同研究
设计（横向与纵向）的研究中，低自我控制与犯罪或越轨行为
之间均存在显著相关，其中，躯体暴力与低自我控制之间显示
出最显著的相关[2]。然而，有部分研究者认为低自我控制与犯
罪之间存在循环论证，质疑在实证研究中如何检验低自我控制
的概念，如何将自我控制与犯罪倾向相分离[3]。还有部分研究
者则质疑该理论中完全基于自我控制水平的犯罪概念，能够在
多大程度上解释全部的犯罪行为[4]。尽管如此，在经历了大量
严格的实证检验之后，自我控制理论已成为近 30 年来最受关
注、最具影响力的犯罪学理论之一。

　　本章简要回顾了生物、心理、社会三个学科取向对于暴力
行为的研究成果，试图从不同的研究视角寻找人类个体发生暴
力行为的根源。然而，越来越多的研究结果提示，生物、心理
和社会风险因子的协同作用，对于暴力行为的影响可能显著大
于各因素的加和效应。因此，需要进一步打破学科之间的壁垒，
关注生物、心理、社会因素及其交互作用对暴力行为的塑造和
影响。

———————

　　[1]　T. C. Pratt and F. T. Cullen, "The Empirical Status of Gottfredson and Hirschi's
General Theory of Crime: A Meta-Analysis", *Criminology*, Vol. 38, 3 (2010), pp. 931-964.

　　[2]　C. L. Chapple and T. L. Hope, "An Analysis of the Self-Control and Criminal
Versatility of Gang and Dating Violence Offenders", *Violence and Victims*, Vol. 18, 6
(2003), pp. 671-690.

　　[3]　R. L. Akers and C. S. Sellers, *Criminological Theories: Introduction, Evaluation,
and Application*, 4th ed., Roxbury Publishing, 2004, p. 125.

　　[4]　G. Geis, "On the Absence of Self-Control as the Basis for a General Theory of
Crime: A Critique", *Theoretical Criminology*, Vol. 4, 1 (2000), pp. 35-53.

第二章
暴力犯罪的分类与特点

第一节　暴力犯罪的定义与分类

暴力犯罪是最古老的犯罪形态之一。为了减少和预防暴力犯罪的发生，首先需要了解暴力犯罪的现状、特点与发展趋势。因此，本章将对暴力犯罪的定义和分类标准进行简要的介绍，并重点阐述近 20 年来暴力犯罪在全球、美国和中国的发展现状与特点。

一、暴力犯罪的定义

暴力犯罪（violent crime）这一概念，最早的提出者是著名的意大利犯罪学家加罗法洛（Baron Raffaele Garofalo）。他在1885 年出版的《犯罪学》一书中，将犯罪从性质上分为两类：自然犯罪和法定犯罪，认为暴力犯罪是自然犯罪的一种类型。在我国的法律体系中，暴力犯罪并非特定的刑法术语或具体罪名，而是在犯罪学上对犯罪进行分类使用的概念，是一类犯罪行为的统称。有研究者提出，暴力犯罪是以暴力为内容或者与暴力内容密切相关的犯罪，具体是指实施身体的动作，给人以强烈刺激，使他人的人身、财产遭受侵害，危害社会的行为〔1〕。也有研究者认为，暴力犯罪指的是运用暴力手段或以暴力相威

---

〔1〕　康树华、张小虎主编：《犯罪学》（第四版），北京大学出版社 2016 年版，第 209—212 页。

胁，给他人造成危害后果或损害的危险的攻击性行为[1]。

暴力犯罪在行为表现和类别划分上通常具有跨时间、跨地域的一致性。例如，在不同的文化背景、不同的社会发展阶段下，故意剥夺他人生命的行为均被归类为暴力犯罪，根据暴力侵害的后果或手段，还可以将不同的犯罪行为进一步分类，如杀人罪、故意伤害罪、放火罪和投毒罪等。然而，不同时期、不同国家的法律体系通常存在广泛的差距，因此对于暴力犯罪的定义和分类也是存在差异的。在我国，暴力犯罪是多种具体犯罪的集合体，涉及的罪名广泛。杀人、伤害、抢劫、强奸通常被认为是暴力犯罪的四种典型形态。此外，还包括绑架、纵火、爆炸、劫持飞机轮船、虐待配偶与儿童、武装贩毒、武装走私、聚众械斗、组织暴乱等类型[2]。就总体的犯罪类型而言，暴力犯罪的比例和数量并不多，远少于财产犯罪，但其造成的社会危害却最为严重，是犯罪现象的主要表现形式之一，因此成为犯罪心理学关注的焦点。

二、暴力犯罪的国际分类标准

准确可靠的犯罪统计数据，是衡量和评价不同时期、不同国家犯罪水平的前提和基础。世界各国通常根据法律规定来组织和分类犯罪数据，而这些法规与犯罪行为的分类并不总是相关。此外，立法变更或地域差异也会妨碍不同时期和不同法域之间的可比性。因此，在描述和比较不同时期、不同国家之间的暴力犯罪的统计数据时，需要一个国际公认的标准化概念或

---

[1] 张远煌主编：《犯罪学》（第三版），中国人民大学出版社 2015 年版，第129 页。

[2] 张远煌主编：《犯罪学》（第三版），中国人民大学出版社 2015 年版，第129 页。

统计框架。

1951 年，联合国首次提出在全球范围内编制标准的犯罪分类的重要性。然而，各国立法与报告制度上的差异成为制定分类标准的最大挑战。2009 年，联合国毒品和犯罪问题办公室（United Nations Office on Drugs and Crime）和联合国欧洲经济委员会领导的工作组开始着手编制一份以行为描述而不是以法典为基础的犯罪分类框架。在经历多次磋商会议和测试之后，2015 年 3 月，联合国统计委员会批准将《用于统计的国际犯罪分类》（International Classification of Crime for Statistical Purposes）（以下简称《国际犯罪分类》）[1]作为收集数据的国际统计标准，确认由联合国毒品和犯罪问题办公室作为《国际犯罪分类》的保管人，并批准在国家、区域和国际层面实施该分类计划。《国际犯罪分类》根据国际公认的概念、定义和原则对刑事犯罪进行分类，提供了一种系统编制与比较不同刑事司法机构和法域相关统计数据的框架，以增强犯罪统计的连贯性和国际可比性，并提高国内、国际层面对犯罪数据的分析能力。

犯罪分类的首要任务是对犯罪事件的类型进行定义和区分。由于刑事犯罪可从多个角度（如其对受害者的影响、犯罪方式、行为人的动机及罪行的严重性等）进行分类，《国际犯罪分类》将犯罪行为划分为一级、二级、三级和四级四个不同的等级，每个等级均包括不同类别的同质罪行，并对各等级、各类别的罪行进行了详细描述。在 2015 年 3 月发布的《国际犯罪分类》1.0 版本中，一级犯罪共分为 11 个不同的类别，覆盖了《国际犯罪分类》范围内全部的犯罪行为和事件，其中各类别的名称与编号见表 2-1。

---

[1] 葛向伟："国际犯罪与刑事司法统计领域大数据建设动态及其思考"，载《中国司法》2019 年第 9 期。

表 2-1 《国际犯罪分类》的一级犯罪类别

一级犯罪类别	
01	导致死亡或意图导致死亡的行为 Acts leading to death or intending to cause death
02	造成人身伤害或意图造成人身伤害的行为 Acts leading to harm or intending to cause harm to the person
03	性侵害行为 Injurious acts of a sexual nature
04	涉及暴力或人身威胁的针对财产行为 Acts against property involving violence or threat against a person
05	仅针对财产的行为 Acts against property only
06	涉及受管制的精神活性物质或其他药物的行为 Acts involving controlled psychoactive substances or other drugs
07	欺诈、欺骗或腐败行为 Acts involving fraud, deception or corruption
08	违反公共秩序、公共权力和国家规定的行为 Acts against public order, authority and provisions of the state
09	危害公共安全和国家安全的行为 Acts against public safety and state security
10	损害自然环境的行为 Acts against the natural environment
11	未另行归类的其他犯罪行为 Other criminal acts not elsewhere classified

　　《国际犯罪分类》对每一种罪行的描述均基于行为或事件，即能够定义该罪行的系列核心行动、行为属性和情景属性，并对每一等级的所有类别进行了详细描述。根据其行为描述，在

《国际犯罪分类》一级犯罪的 11 个类别中，01—04 的 4 个犯罪类别涵盖了全部的暴力犯罪。其中，最具代表性的罪行包括故意杀人（intentional homicide）、严重伤害（serious assault）、抢劫（robbery）、绑架（kidnapping）和性暴力（sexual violence）五种类型。根据联合国毒品和犯罪问题办公室网站[1]的记录，人们能够回溯 1990 年至今约 150 个国家和地区的上述五类暴力犯罪的数据记录。不过现有的数据记录尚存在局限：部分国家的犯罪数据缺失或不完整、部分犯罪类型的既往历史数据不足 10 年（如抢劫罪的多国犯罪率记录始于 2010 年）、部分国家仅有少数年份的数据报告、缺乏连续性。

第二节　暴力犯罪的国内外发展现状与特点

暴力犯罪在世界各国的法律定义、犯罪计算和记录的方法以及报告率均存在差异，因此，对各类型的暴力犯罪数据进行跨国统计和比较时仍需谨慎。其中，故意杀人罪作为暴力犯罪的典型代表，也是极少数跨国犯罪数据统计规则中较为一致的犯罪类型之一。本节将通过比较不同国家、不同年份的故意杀人罪数据来阐释暴力犯罪在全球的整体状况和发展趋势。

一、全球故意杀人罪的现状与特点

在世界范围内，据统计每年因故意杀人犯罪行为导致的死亡人数远远超过武装冲突和恐怖活动的致死人数的总和。以 2017 年为例，全世界范围内杀人案件的被害人高达 46.4 万人，远高于因武装冲突导致的 8.9 万人和因恐怖主义造成的 2.6 万人

---

〔1〕　注：联合国毒品和犯罪问题办公室网站地址为 https://dataunodc.un.org/。

的死亡人数〔1〕。在各种犯罪行为中，故意杀人作为致死率最高的犯罪类型以及其自身的罪行严重性和社会危害性，备受关注。由于故意杀人罪在不同法律体系下的定义相对一致，不同国别、不同时期的故意杀人罪统计数据通常具备较好的信效度和可比性，本节将以联合国毒品和犯罪问题办公室收录的犯罪数据为基础，主要通过对故意杀人罪的描述和分析，以阐释和比较全球不同区域内暴力犯罪的流行特点和发展趋势。

在联合国毒品和犯罪问题办公室发布的《2019 年全球杀人案研究》（*Global Study on Homicide* 2019）报告中，根据《国际犯罪分类》，故意杀人被定义为以造成死亡或严重伤害为目的，非法致人死亡。这一统计定义包含三个要素：他杀（客观要件）、行为人杀害或者重伤被害人的故意（主观要件）、杀人的非法性（法律因素）。为便于记录，符合上述三要素的所有杀戮行为均被视为故意杀人。由上述定义可以看出，故意杀人的核心要素是行为人的完全责任。因此，在联合国的犯罪报告中，故意杀人并不包括下述暴力形式导致的死亡：与武装冲突或战争有关的杀人、自杀、法律允许的正当杀人（如因自我防卫或依法处置而杀人、因过失而致人死亡）。值得一提的是，因恐怖活动致人死亡也被归类为故意杀人。

《2019 年全球杀人案研究》共包括六本手册，以截至 2017 年的全球杀人案件数据为基础，针对故意杀人罪相关的各专题领域进行系列报告。各国的数据记录主要来源于刑事司法和公共卫生两个领域。刑事司法领域来源的杀人案件数据通常由公安机关或检察机关在记录和调查犯罪事件过程中生成；公共卫生领域的杀人案件数据则来自公共卫生或医疗机构对于个人死

---

〔1〕　来自联合国毒品和犯罪问题办公室公布的数据。

亡原因等信息的记录。司法部门在认定死亡为故意杀人时，可能详尽调查上述故意杀人定义中的三个要素，相比之下，公共卫生部门出具的死因证明则不会考虑死亡的非法性。因此，考虑到数据的可用性、及时性和全面性，在《2019 年全球杀人案研究》中优先考虑采用刑事司法数据。研究报告中刑事司法数据的来源是通过联合国犯罪趋势调查（United Nations Crime Trend Survey），主要参考各国警方（警方来源的数据优先于检察院或法院来源的数据）关于故意杀人案件的数据记录，包括故意杀人案的被害人总数，以及根据性别、年龄、杀人机制（枪支、尖锐武器等）、犯罪者的犯罪背景（家庭、亲密伴侣、有组织犯罪、团伙、抢劫、其他未知背景）等对被害人的分类情况。

本节中有关故意杀人罪的数据，主要来源于联合国毒品和犯罪问题办公室网站与《2019 年全球杀人案研究》中 200 余个国家和地区的记录，这些数据能够代表全球 96% 的人口，可用于预测全球的杀人案件水平。此外，由于暴力犯罪中，故意杀人案件造成的被害者人数能够直接被用于量化比较，杀人率通常被认为是衡量犯罪最有效和最可靠的跨国指标之一。为了提高不同规模人口群体之间的可比性，联合国毒品和犯罪问题办公室主要采用杀人率（homicide rate），即每 10 万人口中故意杀人的被害者人数，来阐释和比较世界各地故意杀人罪的数量、比率、趋势和模式。

（一）全球故意杀人案件的发展趋势和地区差异

在过去的 20 多年间，全球范围内的故意杀人率水平呈现长期缓慢下降的趋势，如图 2-1 所示，全球平均每 10 万人口中被故意杀害的人数从 1993 年的峰值 7.4 人/10 万人下降到 2017 年的 6.1 人/10 万人，其中，1993—2007 年表现为稳定下降期，并在此后进入相对稳定期[1]。尽管全球的杀人率水平下降，但是由于全球人口持续增长，全球故意杀人案件被害人数的绝对值在增长，从 1990 年的 36.1 万人增加到 2018 年的 44.1 万人[2]。

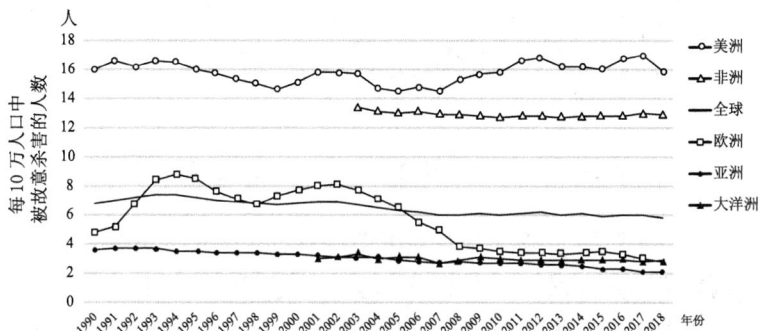

图 2-1 1990—2018 年全球各大洲的故意杀人犯罪率趋势

以 2018 年全球故意杀人案件的绝对数量为例，2018 年全世界约有 40 万人死于故意杀人，其中，非洲的被害者人数所占比例最高，为 37.43%，紧随其后的是美洲，其被害人数占总数的 36.36%，尽管亚洲人口众多，但其被害人数不到总数的 1/4 (21.27%)，欧洲 (4.67%) 和大洋洲 (0.27%) 的被害人数量所占比例均很小[3]（见图 2-2）。

---

[1] 来自联合国毒品和犯罪问题办公室公布的数据。

[2] UNODC, "Victims of Intentional Homicide, 1990 – 2018", available at https://dataunodc.un.org/content/data/homicide/homicide-rate, last visited on 2021-5-11.

[3] UNODC, "Victims of Intentional Homicide, 1990–2018", available at https://dataunodc.un.org/content/data/homicide/homicide-rate, last visited on 2021-5-11.

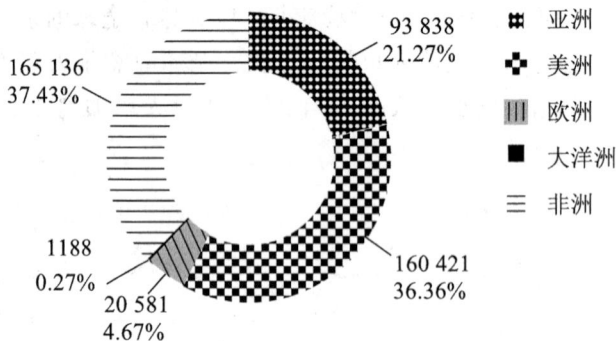

图2-2　2018年全球各大洲杀人案的被害人数量

　　尽管全球故意杀人率呈现长期下降的趋势，但这一总体数据掩盖了不同区域之间的巨大差异。在世界各大洲中，美洲的故意杀人率在过去的20多年间一直处于稳定的高水平（14.5—16.7人/10万人），约为全球平均水平的2倍—3倍，在2017年上升至17人/10万人，是1990年以来的最高纪录。其中，中美洲和南美洲在2018年分别达到28.1人/10万人和21人/10万人，成为全世界故意杀人率最高的区域。

　　非洲的平均杀人率在过去的15年间均处于高位（12.7—13.4人/10万人），约为全球平均水平的2倍，仅略低于美洲。由于非洲的许多国家缺少关于故意杀人案件的完整数据，对于非洲长期趋势的描述可能存在很大误差，但根据现有数据可知，非洲的平均杀人率呈现出在高水平上降低，然后停滞的趋势。

　　欧洲的总体杀人率在过去的20年间（2.8—8.8人/10万人）大体低于全球的平均水平，尽管在20世纪90年代有所波动，但此后一直在稳步下降，自2002年以来共降低了65%。欧洲不同地区的杀人率水平也存在差异，其中，东欧地区在20世纪90年代上半叶，即苏联解体后，平均杀人率迅速翻番（1990年：8.6人/10万人；1994年：18.1人/10万人），之后反复波动，到 2002 年左右继而进入持续下降的趋势。南欧、西欧和北欧则是全球故意杀人率最低的其中三个地区，2018 年每 10 万人口中的被害者人数仅为 0.7—1.3 人。

亚洲的总体杀人率在过去的 20 多年间（2.7—3.1 人/10 万人）均低于全球平均水平，除在 20 世纪 90 年代初略有上升之外，亚洲的总体杀人率呈现出持续下降的趋势。这一下降趋势出现在亚洲的大部分地区，最显著地发生在中亚地区。苏联解体后，中亚地区的故意杀人率上升至 11 人/10 万人，但此后几乎逐年降低，到 2018 年每 10 万人中被故意杀害的仅有 2.7 人。然而，伊拉克等国所在的西亚地区，杀人率在 20 多年间出现剧烈波动，其中，在 1990 年和 2000 年之后均出现大幅增长，未表现出持续的下降趋势。相比中亚和西亚地区，东亚地区是全球故意杀人率最低的地区之一，从 1990 年相对较低的杀人率 1.9 人/10 万人，持续下降至 2018 年的 0.5 人/10 万人。

大洋洲的总体杀人率在过去的近 20 年间（2.7—3.3 人/10 万人）均低于全球的平均水平，并呈现出整体下降的趋势。尽管部分国家的既往历史数据不足 20 年，但澳大利亚和新西兰的数据显示，每 10 万人中的被害者人数由 1990 年的 2.2 人降低至 2018 年的 0.9 人，是全球故意杀人率最低的其中两个国家。

在国家层面上，世界各国的故意杀人率也存在显著差异，以 2017 年约 200 个国家的数据为例，故意杀人率从最低的 0.2 人/10 万人（如亚洲的日本、新加坡）到最高的 62.1 人/10 万人（如中美洲的萨尔瓦多），相差超过 300 倍。即使在同一个大洲，不同国家之间的差异也可能达数十倍，图 2-3 中分别列出了四大洲在 2017 年故意杀人率排名最高的两个国家和最低的两个国家的数据。

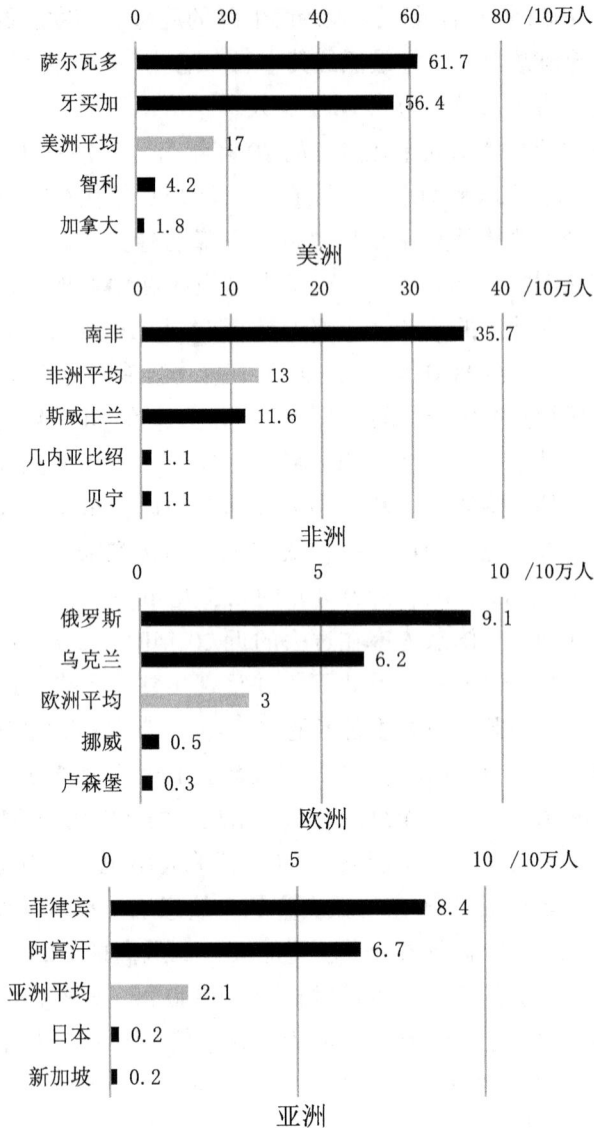

图2-3　2017年四大洲国家故意杀人率的平均值、
最高值与最低值

2017 年，全球共有 20 个国家的杀人率高于 20 人/10 万人，其中 6 个国家高于 40 人/10 万人，这 20 个国家的总人口为 7.07 亿人，仅占全球总人口的 9%，却占全球杀人案的 49%。与之相反，杀人率低于 1 人/10 万人的 38 个国家，共拥有 22 亿人的总人口数，约占全球人口的 30%，但仅占全球杀人案的 2.8%。

从被害者的人数来看，世界各国的故意杀人案件的数量也存在巨大差异。2017 年，被害人数量排名在世界前十的国家，总人口为 27 亿人，约占全球人口的 35%，发生的故意杀人案件数共 29.9 万起，占全球杀人案总数的 65%。从统计的被害人数据上看，虽然尼日利亚和巴西两国共占全球人口的 5%，但其受害者却占全球杀人案总数的 28%。

上述的杀人率等数据能够代表一个国家或地区致命性暴力的总体水平，但也仅提供了关于该国暴力犯罪的有限信息。为了更好地了解暴力犯罪的发生背景和根本原因，并为公共政策提供充分信息，有必要进一步描述犯罪人和被害人的基本特征。

（二）全球故意杀人案件的犯罪人和被害人特征

根据联合国毒品和犯罪问题办公室的全球调查结果，性别和年龄在故意杀人案件中起着至关重要的作用，也是全球范围内最容易获得的两个人口统计学特征。因此，故意杀人案件的犯罪人和被害人的性别比例与年龄分布，可以被用于犯罪的统计分析和跨国比较。

根据对各国犯罪人的调查发现，在警方正式接触的故意杀人案犯罪嫌疑人中，超过 90% 是男性，仅有不到 10% 是女性，并且这一比例在全球范围内多年保持稳定。以 2016 年的故意杀人案的数据为例，在 49 个国家和地区超过 133 500 名犯罪嫌疑人中，男性和女性所占的总体比例分别为90%和10%，犯罪嫌疑人定罪后的比例是91%和9%〔1〕。如图2-4所示，在四大洲的七个具有代表性的国家中，故意杀人案犯罪嫌疑人的性别比例均在9∶1左右。其中，在故意杀人率最高国家之一的洪都拉斯，男性犯罪嫌疑人占比高达97.1%，而在故意杀人率最低国家之一的澳大利亚，女性犯罪嫌疑人的比例则达14.3%。此外，在所有的年龄组中，男性犯罪嫌疑人的比例均远超过女性犯罪嫌疑人。在犯罪嫌疑人的年龄方面，全球范围内大约90%的杀人凶手的年龄在30岁以下，而15—17岁、60岁以上的人所占比例要小得多。其中，在美洲，几乎所有故意杀人的犯罪嫌疑人的年龄都在30岁以下，在欧洲和亚洲则有60%—80%的犯罪嫌疑人年龄在30岁以下。

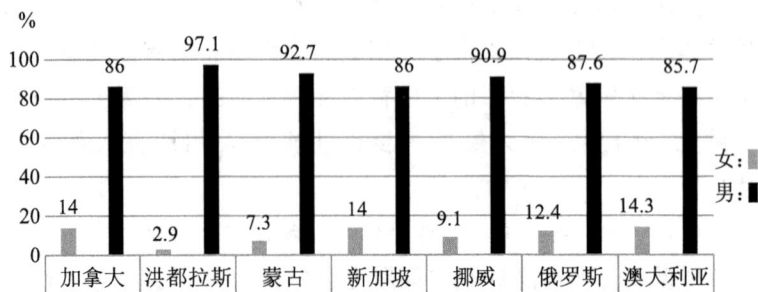

图2-4　2016年四大洲中七个具有代表性的国家故意杀人案犯罪嫌疑人的性别比例〔2〕

与犯罪人相比，联合国毒品和犯罪问题办公室有关被害人

〔1〕　来自联合国毒品和犯罪问题办公室公布的数据。

〔2〕　UNODC, "Persons Brought Into Formal Contact（Arrested/Suspected）for Intentional Homicide, by Sex and Age, Counts and Rates", available at https://dataunodc. un. org/data/homicide/Persons%20arrested/suspected%20for%20homicide, last visited on 2021-5-11.

的统计资料更加翔实。以 2017 年的故意杀人案数据为例，在被害人的性别方面，全球范围内 81% 的杀人案被害者是男性，全球男性面对的杀人率或被害率（9.1 人/10 万人）大约是女性（2 人/10 万人）的 4 倍。与总体杀人率的全球差异类似，不同地区的男性面对的杀人率也存在很大差异。其中，美洲和非洲男性的被害率最高（分别为 31.2 人/10 万人和 21.5 人/10 万人），欧洲（4.3 人/10 万人）、大洋洲（3.9 人/10 万人）和亚洲（3.1 人/10 万人）的男性被害率依次降低。

与男性相比，女性在全球各地区的被害率保持在一个较窄的范围内，从最高值非洲的 4.5 人/10 万人，到最低值亚洲的 1.5 人/10 万人，地区间差异远小于男性的被害率。对全世界国家的数据分析表明，几乎每个国家和地区，男性的被害率都远远高于女性，在南美洲、中美洲和加勒比地区，男女性被害率的差距最大，男性是女性的 8 倍—11 倍，其他区域的男女性被害率为 2 倍—4.8 倍。由上述数据可知，一个特定国家的故意杀人率越高，男性和女性的被害率差异就越大。

在被害人的年龄分布方面，如图 2-5，15—29 岁的年轻男性成为故意杀人案被害人的风险最高，全球范围内该年龄组的每 10 万名男子中就有 16.6 人被杀，其次是 30—44 岁年龄组的男性（14.7 人/10 万人），此后随着年龄的增长，45—59 岁（10.7 人/10 万人）、60 岁以上（5.6 人/10 万人）男性的被害风险逐渐降低，然而，被害风险最低的是 15 岁以下年龄组男孩（1.2 人/10 万人）。在不同国家和地区，按年龄划分的被害风险存在显著差异。在美洲，故意杀人案主要受影响的是年轻男性，但其他地区并非如此。在亚洲和欧洲，30—44 岁的男性面临最高的被害风险，而在部分非洲国家，45—59 岁的男性面临的被害风险最高。

与男性相比，女性在各年龄段面临的被害风险均要低得多，在全球范围内，30—44岁年龄组的女性成为故意杀人案被害人的风险最高（3.1人/10万人），此后45—59岁（2.8人/10万人）、15—29岁（2.7人/10万人）、60岁以上（2.4人/10万人）面临的被害风险相似但逐渐降低，15岁以下年龄组女孩的被害风险最低（0.9人/10万人）。与男性相比，各年龄组女性的被害率在不同国家和地区之间的差异较小。在不同国家和地区，女性和男性的被害风险在年龄分布上存在一定的相似性：在美洲，15—29岁年龄组的女性面临着最高的被害风险，而亚洲和欧洲的30—44岁女性、部分非洲国家的45—59岁女性分别面临着最高的被害风险。

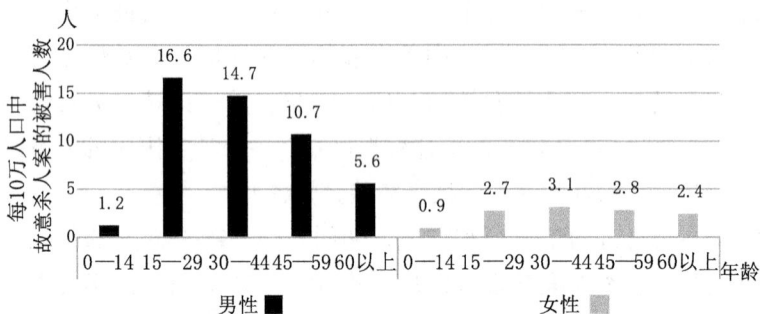

图2-5 2017年全球不同性别年龄组的被害风险占比[1]

（三）全球故意杀人罪的分布特征与影响因素

1. 时间分布

根据前述联合国毒品和犯罪问题办公室的数据记录，1990—2018年全球的故意杀人罪在时间分布上呈现出持续下降

---

〔1〕 UNODC, "Homicide by Sex and Age Group", available at https://dataunodc. un. org/data/homicide/Homicide％20by％20sex％20and％20age％20group, last visited on 2021-5-11.

的长期趋势，提示全球的暴力犯罪在不断减少。在犯罪数据记录更完整的地区，如部分欧洲国家，故意杀人率的持续降低能够追溯至 13 世纪[1]。纵观人类历史，不仅限于暴力犯罪，各种形式的暴力均表现出长期减少的趋势，著名心理学家平克（Pinker）以大量数据为基础，系统回顾了历史上暴力下降的六个发展趋势[2]。第一个发展趋势指的是人类在大约 5000 年前从狩猎、采集的无政府状态开始向具有城市和政府的农耕文明过渡，那些在无政府自然状态下的劫掠和冲突显著减少，国家形态的社会暴力死亡率降至原来的 1/5。第二个发展趋势是中世纪晚期到 20 世纪，欧洲国家的数据记录显示，欧洲整体的故意杀人率从约 30 人/10 万人下降到 1 人/10 万人[3]，下降了 95% 左右，社会学家埃利亚斯（N. Elias）提出这一时期暴力的显著减少可能与文明进程（civilizing process）有关[4]，即文明行为的兴起存在两个宏观影响因素：国家的扩张及其对暴力的垄断；商业的发展及其对社会关系的影响。第三个发展趋势源自 17 世纪、18 世纪的理性主义、启蒙运动等人道主义革命，人类历史上首次出现有组织的社会运动，推动废止奴隶制、迷信杀戮、司法酷刑等暴力形式，使得上述持续数千年的野蛮暴力行为在一个世纪的时间里迅速下降甚至消失。第四个和第五个发展趋势均与武装冲突有关。首先，随着第二次世界大战的结束，大国之

---

[1] M. P. Eisner, "From Swords to Words: Does Macro-Level Change in Self-Control Predict Long-Term Variation in Levels of Homicide?", *Crime and Justice*, Vol. 43, 1 (2014), pp. 65–134.

[2] [美] 斯蒂芬·平克著，安雯译：《人性中的善良天使：暴力为什么会减少（上）》，中信出版社 2015 年版，第 1—566 页。

[3] M. Eisner, "Long-Term Historical Trends in Violent Crime", *Crime and Justice*, Vol. 30, 2003, pp. 83–142.

[4] N. Elias, *The Civilizing Process: Sociogenetic and Psychogenetic Investigations Revised*, Blackwell, 2000, pp. 161–171.

间停止了战争，虽然部分大国并未远离战争，但战争的频率、交战时间和死亡率均显著降低，21 世纪人类历史上出现了长期的和平[1]；其次，冷战结束后，除大国战争之外的各种武装冲突，如内战、种族灭绝、政治清洗、恐怖袭击等也在世界范围内不断减少，但这一变化趋势持续的时间尚短，未来还可能出现波动。第六个发展趋势始于 1948 年联合国通过的《世界人权宣言》。此后数十年中有关少数族裔、女性、儿童、同性恋者以及动物的权利革命和运动持续出现，使得迫害少数族裔、强奸或家庭暴力、杀婴或虐待儿童、监禁或处决同性恋、虐待或残忍剥削动物等各类暴力行为都呈现稳定的大规模下降趋势，这些权利运动的出现和交迭，可能与技术变革带来的思想和人员的传播流动有关，使得以个体权利为基础的道德准则日益被公众接受，而越发排斥任何形式的暴力。

长达数个世纪的暴力犯罪下降，引起了多个领域的研究者关注，但关于其可能的影响因素及作用机制却一直存在争议。纵观世界各国在历史上和当今社会的暴力犯罪水平，研究者发现可能降低故意杀人率的共同因素包括：被公众认可且合法有效的公共机构、专业和训练有素的警察实施有效的法治、当权者对于腐败和非法暴力的控制、广义上对人力资本的投资（如促进自我控制和尊重）、普及教育和公共卫生服务等[2]。在上述影响因素中，外部因素，如法律影响力的不断提升，可能直接减少了复仇、荣誉之战等私刑以及历史上种类繁多的酷刑所

---

〔1〕 J. S. Levy and W. R. Thompson, *The Arc of War: Origins, Escalation, and Transformation*, University of Chicago Press, 2011, p. 7.

〔2〕 M. Eisner, "Long-Term Historical Trends in Violent Crime", *Crime and Justice*, Vol. 30, 2003, pp. 83–142; M. Eisner, "From Swords to Words: Does Macro-Level Change in Self-Control Predict Long-Term Variation in Levels of Homicide?", *Crime and Justice*, Vol. 43, 1 (2014), pp. 65–134.

引发的暴力。而内部因素，如自我控制水平的升高，则可能与个体的冲动控制、犯罪行为的减少密切相关。然而，关于内、外部因素如何作用于暴力犯罪并使之持续下降，至今仍存在争论。

2. 空间分布

世界各洲的故意杀人率在空间分布上存在显著的地区差异，造成地区差异的影响因素也各不相同。

首先，在故意杀人率最高的美洲，故意杀人案主要集中出现在拉丁美洲的多个国家，这可能与当地活跃的帮派和有组织犯罪密切相关。以萨尔瓦多——全球杀人率最高的国家之一为例，由于帮派和有组织犯罪的持续快速增长，该国的总体杀人率近年来持续在高水平波动，并出现上升的趋势。此外，美洲部分国家的杀人率趋势还受到贩毒的影响，当贩毒市场的权力平衡发生变化、市场竞争加剧或贩毒路线及地盘争端时，可能会导致暴力的发生和升级。以哥伦比亚为例，其总体杀人率从1991 年的超过 80 人/10 万人，降至 2017 年的 25 人/10 万人，这在一定程度上归因于哥伦比亚政府加强了打击贩毒的行动。相比之下，北美的加拿大和美国，与亲密伴侣/家庭相关的故意杀人案成为故意杀人案的主要类型，其所占比例远高于帮派或有组织犯罪以及抢劫罪。同时，在美洲的故意杀人案中，涉及枪支的频率远高于世界其他地区[1]。

非洲大多数国家的数据分散且不连续，很难统计到故意杀人案的总体趋势。因此，下文仅以历史数据记录较齐全的南非为例，尝试阐释非洲地区暴力犯罪的可能影响因素。20 世纪 20 年代以来南非的官方故意杀人率一直远高于全球平均水平，50

---

〔1〕　M. Siegel et al., "The Relationship Between Gun Ownership and Stranger and Nonstranger Firearm Homicide Rates in the United States, 1981-2010", *American Journal of Public Health*, Vol. 104, 10 (2014), pp. 1912-1919.

年代之后，南非的故意杀人率稳步增加，与当时的城市化和工业化的快速发展密切相关。随着政治冲突的加剧，80年代之后故意杀人率迅速上升并在90年代初达到前所未有的高度，当时大约1/4的死亡直接归因于政治暴力，特别是不同政治派别和族裔派别之间的竞争。在1994年废除种族隔离制度之后，故意杀人率开始以每年5%的速度下降，在20年的时间里下降了50%[1]，其中的部分下降可归因于政策改革后枪支供应量的减少。上述数据提示，社会解组和政治动乱是可能影响南非暴力犯罪发生的重要因素。

欧洲大部分地区的总体杀人率较低且呈下降趋势，仅有东欧的部分国家在苏联解体后迅速上升，其可能原因除苏联解体引发的社会转型之外，酒精的消耗量增加、武器的可得性增加均可能导致故意杀人率增高。通常状况下，东欧国家的饮酒量显著高于西欧和北欧国家[2]，在苏联解体后，酒精的消费量更是急剧上升，与故意杀人率的变化模式相一致。同时，苏联的解体促进了既往武器库中枪支的流通，并通过有组织的贩运分销，进而可能导致故意杀人率的急剧上升。相比之下，西欧是全球故意杀人率最低的地区之一，其故意杀人率的降低已持续数个世纪，可能的原因包括更有效的治理和法治、促进自我控制和文化变革朝着更文明的方向发展[3]。部分研究者则采用了机会理论的观点，提出互联网的发展改变了年轻人的生活方式，导致年轻男性——潜在的犯罪者和潜在的受害者在家的时间更长、

---

〔1〕 来自联合国毒品和犯罪问题办公室公布的数据。

〔2〕 World Health Organization, *Global Status Report on Alcohol and Health* 2018, World Health Organization, 2018, pp. 12–13.

〔3〕 M. P. Eisner, "Modernity Strikes Back? A Historical Perspective on the Latest Increase in Interpersonal Violence (1960–1990)", *International Journal of Conflict and Violence*, Vol. 2, 2 (2008), pp. 288–316.

在公共场合的时间更少，从而降低了卷入面对面冲突的可能性。

亚洲大多数地区的总体杀人率显著低于全球水平且呈长期下降趋势。哈萨克斯坦等国家所在的中亚地区，杀人率变化趋势与大多数亚洲国家有所不同，曾在 20 世纪 90 年代初期由于社会和经济动荡出现短期内的迅速上升，继而在 20 世纪 90 年代后期大幅回落。在伊拉克、也门等国所在的西亚地区，故意杀人率的水平则相对较高且未呈现长期下降的趋势。需要注意的是，该地区的数据记录并不连续，且对于某一特定的杀人事件，数据统计时归因于故意杀人、武装冲突还是恐怖主义也相对模糊，难以反映其整体变化趋势的真实情况。东南亚地区的整体杀人率较低且持续下降，然而菲律宾的故意杀人率显著高于其他国家，在近年内剧烈波动且未出现下降趋势，这可能与当地的有组织犯罪、私刑暴力以及与"伊斯兰国"相关的当地帮派的恐怖活动密切相关。相比之下，日本、韩国等所在的东亚是全球故意杀人率最低的地区，有研究者认为，这与该地区重视教育成就、现代化水平（以全球化指数衡量）和重视长期价值取向的文化等共同因素有关[1]。

大洋洲的完整犯罪数据记录以澳大利亚和新西兰两国为主，其与加拿大、美国、英国等以英语为母语的高收入工业化国家，在过去 70 年里的故意杀人率数据表现出了类似的趋势：20 世纪 50 年代末和 60 年代初直到 90 年代，故意杀人率出现大幅上升，而从 90 年代中期开始大幅下降。上述西方国家尽管地理位置分散但仍表现出相似的发展趋势，提示暴力犯罪的发展模式与某些共同的经济、社会和文化进程密切相关。

---

〔1〕　T. Lappi-Seppala and M. Lehti, "Cross-Comparative Perspectives on Global Homicide Trends", *Crime and Justice*, Vol. 43, 1 (2014), pp. 135–230.

3. 人群分布

全球故意杀人案的数据记录显示，犯罪人和被害人两类人群均以 15—30 岁的男性为主。在个体层面，年龄是故意杀人罪中施害和被害的最有力预测因素之一。随着年龄的增长，个体卷入暴力犯罪的可能性会发生显著变化，从未成年末期开始迅速增加，直至成年早期达到峰值。在群体层面，暴力犯罪可能与人口的年龄结构密切相关。自 20 世纪 80 年代以来，全世界范围内 15—29 岁人口的比例在稳步下降[1]，有学者认为，全球故意杀人率的长期下降可能是全球人口老龄化进程的直接后果。以美国、日本、奥地利等国的长期数据记录为例，尽管各国所处地区不同，刑事司法政策也存在差异，但随着时间的推移，这些国家的故意杀人率均大幅下降，且与各国 15—29 岁的人口比例密切相关。有研究者估计，15—29 岁人口比例每增加 1%，杀人率平均增加 4.6%[2]。除人口结构外，杀人率也会受到社会、经济和治理不稳定因素的影响，这些因素有时比人口因素的影响更显著。以全球故意杀人率最高的巴西、墨西哥和委内瑞拉三个拉丁美洲国家为例，近年来均存在社会和经济不稳定的情况，尽管这三个国家的青年人口近几十年内也在大幅减少，但故意杀人率却没有呈现相同的下降趋势，反而都出现了较大增长。

世界各国故意杀人的犯罪人和被害人中，男性均显著高于女性。与此同时，一个国家的故意杀人率越高，男性和女性之间的差异也越大。上述性别分布可能与杀人案的具体类型有关：

---

〔1〕 K. Kinsella and D. R. Phillips, "Global Aging: The Challenge of Success", *Population Bulletin*, Vol. 60, 1 (2005), p. 3.

〔2〕 UNODC, *Global Study on Homicide* 2019: *Understanding Homicide*: *Typologies*, *Demographic Factors*, *Mechanisms and Contributors*, United Nations Office on Drugs and Crime, 2019, p. 15.

在故意杀人率较高的拉美国家，如萨尔瓦多、牙买加，有组织犯罪和帮派相关的暴力犯罪呈现整体上升的趋势，其中大多数有组织犯罪集团都是由男性主导的，犯罪人和被害人更可能是男性，特别是被害人中男性平均占比达95%。而在杀人率较低的国家，如加拿大、日本，有组织犯罪和帮派相关的杀人案所占比例很低，与亲密伴侣或家庭有关的杀人案则占比最大，而此类杀人案件中平均64%的被害人均是女性，男女比例接近1∶1[1]。

从长期发展趋势看，20世纪50年代以后，几乎所有国家和地区的杀人率都表现出显著的性别差异。在过去的十年里，多个低杀人率国家和地区的故意杀人率在男、女性方面均以相同的速度下降，如日本、韩国均表现出类似的规律，提示不同性别的杀人率可能存在共同的影响因素。上述的数据变化模式符合 Verkko 定律，即芬兰犯罪学家 Veli Verkko 早在1933年对故意杀人率的横向和纵向发展规律的预测[2]。根据 Verkko 静态定律（Static Law），在总体杀人率高的国家，女性犯罪人和被害人的比例很小，反之亦然；根据 Verkko 的动态定律（Dynamic Law），当一些国家的故意杀人率出现变化时如上升或下降，主要反映了男性犯罪人和被害人数量的增加或减少，而不是女性犯罪人或受害人的变化。Verkko 认为，女性杀人率的变化主要是由女性在社会中的角色和地位的改变驱动的，这些驱动因素均随时间而缓慢变化且不显著。相比之下，男子之间的故意杀

〔1〕 UNODC, *Global Study on Homicide* 2019: *Understanding Homicide*: *Typologies*, *Demographic Factors*, *Mechanisms and Contributors*, United Nations Office on Drugs and Crime, 2019, pp. 22-25.

〔2〕 J. Kivivuori, "Veli Verkko as an Early Criminologist: A Case Study in Scientific Conflict and Paradigm Shift", *Scandinavian Journal of History*, Vol. 42, 2 (2017), pp. 144-165.

人案更易受到社会、政治、环境等不稳定因素的影响。

二、美国暴力犯罪的现状与特点

美国对于全国犯罪数据资料的收集和统计，可以追溯到1930年，美国联邦调查局首次收集和发布《统一犯罪报告》（*Uniform Crime Reports*），并在此后每年对全国犯罪的性质和类型进行持续的评估和监测。由于美国犯罪数据的历史记录长、数据资料翔实，本部分将以美国的《统一犯罪报告》为例，简要介绍美国暴力犯罪的现状与特点。

（一）美国暴力犯罪的分类和发展趋势

《统一犯罪报告》是美国犯罪数据的官方统计报告，也是美国犯罪相关研究中引用率最高的资料。从1930年开始，美国联邦调查局汇集全国各地的警察部门上报的犯罪数据，每年编纂并发布年度犯罪统计报告。本部分所引用的暴力犯罪数据主要来源于美国联邦调查局网站[1]公布的《统一犯罪报告》项目中的美国犯罪报告（Crime in the United States）。《统一犯罪报告》对犯罪的统计采用了等级规则（hierarchy rule），即仅计算多重犯罪事件中最严重的罪行，例如，对于同一名犯罪人的多项罪名，仅报告最严重的一项。

在多年的发展过程中，《统一犯罪报告》中的术语和统计标准也历经变革，在2004年之前的报告中，根据犯罪的严重程度将八类严重的犯罪列为指标犯罪（index crime），其中前四类属于四种暴力犯罪，后四类属于财产犯罪。但2004年之后不再使用"指标犯罪"这一概念，而是直接采用"暴力犯罪"和"财

---

〔1〕 注：美国联邦调查局网站 https://www.fbi.gov/services/cjis/ucr/publications。

产犯罪"进行分类[1]。其中，暴力犯罪指的是被定义为涉及武力或武力威胁的犯罪，包括以下四种罪名：谋杀和非过失杀人（murder and nonnegligent manslaughter）、强奸（rape）、抢劫（robbery）和严重伤害（aggravated assault）[2]。在暴力犯罪中，由于《统一犯罪报告》从 2013 年起重新定义了强奸，强奸罪的被害人不再限于女性，行为标准更宽泛，强奸罪的犯罪数和犯罪率也出现了增长，但人们在比较历年数据时，为保持数据统计口径的一致，目前仍采用旧版的强奸罪定义。

根据《统一犯罪报告》的数据，近年来美国警方记录到的暴力犯罪率呈现整体下降的趋势。纵观近 20 年的统计数据，1999 年美国发生的暴力犯罪总数是 1 426 044 起，暴力犯罪率即每 10 万居民中发生暴力犯罪的数量为 523 起[3]，是近 20 年的峰值。相比之下，2018 年最新的报告显示，美国的暴力犯罪总数已降至 1 206 836 起，对应的暴力犯罪率为 368.9 起/10 万人，比 1995 年大幅减少了 46.1%，在近 20 年中仅高于 2014 年的最低值——暴力犯罪总数 1 153 022 起、暴力犯罪率 361.6 起/10 万人。图 2-6 是根据美国联邦调查局网站的现有数据，对 1999—2018 年的暴力犯罪率进行分类统计的结果。

〔1〕 FBI, "About the UCR Program", available at https://ucr. fbi. gov/crime-in-the-u. s/2014/crime-in-the-u. s. -2014/resource-pages/about-ucr, last visited on 2021-5-11.

〔2〕 FBI: UCR, "Violent Crime", available at https://ucr. fbi. gov/crime-in-the-u. s/2014/crime-in-the-u. s. -2014/resource-pages/about-ucr, last visited on 2021-5-11.

〔3〕 FBI, "UCR Publications", available at https://www. fbi. gov/services/cjis/ucr/publications, last visited on 2021-5-11.

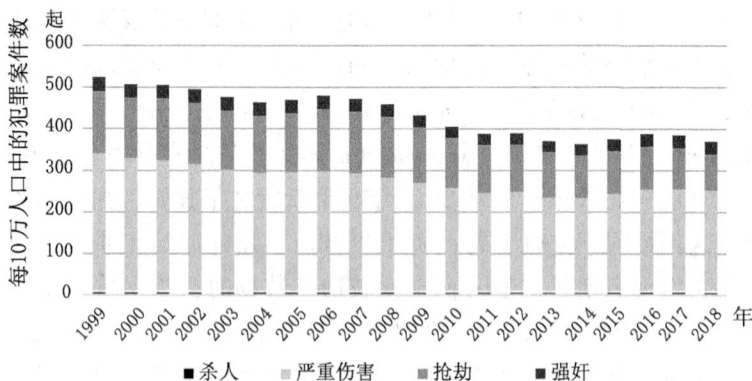

图 2-6　美国 1999—2018 年的暴力犯罪率 *

＊注：2001 年"9·11"事件导致的杀人案未包括在本数据中

　　上述分类统计数据显示，在杀人、严重伤害、抢劫和强奸四种类型的暴力犯罪中，美国的杀人罪（包括谋杀和非过失杀人）发生比率最低，历年来仅约占暴力犯罪总数的1%，相比之下，美国最常见的暴力犯罪是严重伤害，约占暴力犯罪总数的60%以上（60.5%—66.9%），其次是抢劫，约占暴力犯罪总数的30%（23.4%—31.8%），强奸罪的占比约为6.3%—8.4%。

　　此外，在美国历年的《统一犯罪报告》中，暴力犯罪的数量均远远小于财产犯罪。《统一犯罪报告》中的财产犯罪主要包括入室盗窃、偷盗、机动车盗窃和纵火。以近 20 年的数据为例，1999 年美国的暴力犯罪数量共 1 426 044 起，相比之下，同期的财产犯罪数量是 10 208 334 起，约为暴力犯罪的 7.2 倍。近20 年间，美国的暴力犯罪率和财产犯罪率均呈下降趋势，但财产犯罪率的下降幅度更显著。最新的统计数据显示，2018 年美国的暴力犯罪数量共 1 206 836 起，同期的财产犯罪数量达7 196 045起，约为暴力犯罪的 6 倍，近 20 年来两者的比例也始终在 5.96%—7.59%波动（见图 2-7）。

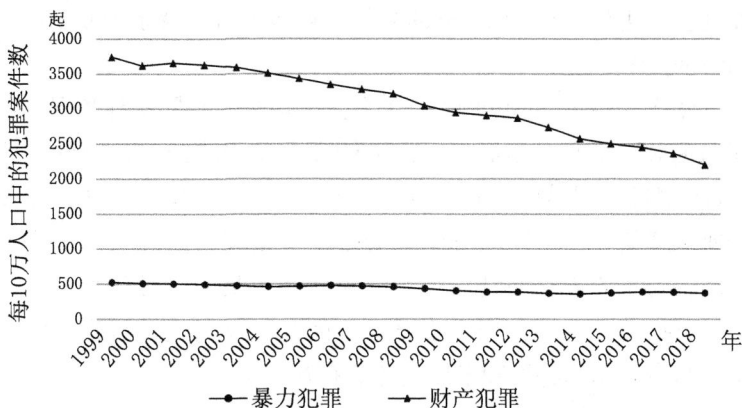

图 2-7 美国 1999—2018 年的暴力犯罪与财产犯罪数量[1]

（二）《统一犯罪报告》系统的优缺点

《统一犯罪报告》系统采用的是美国官方数据来源，统计口径统一且数据资料翔实，报告不仅根据月份、州和地区等分别统计了各类暴力犯罪的发生数与发生率，而且记录了暴力犯罪人的年龄、性别、种族，犯罪人和被害人的关系，各项暴力犯罪中是否使用以及使用何种武器等多项重要信息。近年来，《统一犯罪报告》系统也在不断变革，以提升其数据的可靠性和准确性。目前，《统一犯罪报告》系统共收集了四部分数据：全国基于事件的报告系统（National Incident-Based Reporting System）、摘要报告系统（Summary Reporting System）、执法人员被杀和被攻击（Law Enforcement Officers Killed and Assaulted）以及计划和仇恨犯罪统计计划（Hate Crime Statistics Program）。在数据发布的及时性方面，

---

〔1〕 FBI：UCR，"Crime in the United States：Table 1"，available at https：//ucr. fbi. gov/crime-in-the-u. s/2018/crime-in-the-u. s. -2018/topic-pages/tables/table-1, last visited on 2021-5-11.

《统一犯罪报告》系统不仅每年发布上述四部分数据的年度报告，而且会定期发布各汇总数据的半年度初步报告以及多个专题研究的特别汇编。

然而，《统一犯罪报告》作为美国官方的犯罪统计数据，可能出现对于犯罪率的低估，也可能存在未报告或未发现的犯罪数量，即犯罪黑数（dark figure）。例如，许多暴力犯罪，如强奸或家庭暴力，被害人可能不会向警方报案，个体可能因害怕报复、与犯罪人存在特殊关系、对执法人员不信任等原因，不向警方报案或者不愿向警方报案。因此，仅通过该报告系统来了解暴力犯罪的特点和发展趋势仍存在局限。

美国司法统计局（Bureau of Justice Statistics）的全国犯罪被害调查（National Crime Victimization Survey）[1]，作为美国刑事司法统计数据的另一重要来源，可以弥补《统一犯罪报告》系统的局限性。1973年至今，美国司法统计局每年从具有代表性的全国样本中抽样并进行24万次的访谈，访谈大约涉及9.5万个家庭中的16万个研究对象。针对犯罪被害的频率、特点和后果，收集犯罪被害信息是有关刑事被害事件的主要信息来源。其中，犯罪类型主要包括非致命性的个人犯罪（即强奸或性侵犯、抢劫、严重和简单的伤害以及人身盗窃）与家庭财产犯罪（即入室盗窃/非法侵入、机动车盗窃和其他盗窃）。由于全国犯罪被害调查无法提供暴力犯罪中最典型代表——杀人罪的统计信息，本书不再具体介绍。但是，针对美国的非致命性暴力犯罪数据，结合《统一犯罪报告》和全国犯罪被害调查两大数据统计资料，人们能够更全面了解和系统研究美国的暴力犯罪问题。

---

〔1〕 BJS, "National Crime Victimization Survey（NCVS）", available at https://bjs. ojp. gov/data-collection/ncvs, last visited on 2021-5-11.

三、中国暴力犯罪的现状与特点

在我国，全国范围的犯罪数据主要来源于官方公布的司法统计资料，包括中国法律年鉴社出版的《中国法律年鉴》、最高人民法院院长每年在全国人民代表大会上所作的《最高人民法院工作报告》、最高人民检察院检察长每年在全国人民代表大会上所作的《最高人民检察院工作报告》。同时，在国家统计局网站中也公布有"公安机关立案的刑事案件"等年度数据。然而，我国的犯罪统计数据在犯罪的具体类型、基本特征以及演变趋势等方面，缺乏详尽的数据资料，难以为暴力犯罪的成因分析以及防治战略的建构提供实证支撑，未来仍需进一步提升数据的全面性、准确性以及可访问性。

在前述数据报告中，主要统计了杀人、伤害、抢劫和强奸四类暴力犯罪的年度案件数，因此，下文将采用每10万人口中发生犯罪案件的数量（起/10万人）作为犯罪率，具体阐述我国暴力犯罪的现状和特点。

（一）中国暴力犯罪的现状和发展趋势

纵观20余年的犯罪统计数据，我国的暴力犯罪率呈现出先升后降的趋势。1999年，我国发生的暴力犯罪总数即全国公安机关立案的杀人、伤害、抢劫和强奸四类暴力犯罪案件共358 240起，暴力犯罪率即每10万人口中发生上述四类暴力犯罪的案件数为26起。此后三年间，全国的暴力犯罪率迅速增加，在2001年达到20余年来的峰值43.8起/10万人，随后进入长期下降趋势。统计数据显示，2019年我国的杀人、伤害、抢劫和强奸四类暴力犯罪总数为143 538起，已降至20余年的最低值，对应的暴力犯罪率为10.3起/10万人，比2001年的峰值大幅减少了76.5%。图2-8是根据国家统计局网站的现有数据，对 1998—2019 年的暴力犯罪率进行分类统计的结果。

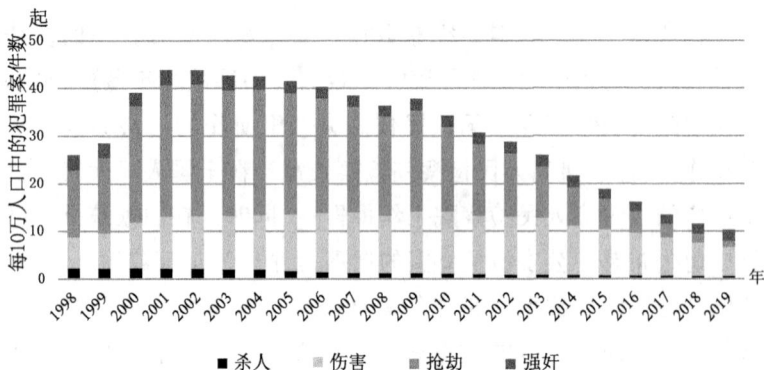

图 2-8　1998—2019 年中国暴力犯罪率的趋势

　　在杀人、伤害、抢劫和强奸四种类型的暴力犯罪中，杀人罪的绝对案件数逐年稳定下降，且在暴力犯罪中所占比率最低，历年来约占暴力犯罪总数的 2.9%—7.6%。相比之下，最常见的暴力犯罪是抢劫和伤害，在 2010 年之前抢劫罪每年均占暴力犯罪总数的 50% 以上，但其发生案件数逐年下降，至 2019 年仅占暴力犯罪总数的 11.9%。而伤害罪的案件数变化相对较小，在暴力犯罪总体数量降低的背景下，其在暴力犯罪中所占比例由 2000 年前后的 24% 左右，升至 2019 年的近 60%。强奸罪的绝对数量变化也相对较小，历年来约占暴力犯罪总数的 6.2%—18.6%。

　　在我国历年的刑事犯罪数据中，暴力犯罪的数量均远远小于财产犯罪（见图 2-9）。以财产犯罪中的盗窃罪为例，1999 年全国范围内杀人、伤害、抢劫和强奸四类暴力犯罪合计 358 240 起，相比之下，同期的盗窃罪是 1 447 390 起，约为暴力犯罪的 4 倍。2019 年的统计数据显示，暴力犯罪数量共 143 538 起，同期的盗窃罪数量则达 2 258 236 起，约为暴力犯罪的 16 倍，20

年来两者的比例在 4—19.4 波动。值得关注的是，近年来随着互联网技术的进步与移动支付的普及，我国财产犯罪的构成出现明显改变，诈骗罪的总体发生率在迅速上升，从 1999 年的 7.4 起/10 万人增长至 2019 年的 102.4 起/10 万人，20 年间共增长了 11 倍，且在 2010 年之后超过暴力犯罪的发生率。与此同时，根据国家统计局公布的年度数据，我国的盗窃罪发生率在 2015 年之前呈现总体上升的趋势，然而在 2015 年之后迅速下降，至 2019 年，盗窃罪的发生率（161.3 起/10 万人）已低于 2000 年的水平（187.3 起/10 万人）。

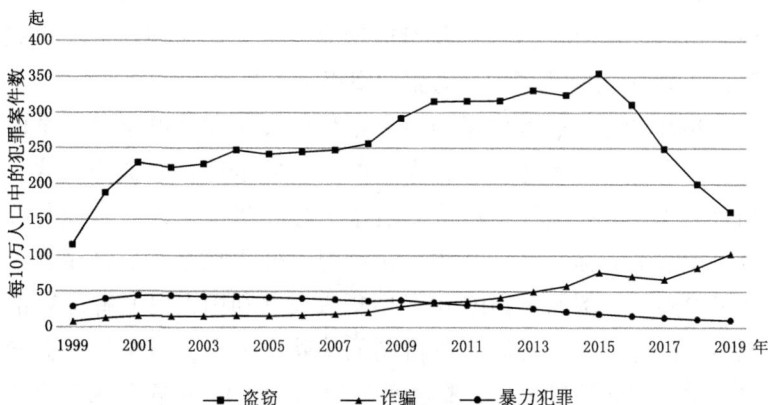

图 2-9 1999—2019 年中国部分刑事案件的发生率

（二）中国暴力犯罪的发展规律和影响因素

尽管近年来的统计数据显示，我国的暴力犯罪率处于持续下降阶段，但回溯 1949 年中华人民共和国成立之后的犯罪率变化，会发现我国的刑事犯罪发案率在 1999 年之前呈现出总体增加的趋势，并且每隔 10 年会形成一次犯罪高峰。例如，我国在 1950 年出现的第一次犯罪高峰，刑事犯罪的发案率为 9.3 起/10 万人，1961 年第二次犯罪高峰的发案率为 6.4 起/10 万人，1981

年第三次犯罪高峰的发案率为 8.9 起/10 万人，1991 年第四次犯罪高峰的发案率大幅升至 20 起/10 万人[1]，2001 年第五次犯罪高峰时刑事犯罪的发案率高达 34.9 起/10 万人。暴力犯罪率在改革开放之后出现了显著增长，且日趋严重。例如，20 世纪 80 年代初（1980—1983 年）杀人案平均每年以 2.6% 的速度递增，而在 1984—1990 年，杀人案的递增速度则高达 15.32%[2]。

回顾中华人民共和国成立后各时期的犯罪率变化，可以发现犯罪率的升降与我国不同发展阶段的社会转型、国家政策的重大调整密切相关。1983 年，"严打"这一刑事政策首次提出和发起，对于维护当时的社会治安、降低犯罪率发挥了重要作用，然而"严打"效果的持续时间短暂，无法从根本上消灭犯罪，2001 年之前我国的暴力犯罪率仍呈现长期上升的趋势。

2001 年至今，我国暴力犯罪案件的发生率持续下降，全国社会治安的总体形势好转，人民群众的安全感稳步提升，这一趋势的改变与我国社会经济发展水平逐年提高、社会管理与综合治理水平的提升密切相关，从根源上使得社会矛盾减少、犯罪风险降低。例如，2010 年《中华人民共和国人民调解法》的颁布，推进了社会矛盾化解机制的构建和完善，对维护社会稳定、预防犯罪的发生具有深远意义[3]。然而，尽管我国暴力犯罪的总体数量下降，但个人极端暴力犯罪、国内外的暴力恐怖袭击的风险仍是防控的重点。例如，2016 年《中华人民共和国反恐怖主义法》的实施，有利于防范和控制重点领域的犯罪风

---

〔1〕 康树华、张小虎主编：《犯罪学》（第四版），北京大学出版社 2016 年版，第 82—101 页。

〔2〕 康树华、张小虎主编：《犯罪学》（第四版），北京大学出版社 2016 年版，第 102 页。

〔3〕 靳高风："2010 年中国犯罪形势与刑事政策分析"，载《中国人民公安大学学报（社会科学版）》2011 年第 2 期。

险；2018 年至今，在全国范围内开展的扫黑除恶专项斗争，不仅有效打击了黑恶势力犯罪，而且提升了基层政权建设和社会治理水平[1]。

此外，随着我国社会经济的发展，犯罪手段也日益现代化和复杂化。近年来互联网技术的飞速发展，改变了人们的生活方式与行为模式，也催生了犯罪行为的"互联网+"。因此，我国犯罪类型的结构已经出现改变：传统的暴力犯罪、财产犯罪在持续减少，而网络诈骗、网络盗窃、网络涉黄赌毒等非接触性犯罪迅速增多，互联网犯罪的案件量及占比均呈逐年上升趋势[2]，已逐步取代传统犯罪成为主要的犯罪形式[3]。其中，网络暴力作为一种非接触的暴力形式，已多次对网络秩序与现实社会造成冲击，然而我国的现行法律尚未对网络暴力加以明确释义，研究者们对网络暴力的定义也存在分歧。犯罪手段的科技含量升级也对暴力犯罪防治提出了新的挑战。未来，需要进一步通过科技手段和大数据技术，构建犯罪预警机制，创新犯罪治理机制，真正促进犯罪治理从传统的事后应对模式向新型的事前预警模式转变。

---

〔1〕 靳高风、王玥、李易尚："2016 年中国犯罪形势分析及 2017 年预测"，载《中国人民公安大学学报（社会科学版）》2017 年第 2 期；靳高风、朱双洋、林晞楠："中国犯罪形势分析与预测（2017—2018）"，载《中国人民公安大学学报（社会科学版）》2018 年第 2 期；靳高风、守佳丽、林晞楠："中国犯罪形势分析与预测（2018—2019）"，载《中国人民公安大学学报（社会科学版）》2019 年第 3 期。

〔2〕 见中国司法大数据服务网公布的《司法大数据专题报告之网络犯罪特点和趋势（2016.1—2018.12）》。

〔3〕 靳高风："2014 年中国犯罪形势分析与 2015 年预测"，载《中国人民公安大学学报（社会科学版）》2015 年第 2 期。

第三章
暴力犯罪风险的心理学评估

　　风险评估的概念起源于系统工程，是处理不确定性并用于制定政策方案、评估其各种影响和后果的系统过程[1]。风险评估通常需要回答四个基本问题：可能会出什么问题？出现问题的可能性有多大？发生问题的后果是什么？我们能做些什么？[2]风险评估的最终目的是通过一系列最适宜的决策，使累计风险降至最低。在司法实践中，暴力风险评估（violence risk assessment）作为重要的风险管理程序之一，试图预测个体未来出现暴力犯罪的可能性，进而采取必要的干预措施，并在干预前后评估个体的暴力风险变化，最终实现降低及预防暴力犯罪。因此，本章将重点介绍暴力风险评估工具在半个世纪以来的发展，并通过对司法心理学领域两种常见评估工具的介绍，简要阐释如何开展对暴力犯罪风险的心理学评估。

第一节　罪犯风险评估工具的发展与现状

一、暴力风险评估的取向

　　如何评估和预测暴力犯罪的发生风险，已成为世界各国刑事司法系统中的重要环节。暴力风险评估用于刑事案件的各种情况，包括预审程序、减轻处罚、量刑以及确定是否适合假释

---

〔1〕 Y. Y. Haimes, *Risk Modeling, Assessment, and Management*, John Wiley & Sons, 2009, pp. 21-24.

〔2〕 I. B. Weiner, and W. E. Craighead eds., *The Corsini Encyclopedia of Psychology*, John Wiley & Sons, 2010, p. 1834.

和缓刑等。在西方，通常由司法心理学家代表法庭、辩护律师、缓刑和假释部门进行这些评估，进而为制定犯罪对策、审判与矫正、缓刑与假释、社区矫正以及犯罪预防等提供依据和帮助。暴力风险评估同时也是犯罪心理学研究中的难点，经过近半个世纪的发展，现有的暴力风险评估可以分为三个不同的取向：临床取向、精算取向、结构化专家判断取向。

（一）临床取向

临床取向（clinical approach）也被称为非结构化的临床判断取向（the unstructured clinical judgment approach），是一种基于评估者专业意见、直觉和临床经验的评估方法。在收集、定义、整合风险因子并形成决策等方面，虽然评估者拥有绝对的自由裁量权，但他们缺乏经验的指导或规则。评估者通常是富有经验的精神病学家或心理学家，对个体直接进行面谈、检测和评估，可以通过各种心理学测试、个体的人口统计学信息、家庭背景信息、既往记录等对个体做出预测，提出个体未来可能的行为模式与重要的风险因子或变量。临床取向的评估具有高度个性化、较高灵活性等优点，但该取向的主观性强，对暴力风险的评估没有明确和系统的程序或规则，评估的一致性较差、预测效度较低[1]，成本较高。

（二）精算取向

精算取向（actuarial approach）或统计取向，也被称为非自由裁量取向（non-discretionary approach），指的是通过明确且固定的算法（如数学公式或决策树），将多个风险因子进行组合，进而得出有关风险的预测性决策。与临床取向的主观判断不同，精算取向通过源于实证研究的算法，精确地规定了风险评估中

---

〔1〕 J. Monahan, "The Clinical Prediction of Violent Behavior", *Psychiatric Annals*, Vol. 12, 5（1982）, pp. 509-513.

应考虑哪些风险因子以及如何组合这些风险因子，以尽可能减少对评估者判断的依赖，进而提高决策的一致性和准确性。精算取向的暴力风险评估工具，是基于已知的统计因素建立个体的统计资料，与已知的再犯和非再犯暴力群体进行比较。常见的因素包括年龄、种族、性别、社会经济状况、受教育水平、智商、犯罪史、近期违法行为、家庭背景和心理测验结果等。精算取向的评估方式认为，如果某个体表现出与其所属群体的相似特征，那么，该个体未来的行为方式与该群体的行为方式类似。最典型的例子是保险业中对各种费率的计算，如青年男性群体的意外发生率较高，因此每个青年男性顾客的保险费用均较高。与非结构化的临床判断取向相比，精算取向的风险评估具有较高的透明度，也更准确、可靠。

精算取向的风险评估在司法领域的应用可以追溯到 20 世纪早期[1]，但直至 1993 年才真正被用于暴力风险的预测。1993 年出版的[2]《暴力风险评估指南》（*Violence Risk Appraisal Guide*）[3]，是最具有代表性的精算风险评估工具之一。该指南对于样本群体暴力行为的高预测力促进了大量的研究者开始从事类似评估工具的开发工作。然而，依赖固定算法的精算风险评估工具，在用于新样本时会受到预测退化的影响，可推广性较差。同时，精算取向更侧重静态风险因子，而风险因子和组合算法都会随着时间、人群和环境的变化而变化，所以，动态风险因子才是暴力风

---

[1] B. E. Harcourt, *Against Prediction: Punishing and Policing in an Actuarial Age*, University of Chicago Press, 2005, pp. 39-77.

[2] G. T. Harris, M. Rice and V. L. Quinsey, "Violent Recidivism of Mentally Disordered Offenders: The Development of a Statistical Prediction Instrument", *Criminal Justice and Behavior*, Vol. 20, 4 (1993), pp. 315-335.

[3] 注：1993 年首次出版时，该工具的英文名为 Violence Risk Assessment Guide，后被开发者更改为 Violence Risk Appraisal Guide。

险的管理和干预应该关注的。因此,《暴力风险评估指南》等精算取向的暴力风险评估工具遭到了部分研究者的怀疑和不满。事实上,自 1993 年以来,暴力风险评估领域分裂成两个对立的阵营:一个支持精算工具中所反映的非自由裁量取向,另一个则支持结构化专家判断取向,尝试将自由裁量权正式化、系统化。

（三）结构化专家判断取向

结构化专家判断（structured professional judgment）取向的发展始于 1994 年[1],其基本原理是鉴于暴力风险评估的复杂性,通过开发决策辅助工具来协助专家完成评估。决策辅助工具即为《结构化专家判断指南》。结构化专家判断取向认为良好的实践评估必须建立在现有知识（理论、研究和意见）的基础上,同时该取向也承认,现有知识对于个案的评估决策可能是不成熟、不完整和不完善的。因此,结构化专家判断的本质是自由裁量,但评估者要根据循证指南来系统化地行使自由裁量权。《结构化专家判断指南》并非试图取代或减少评估者主观经验的作用,而是为评估决策提供结构及系统化,帮助评估者根据个案的特点和背景做出调整。

作为风险评估的一种分析方法,结构化专家判断取向试图整合临床取向和精算取向各自的优势,并避免临床取向和精算取向的局限。例如,在风险评估中构建多步骤的决策过程,在决策过程中包括临床取向和精算取向的元素[2]。与精算取向类

---

[1] S. D. Hart, K. S. Douglas and L. S. Guy, "The Structured Professional Judgement Approach to Violence Risk Assessment: Origins, Nature, and Advances", in D. P. Boer, *The Wiley HandBook on the Theories, Assessment and Treatment of Sexual Offending*, John Wiley & Sons, Ltd. , 2016, pp. 643–666.

[2] S. D. Hart and C. Logan, "Formulation of Violence Risk Using Evidence-Based Assessments: The Structured Professional Judgment Approach", in P. Sturmey and M. McMurran eds. , *Forensic Case Formulation*, John Wiley & Sons, Ltd. , 2011, pp. 83–106.

似，《结构化专家判断指南》以现有研究证据为基础来确定风险因子、提供风险因子的操作定义和编码规则，但在作出最终决策时与临床取向类似，允许评估者进行专家判断。结构化专家判断取向为评估决策提供了指导，但并不强制执行来自特定样本的临界值分数或算法，以避免可能的预测力退化和跨样本的不稳定性。结构化专家判断取向鼓励评估者考虑被评估个体与风险因子之间的相关性，并根据风险因子的数量、模式和相关性，以及缓解风险所需的干预程度，最终作出低、中、高风险的决策。因此，《结构化专家判断指南》提供了一个组织架构，在不牺牲个性化和灵活性的前提下，提高了暴力风险评估的透明度、信度和预测效度。结构化专家判断取向的另一个显著特点是明确强调风险管理，以及将评估和管理联系起来的重要性，其目的不仅仅是提供未来暴力可能性的评估手段，而且还能够降低风险和预防暴力。

结构化专家判断取向同样存在局限性。首先，与临床取向相似，结构化专家判断取向假设评估者具备基本的能力水平，而仅给予评估者一套《结构化专家判断指南》并不能克服他们在知识、技能和经验上的差别和局限性；其次，与精算取向相似，结构化专家判断取向假设评估工具的内容（如包括哪些风险因子、程序细节等）是最佳的，而风险知识的改变以及社会本身的变化，均可能需要对评估工具进行修改[1]。

二、罪犯风险评估工具的发展

在过去的 50 年间，西方国家的罪犯风险评估工具出现了迅速的发展，评估工具的数量不断增多并应用于司法实践。加拿

---

〔1〕 R. K. Otto and K. S. Douglas eds. , *Handbook of Violence Risk Assessment*, Routledge, 2009, pp. 147–186.

大的司法心理学家安德鲁斯（D. A. Andrews）等人根据不同工具的发展历史和特点，将现有的罪犯风险评估工具共分为四代。尽管部分研究者并不赞同诸如"第一代""第二代"的命名或分类，认为各代评估工具之间并未出现风险评估取向或范式的根本改变，但是为了更好地介绍该领域的发展历史，下文仍将沿用安德鲁斯等人提出的概念和分类[1]。

（一）第一代风险评估工具：危险性预测

20世纪50年代前，危险性预测并没有得到研究者们的太多关注。危险性（dangerousness）是经典的司法精神病学概念，用于描述有暴力行为倾向的个体。早期的危险性预测通常由精神科医生完成，他们并不试图构建信息，只是通过对个体的非结构化访谈和阅读官方文件，对个体未来的危险性做出主观判断。加拿大研究者邦塔（J. Bonta）将这类对犯罪人行为的非结构化主观判断称为第一代风险评估[2]。这一时期的犯罪预测研究局限于考察精神疾患与暴力的关系，预测对象多是关押在精神、司法和矫正机构中等待释放的个体，纵向研究很少。直到1974年，一项里程碑式研究的发表[3]极大地推动了犯罪预测研究的发展。这项研究源于1966年美国联邦最高法院对巴克斯特伦（J. Baxstrom）一案的判决。巴克斯特伦当时被关押在丹尼莫拉州立医院（Dannemora State Hospital）——纽约州一所最高安全级别的精神病惩戒医院，其在监禁期结束后仍未被释放。美国联邦最高法院最终判决医院释放巴克斯特伦，并同时释放了其

〔1〕 D. A. Andrews, J. Bonta and J. S. Wormith, "The Recent Past and Near Future of Risk and/or Need Assessment", *Crime and Delinquency*, Vol. 52, 1 (2006), pp. 7–27.

〔2〕 杨诚、王平主编：《罪犯风险评估与管理：加拿大刑事司法的视角》，知识产权出版社2009年版，第1—12页。

〔3〕 H. J. Steadman and J. J. Cocozza, "Careers of the Criminally Insane: Excessive Social Control of Deviance", *American Journal of Psychiatry*, 1974.

他 966 名罪犯，这些罪犯被转入纽约州的其他医院，其中许多人很快又回归至社区。追踪研究发现，这些患者的再犯率很低：1 年之内，回归至社区的 176 名患者中仅有 7 人重返医院；5 年之后，仅不到 3% 的患者重返医院；在 98 名被随访的患者中，仅 20 名再次被捕，其中只有 2 人与暴力犯罪有关。随后，研究者在宾夕法尼亚州也进行了类似的研究，并得到了相似的结果：受过良好训练的专业人员对危险性的主观判断，即第一代风险评估，并不准确[1]。莫纳汉（J. Monahan）在其颇有影响力的著作《预测暴力行为：临床评估技术》（*Predicting Violent Behavior: An Assessment of Clinical Techniques*）中写道，在对有暴力犯罪史与精神疾患的关押人群进行的数年预测中，精神病学家和心理学家只能准确预测出不到三分之一的暴力行为[2]。

第一代风险评估工具的主要问题在于，临床预测方式的主观性很强，缺乏量化指标和实证研究去验证预测的有效性与准确性；预测结果与临床医生的能力密切相关，而有些临床医生关注的特征可能只是精神病理学因素，与犯罪行为无关。

（二）第二代风险评估工具：静态风险量表

20 世纪 70 年代，"危险性"一词逐渐被研究者们弃用，人们认识到危险性是二分性概念（危险的或不危险的），而风险则能够作为连续变量（低风险—高风险），于是风险评估模型开始出现，这类模型不再以"危险性"犯罪人等法学概念做基础，而是受到公共卫生的影响，把暴力视作健康问题进行评估。研究者们把这类基于证据（evidence-based）和统计（actuarial）的

---

〔1〕 T. P. Thornberry and J. E. Jacoby, *The Criminally Insane: A Community Follow-Up of Mentally Ill Offenders*, University of Chicago Press, 1979, pp. 1-37.

〔2〕 S. M. Fulero and L. S. Wrightsman, *Forensic Psychology*, Wadsworth/Cengage Learning, 2008, p. 84.

风险评估称为第二代风险评估。

尽管在 20 世纪 70 年代才开始广泛应用，但统计预测的评估方法可以追溯到 1928 年。一项对 3000 余名假释犯的研究发现，共有 21 个因素能够区分假释的成功与失败。于是，研究者为每一个罪犯评分，即罪犯每表现出一个风险因子都得到 1 分，没有则为 0 分。结果发现：得分最高的罪犯，再犯率为 76%，而得分最低的罪犯，再犯率仅为 1.5%。尽管对不同的风险因子赋予相同的权重可能导致偏差，但后来的研究发现，更复杂的技术，如多元回归的应用，并未显著提高再犯预测力，因此，这种简单的分数叠加成为风险评估工具的主要计分方式[1]。

第二代风险评估的特点是统一、结构化的信息收集，信息条目如性别、年龄、人格特征、物质滥用史、第一次违法时的年龄等，均已在大样本实证研究中被证实与犯罪行为相关。量表中的条目被赋分，得分越高的个体，再犯的可能性越高。很多统计风险量表在今天仍被使用，例如，加拿大的再犯统计信息量表（Statistical Information on Recidivism）、美国的重要因素量表（Salient Factor Score）、英国的犯罪人群体再犯罪量表（Offender Group Reconviction Scale）等。再犯统计信息量表是第二代风险评估工具的典型代表，该量表最初是由加拿大全国假释委员会在 1975 年开发的，用于评估被释放罪犯的再犯风险。再犯统计信息量表的研究结果证明其对犯罪行为有较好的预测力，该量表至今仍是加拿大联邦矫正系统中罪犯标准评估程序的一部分[2]。

---

〔1〕 V. Grover, R. Adderley and M. Bramer, "Review of Current Crime Prediction Techniques", in R. Ellis, T. Allen and A. Tuson, *Applications and Innovations in Intelligent Systems XIV: Proceeding of AI-2006, the Twenty-Sixth SGAI International Conference on Innovative Techniques and Applications of Artificial Intelligence*, Springer London, 2007, pp. 233-237.

〔2〕 D. A. Andrews and J. Bonta, *The Psychology of Criminal Conduct*, Routledge, 2010.

大多数研究者同意，基于证据的统计预测比基于个人经验的临床预测更准确[1]。有研究者对 136 项研究进行元分析，这些临床心理学和精神病学研究比较了统计预测和临床预测，元分析结果发现在 47% 的研究中，统计预测的效果更好，在另外 47% 的研究中两类预测效果相近，仅有 6% 的研究显示临床预测的效果优于统计预测[2]。另一项对 67 项咨询心理学研究的分析也发现，52% 的研究发现统计预测的效果更好，仅 10% 的研究发现临床预测更有效[3]。

尽管第二代风险评估工具较第一代更出色，但仍存在局限性。首先，风险评估量表中的项目比较僵化，大部分属于静态因素，即无法通过干预和治疗而改变的因素，如年龄、性别、种族、犯罪史等。因此，在一系列静态因素的基础上做出的预测也固定不变，忽视了被测量个体的改变。以重要因素量表为例，一名在 16 岁时吸食海洛因并盗窃汽车的犯罪人，即使在此后的 20 年内无违法行为，仍会被预测为高再犯水平。其次，第二代风险评估工具对风险概念的固化，使得矫正和干预的空间非常有限，对如何降低犯罪风险也未给出指导和建议。最后，几乎所有的第二代风险评估工具都没有理论基础，仅由实证的项目构成，许多理论上与犯罪行为相关的因素（如反社会的同伴）并没有包含在风险评估量表中。

---

〔1〕 W. M. Grove and P. E. Meehl, "Comparative Efficiency of Informal (Subjective, Impressionistic) and Formal (Mechanical, Algorithmic) Prediction Procedures: The Clinical-Statistical Controversy", *Psychology, Public Policy, and Law*, Vol. 2, 2 (1996), p. 293.

〔2〕 W. M. Grove et al., "Clinical Versus Mechanical Prediction: A Meta-Analysis", *Psychological Assessment*, Vol. 12, 1 (2000), p. 19.

〔3〕 S. Aegisdottir et al., "The Meta-Analysis of Clinical Judgment Project: Fifty-Six Years of Accumulated Research on Clinical Versus Statistical Prediction", *The Counseling Psychologist*, Vol. 34, 3 (2006), pp. 341-382.

需要指出的是，在早期的第二代研究中，并没有太多心理学的参与。第二代风险评估量表主要是由刑事司法系统的决策者开发并使用的，风险因子是基于矫正系统常规采集的与累犯相关的数据，如犯罪史和人口统计学信息等，量表内容与心理测量或行为理论并没有太多联系，心理学的期刊上也并未发表过相关研究。尽管许多研究者把具有心理学理论基础的精神病态核查表（Psychopathy Checklist-Revised）视作第二代风险评估工具，但该表主要用来诊断精神病态而并非再犯风险评估。20 世纪 90 年代，随着修订版精神病态检核表、《暴力风险评估指南》等量表的应用，心理学在罪犯风险评估中起到越来越重要的作用。

（三）第三代风险评估工具：风险—需求量表

20 世纪 70 年代末至 80 年代初，罪犯风险评估的先驱者安德鲁斯提出，提高风险评估的准确性不能仅依靠静态因素，还需加入犯罪人特点、环境等在监禁期可能发生改变的动态因素。动态因素，是指那些与风险相关，但能够通过治疗、咨询或干预等改变的因素，包括犯罪人可能改变的心理和行为特点，如个体的亲犯罪（pro-crime）态度、罪犯朋友、物质滥用、目前从事的职业、家庭关系等。由于这些动态因素与犯罪行为及再犯相关，又被称为犯因性需求（criminogenic need），以区别于那些与再犯无关的因素，如低自尊、情感不幸、健康状况较差等。包含了静态因素和动态犯因性因素的风险评估工具被称为第三代风险评估工具，也被称为风险—需求（risk-need）量表。

与第二代风险评估工具相比，第三代风险评估工具的最大改进在于其开始测量犯罪人的需求，对犯罪人境况的动态变化非常敏感，并为矫正人员提供干预的具体方向，而不只限于风险的统计预测。常用的第三代风险评估工具包括修订版服务等级量表（The Level of Service Inventory-Revised）、历史—临床—风险管理-20 量表（Historical, Clinical and Risk Management - 20）[1]，以及自我评估问卷（Self-Appraisal Questionnaire）[2]。

尽管第三代风险评估工具开始注重个体犯罪风险的变化，但并没有为如何干预风险和实际管理给出指导。另外，第三代风险评估工具只对风险因子进行评估，并没有关注个体可能具有的保护因子或优势，对同一个犯罪人来说，风险和优势可能共存，如同时拥有犯罪人朋友和亲社会的朋友，而保护因子很可能对风险因子具有调节作用。

（四）第四代风险评估工具：个案管理与风险—需求评估的整合

在第三代风险评估工具被应用于矫正机构后，研究者们发现，风险评估结果并没有被有效地用于个案的监督和干预。尽管修订版服务等级量表等可能为治疗提供了基础，但矫正人员并不一定能在风险—需求评估的基础上制订和实施干预计划。邦塔等人的研究发现，评估者并不严格遵循风险原则，如中等风险的犯罪人经常被认为属于低风险，风险—需求评估中确认的犯因性需求并未出现在干预计划中，在缓刑监督过程中也未引起重视。随后的多个研究也发现，在矫正的个案管理实践中，矫正人员未能充分利用风险—需求评估工具。如果没有针对评估分数给出详细而准确的指导与监督标准，矫正人员很难自动从风险—需求评估结果中推断出矫正计划，而且对个案的管理也缺乏一致性。因此，第四代风险评估工具开始注重评估与个案管理的结合。

---

〔1〕 K. S. Douglas et al., "Historical-Clinical-Risk Management-20, Version 3 (HCR-20 V3)：Development and Overview", *International Journal of Forensic Mental Health*, Vol. 13, 2 (2014), pp. 93-108.

〔2〕 W. Loza et al., "Reliability, Construct, and Concurrent Validities of the Self-Appraisal Questionnaire：A Tool for Assessing Violent and Nonviolent Recidvism", *Criminal Justice and Behavior*, Vol. 27, 3 (2000), p. 356.

第四代风险评估工具注重从案例的接收、实施到结案的全程服务和监督，旨在加强对有效干预原则的坚持，促进罪犯矫正项目的规划和实施，并大力加强一线矫正人员对个案的监督，以减少再次犯罪、保护公众安全。常见的第四代风险评估工具包括矫正评估与干预系统（Correctional Assessment and Intervention System）、替代性处罚的矫正罪犯管理画像（Correctional Offender Management Profiling for Alternative Sanctions）、罪犯收押评估（Offender Intake Assessment）以及在第三代风险评估工具修订版服务等级量表的基础上修订发展而来的服务等级/个案管理量表（Level of Service/Case Management Inventory）。第四代风险评估工具仍以犯因性需求或动态因素为核心，并在风险—需求评估的基础上增加了反应性因素（responsivity factor），认为罪犯矫治项目还需要考虑个体的年龄、性别、文化、人格特质、智商、学习方式、情绪状态，以及个体治疗和行为改变的动机等。以风险—需求—反应性模型（见本章第二节）为基础的第四代风险评估工具，与第三代的基本评估方式类似，但能够更系统地把个体的历史信息和需求整合在治疗计划中，指导个案管理和矫正资源的分配[1]。

第二节 常用的暴力风险评估工具

一、服务等级/个案管理量表

20世纪80年代初，加拿大心理学家安德鲁斯等人制定的监管等级量表（Level of Supervision Inventory），即服务等级量表的

---

[1] T. Ward, J. Melser and P. M. Yates, "Reconstructing the Risk-Need-Responsivity Model: A Theoretical Elaboration and Evaluation", *Aggression and Violent Behavior*, Vol. 12, 2 (2007), pp. 208-228.

最初版本，开始应用于加拿大安大略省[1]的矫正部门。该风险/需求评估工具是由缓刑和假释官员，通过对罪犯及相关他人（如家人）的面谈，并基于对矫正机构、警方或法庭文件的审查来完成评分的。该工具由反社会态度、反社会同伴、犯罪史等一系列风险/需求条目组成，也是安德鲁斯和邦塔等人首次对于风险和需求因子进行结构化的概述。在随后多年的实践应用中，安德鲁斯和邦塔等人对服务等级量表进行了多次修订，并以人格和社会心理学理论为基础，于1990年提出了有效矫正干预的风险—需求—反应性（Risk-Need-Responsivity）模型[2]。

20世纪80年代末至90年代初，风险—需求—反应性模型被首次提出时，正值"罪犯矫治无用"的观念盛行一时。安德鲁斯和邦塔等人在大量实证研究的基础上，认为犯罪行为是可以被预测并矫正的。为了确定与犯罪行为相关的有效风险因子，安德鲁斯[3]等人分析了与犯罪相关的上千个研究，将潜在的风险/需求因子分成不同的类别，并对潜在因子的关联强度进行排序，进而得出与犯罪行为关系较紧密的风险/需求因子。经过不断的补充验证、数代风险评估工具的发展，安德鲁斯和邦塔最终总结了再犯的"中心八"风险/需求因子，基于风险—需求—反应性原则发展出最具代表性的第四代风险评估工具——服务

〔1〕 D. A. Andrews and J. Bonta, *The Level of Supervision Inventory-Revised*, Multi-Health Systems, 2002, p. 106, pp. 19-52.

〔2〕 D. A. Andrews et al., "Does Correctional Treatment Work? A Clinically Relevant and Psychologically Informed Meta-Analysis", *Criminology*, Vol. 28, 3 (1990), pp. 369-404; 肖玉琴、杨波："循证矫正的理论基础——RNR模型解读"，载《犯罪与改造研究》2014年第3期。

〔3〕 D. A. Andrews et al., "Does Correctional Treatment Work? A Clinically Relevant and Psychologically Informed Meta-Analysis", *Criminology*, Vol. 28, 3 (1990), pp. 369-404.

等级/个案管理量表[1]，并实际应用于大量个案的监督和干预中，为如何开展矫正做出指导。如今，风险—需求—反应性原则被广泛应用于多个国家的罪犯矫正工作中，已经成为西方国家罪犯矫正工作中重要的指导性原则。

（一）风险—需求—反应性原则

风险—需求—反应性原则以一般人格和认知社会学习观点为理论基础，认为分析理解人的行为时，不仅需要考虑个体的认知（态度、价值、信念等内容）和个体的人格倾向性等，还需要考虑个体的家族遗传史、个体的不良行为史以及个体的社会支持系统等多种因素。只有理解了这些因素，才能更精确地评估风险水平，以及更有效地建立风险评估与矫正之间的联系。

风险—需求—反应性原则适用于所有预防和矫正罪犯的单位或团体。该原则主要介绍以下几个关键问题：①应当对何种对象开展高强度的矫正服务（风险—需求—反应性的风险原则）？②为了减少再犯率，开展矫正服务应针对的直接目标是什么（风险—需求—反应性的犯因性需求原则）？③在实施矫正服务中，矫正服务的最佳风格、模式和策略是什么（一般反应性和具体反应性原则）？

1. 风险原则

风险原则阐释了什么人需要接受循证矫正，即"who"。风险原则认为个体的风险水平与再犯可能性成正比，矫正的力度应该与风险水平相适应。根据个体的生物—心理—社会特征可以将其划分成不同的风险等级。矫正力度应该与风险水平相适应，如风险水平高的罪犯，需要接受高强度、长时间的矫正，对风险水平低的罪犯则应该降低矫正力度或者不需要予以矫正。

---

[1] D. A. Andrews, J. Bonta and J. S. Wormith, *The Level of Service/Case Management Inventory*, Vol. 137, 2130（2004）, pp. 120–128.

这既符合资源利用最大化的原则，也能根据个体不同需求给予矫正，从而达到预防再犯罪的目的。

风险因子可以分为静态因素和动态因素。静态因素是指与犯罪相关的固定因素，如犯罪史、性别等；动态因素是指可能发生变化的个体属性或因素，如个体的冲动性、性取向偏差等。安德鲁斯和邦塔根据风险原则开发了服务等级量表的修订版，共 54 个条目，其中包括静态和动态的风险因子，如犯罪史、教育水平、就业情况、家庭和婚姻关系、居住条件、朋友关系、酒精和药物的使用、情绪问题、对犯罪行为的态度等[1]。该量表被广泛用于罪犯风险评估及确定罪犯是否需要矫正和接受矫正的力度大小。

2. 需求原则

大部分罪犯，尤其是高风险的罪犯具有多重需求，他们的需求可能存在于工作或生活中的各个方面，如停止吸食毒品、提升较低的自尊水平、治愈心脏病等，这些都是他们现实存在的需求，但并不是所有这些问题都与再犯相关联。需求原则首先需要区分犯因性需求和非犯因性需求。犯因性需求是罪犯风险因子的一部分，是动态的风险因子，当得到改变时，与之关联的再犯可能性也会改变。有效的矫正项目应当以降低犯因性需求为直接目标。换言之，不能降低再犯行为发生的目标需求是无效和无用的。非犯因性需求也是动态的和可以改变的，但是它们与再犯行为无紧密关联，因此，并不是矫正的直接目标。

需求原则阐释了矫正的靶目标是什么，即"what"。需求原则的"需求"即犯因性需求，是指导致个体表现出违背社会规

---

[1] F. S. Jaber and K. F. Mahmoud, "Risk Tools for the Prediction of Violence: 'VRAG, HCR-20, PCL-R'", *Journal of Psychiatric and Mental Health Nursing*, Vol. 22, 2 (2015), pp. 133-141.

则或犯罪行为的生理—心理—社会因素，如与犯罪行为相关的价值观、态度、行为、心理、环境等因素[1]。亲犯罪态度（procriminal attitudes）就已经被多次证明直接与成人的犯罪行为[2]和未成年人的犯罪行为[3]相关联。在个体的多种需求中，那些与犯罪行为没有直接联系的需求被称为非犯因性需求，如上文提到的停止吸食毒品、提升较低的自尊水平、治愈心脏病等需求。非犯因性需求在循证矫正中并非完全被忽视，而是对其进行了适当的处理，以此增加改变的效率，如个体的消极或积极情绪并不会直接影响犯罪行为的发生，但是帮助个体学会调节消极情绪可以对矫正效果产生积极影响。

3. 反应性原则

反应性原则，是指矫正项目应该根据罪犯的能力和学习方式来设计和实施，即"how"，以及如何设计和实施矫正项目。反应性原则包括一般反应性原则和特别反应性原则。一般反应性原则（general responsivity principle）认为应该把矫正对象看作"人"，有效的矫正方式包括认知行为疗法和社会学习模式，不管是反社会行为，还是抑郁、吸烟、暴饮暴食、不良学习习惯等，认知行为疗法都可以产生效果。因此，应该用认知行为疗法和社会学习来进行罪犯矫正。

特别反应性原则（specific responsivity principle）认为应当注重矫正对象的内在特征，如人际敏感度、焦虑、言语智力、

---

〔1〕 M. Guevara, Crime and Justice Institute and E. Solomon, *Implementing Evidence-Based Policy and Practice in Community Corrections*, 2nd ed., National Institude of Corrections, 2009, pp. 11-20.

〔2〕 D. J. Simourd and J. Van de Ven, "Assessment of Criminal Attitudes", *Criminal Justice and Behavior*, Vol. 26, 1 (1999), pp. 90-106.

〔3〕 I. W. Shields and G. C. Whitehall, "Neutralization and Delinquency Among Teenagers", *Criminal Justice and Behavior*, Vol. 21, 2 (1994), pp. 223-235.

认知成熟度等，这些特征元素都应该存在与之相适应的矫正方式。因此，矫正过程应当发掘矫正对象的人格特质和认知方式，这样矫正项目才能对症下药。罪犯的特性，如人际敏感度、焦虑、言语智力、认知成熟度等都应该对应不同的矫正方式[1]。通过识别人格方式和认知风格，治疗可以更好地与矫正对象相匹配。只有在反应性原则下，各种对罪犯评估和矫正的社会工作和心理学手段才能发挥各自的用途。反应性原则注重的是矫正的个体差异化，只有根据不同个性特征制定具有针对性的矫正项目才能真正符合矫正需求。

（二）风险/需求因子

安德鲁斯和邦塔等人根据风险—需求—反应性原则，以"中心八"为基础开发了服务等级/个案管理量表等罪犯风险评估工具和矫正项目。"中心八"指的是与犯罪行为关联最紧密的四个风险因子和中等相关的四个风险因子。其中，最紧密的四个风险因子又被称为"大四"风险因子。"大四"风险因子被认为是犯罪行为主要的预测变量，而且在分析个体犯罪行为时也的确是主要的因果变量。"大四"风险因子，是指反社会行为史、反社会人格模式、反社会认知、反社会同伴。此外，家庭/婚姻环境、学校/工作、休闲/娱乐、物质滥用四个中等风险因子与"大四"风险因子一起构成了"中心八"风险/需求因子。下文将对"中心八"风险/需求因子进行具体描述，阐释矫正对象可能的犯因性需求或动态风险因子，并提示减少个体再犯行为的干预或矫正靶目标。对同一个犯罪人来说，风险因子和保护因子可能共存，因此，还需关注个体可能具有的保护因子或优势。

---

[1] J. Bonta, "Responsivity Principle and Offender Rehabilitation", *Forum on Corrections Research*, Vol. 7, 3 (1995), pp. 34-37.

1. 反社会行为史

反社会行为史（history of antisocial behavior）风险因子属于静态因子，是无法改变的，表现为早期在不同场所参与一定数量的不同形式的反社会活动，如打架斗殴等不良行为、被拘留和监禁、假释后违反条例等。罪行的严重性和对被害人造成伤害的严重性并不是衡量风险因子的重要指标，造成伤害的大小只是刑期的影响因素，与风险因子并不相同。在风险评估中应重点关注早期犯罪的数量、种类及发生的时间。

动态需求及有望改变的干预目标：在未来高风险情境下扭转犯罪的可能性，建立预防犯罪的自我效能机制，让个体形成"我知道怎样避免犯罪和我知道什么是应该做的"的正确观念。

保护因子：反社会行为史很少或者没有，也很少有反社会态度。

2. 反社会人格模式

反社会人格模式（antisocial personality pattern）风险因子属于动态因子，主要包括冲动性、操控性、无罪恶感、感觉寻求、冷漠无情等。其表现为缺乏悔改之意、不受良心与道德的约束、善于利用他人、无法维持良好的人际关系、易冲动、具有欺诈性等。

动态需求及有望改变的干预目标：在犯因性需求方面表现为低自我控制能力、缺乏愤怒管理技能、缺乏问题解决能力。干预目标是发展和建立这些能力。

保护因子：高约束性，三思而后行，高宜人性。

3. 反社会认知

反社会认知（antisocial cognition）风险因子包括态度、价值观、信念、合理化以及倾向于犯罪的个人认同等，具体的指标还包括对法律和司法系统的负性认知，如认同犯罪者认为犯罪行为能够获得收益，寻找各种理由把罪犯行为合理化，并伴随消极情感，如愤怒、易激惹、愤恨等。

动态需求及有望改变的干预目标：关注个体对犯罪行为的合理化和认同，树立正确的认知方式，减少反社会的想法和感受，减少消极态度，建立风险较低的想法和感受来改变反社会认知。

保护因子：拒绝反社会情感，建立明确的反犯罪和亲社会的个人认同感。

4. 反社会同伴

反社会同伴（antisocial associates）风险因子也被称为"犯罪行为的社会支持系统"，是指具有犯罪行为或倾向的同伴群体对个体犯罪行为产生诱发作用。这种风险因子包括与亲犯罪他人的联系多，与反犯罪他人的联系少。

动态需求及有望改变的干预目标：减少个体与反社会同伴的频繁交往，减少其反社会联系，建立亲社会的同伴群体。

保护因子：与反社会同伴减少频繁来往，与犯罪他人减少来往。

5. 家庭/婚姻环境

家庭/婚姻环境（family/marital circumstances）风险因子主要指青少年原生家庭、成人婚姻状态的人际关系质量，以及对反社会行为设立的规则和行为预期。在评估青少年方面，主要是评估父母教养的两个方面，即养育/照料和监控管理，而对于青少年本身而言，是他们听取父母的意见和照顾父母。在评估婚姻方面，主要评估夫妻之间是否具有高质量的关系（相互关心、尊重和感兴趣）和对反犯罪行为的预期（如你知道你的配偶在哪里吗?）。风险因子是不良的关系，或对犯罪行为的中性预期，或亲犯罪预期。

动态需求及有望改变的干预目标：夫妻之间减少冲突，建立积极关系，对于青少年，建立良好的关怀和养育，提高监控和管理。

保护因子：良好的关怀和养育以及密切的监控和管理。

6. 学校/工作

学校/工作（school/work）评估的重点在于学校和工作场所，这组风险因子包括学校和工作场所的人际关系质量，以及在这些场所低水平的卷入和表现。风险包括较少的回报、成就和满足。

动态需求及有望改变的干预目标：提高表现和卷入程度，获得回报和满足感。

保护因子：形成与同学、同事或上司的良好关系，以及在学习和工作中做出较好表现、获得满足感。

7. 休闲/娱乐

休闲/娱乐（leisure/recreation）风险因子表现为在与犯罪无关的休闲娱乐中无法较好地卷入，且不能得到满足，而较高水平地参与亲犯罪的休闲娱乐活动并得到满足。

动态需求及有望改变的干预目标：提升个体在亲社会活动中的卷入程度、回报和满足感。

保护因子：能够较高水平地参与反犯罪的休闲娱乐活动并得到满足。

8. 物质滥用

物质滥用（substance abuse）风险因子表现为酒精或毒品等其他成瘾物质（包括赌博）的问题。与既往的物质滥用史相比，当前存在的物质问题提示更高的风险。

动态需求及有望改变的干预目标：减少物质滥用，降低自身或他人对物质滥用倾向行为的支持，减少物质滥用对犯罪行为的影响，提高物质滥用的可替代性。

保护因子：摆脱危险性的物质滥用情况，摆脱物质滥用常伴随的负性情绪。

(三) 服务等级/个案管理量表

1. 服务等级/个案管理量表的发展历史

如前文所述，服务等级/个案管理量表是在第三代风险评估工具修订版服务等级量表的基础上修订发展而来的。修订版服务等级量表是安德鲁斯和邦塔于 1995 年开发，目前在加拿大和美国的矫正机构中得到最广泛应用的分类与评估工具。该量表共包括 54 个风险—需求条目，并围绕 10 个领域进行评估，10个领域的子量表包括了静态与潜在的动态风险因子（见表 3-1）；每个条目采用 0 和 1 的计分方式，全部条目的总评分越高，提示犯罪行为的风险越高。矫正机构可以根据评分将犯罪人分成三个风险等级：29 分及以上为高风险，19—28 分为中风险，18 分及以下为低风险。

表 3-1　修订版服务等级量表中采用静态与动态条目的评估领域

评估领域	静态	潜在动态
1. 犯罪史	√	
2. 教育/就业	√	√
3. 经济		√
4. 家庭/婚姻	√	√
5. 住所		√
6. 休闲/娱乐		√
7. 同伴		√
8. 酒精/药物		√
9. 情感/个人		√
10. 态度/倾向		√

对修订版服务等级量表的大量研究已证实，其能够有效预测再犯，并区分不同种类的罪犯。西蒙德（D. J. Simourd）对加拿大联邦监狱的 129 名犯罪人进行了追踪研究，发现平均五年监禁期内的修订版服务等级量表评分，能够很好地区分出释放后 15 个月内的再犯者与非再犯者。较高的修订版服务等级量表分数与假释失败、再次羁押以及矫正机构内的不良行为有关，修订版服务等级量表总分及子量表分数均与精神病态特质及统计风险相关[1]。有研究者对六所监狱的 251 名男性犯罪人进行修订版服务等级量表评分，发现暴力犯罪人在犯罪史、同伴、教育/就业和酒精/药物四个子量表的得分显著高于非暴力犯罪人，修订版服务等级量表总分也更高，提示其更高的再犯风险[2]。动态因素的效度研究还发现，修订版服务等级量表分数的变化能够预测矫正结果，风险评分的变化提示个体再犯的可能性也发生改变，这种动态的预测效度对矫正人员识别、管理和监督犯罪风险有重要的指导作用。

修订版服务等级量表的另一特点是其理论基础，其是少数几个具有理论基础的风险评估工具之一。如前所述，修订版服务等级量表的发展来源于社会学习理论，社会学习理论认为犯罪行为是在多种社会背景下习得的，一系列社会环境中（如学校、工作、家庭等）偶然的奖惩与个人因素（如冲动性、感觉寻求、自我控制差、冷漠等）相互作用，最终导致犯罪行为。社会学习理论认为行为是习得的并能够通过干预而改变，个体

---

[1]　D. J. Simourd, "Use of Dynamic Risk/Need Assessment Instruments Among Long-Term Incarcerated Offenders", *Criminal Justice and Behavior*, Vol. 31, 3 (2004), p. 306.

[2]　C. R. Hollin and E. J. Palmer, "Level of Service Inventory-Revised Profiles of Violent and Nonviolent Prisoners", *Journal of Interpersonal Violence*, Vol. 18, 9 (2003), pp. 1075-1086.

所在的情境也是动态、可变的。因此，根据该理论，罪犯矫治是可行的。

2. 服务等级/个案管理量表的内容和特点

服务等级/个案管理量表是安德鲁斯和邦塔等人在第三代风险评估工具修订版服务等级量表的基础上，于 2004 年再次修订发展而来的。服务等级/个案管理量表不仅能够综合评估罪犯的风险和需求因子，而且是一个功能齐全的案例管理工具，以协助专业人员在司法、矫正、预防等相关领域完成对罪犯的管理和干预规划。除服务等级/个案管理量表之外，安德鲁斯等人还发展出针对 12—17 岁罪犯的青少年服务等级/个案管理量表（Youth Level of Service/Case Management Inventory）。

随着研究者对罪犯风险评估知识的积累和更新，服务等级/个案管理量表将修订版服务等级量表中原有的 54 个条目缩减成 43 个，此外还增设了 10 个综合部分，以进一步协助专业人员分析罪犯的管理问题。因此，服务等级/个案管理量表共由 11 个部分组成，其中第 1—7 部分是半结构访谈和档案记录评分，以初步确定罪犯的风险/需求水平；第 8—11 部分则由评估者根据前面的评分结果对个案管理策略做出建议、计划和记录（见表 3-2）。

表 3-2　服务等级/个案管理量表的组成部分与主要内容

组成部分	主要内容
1. 一般风险/需求因子（43 个条目） general risk/need factors	犯罪史（8）、教育/就业（9）、家庭/婚姻（4）、休闲/娱乐（2）、同伴（4）、酒精/药物（8）、亲犯罪态度/取向（4）、反社会模式（4）。
2. 特定风险/需求因子 specific risk/need factors	有潜在犯因性的个人问题，如精神病态的诊断、社交技能差等；作恶史，如性侵犯、参与帮派等。

组成部分	主要内容
3. 监狱经历：机构因素 prison experience：institutional factors	监禁史、妨碍释放的因素，如缺少社区支持等。
4. 个体的其他问题 other client issues	社会、躯体和心理健康；经济、住所、自杀企图等。
5. 回应的特殊考虑 special responsivity considerations	反映了个体兴趣或学习方式的差异回应因素，但并非风险或需求，如低智商、文化问题、交流障碍等。
6. 风险总结与复写 risk/need summary and override	总结风险评分，并允许对风险/需求等级的评分进行复写，如第1部分的评分较低但罪行严重，可以增加风险等级；第1部分的评分较高但保护性因素较多，可以降低风险等级。
7. 风险/需求一览图 risk/need profile	用表格列出第1部分的8个子部分的评分，每个子评分和总分又可分为很低、低、中等、高、很高五个风险/需求等级。
8. 项目/安置决策 program/placement decision	列出主要的分类决策，如机构罪犯、社区罪犯、康复建议和判决前报告。
9. 个案管理计划 case manage plan	在表格中列出个体的犯因性需求、非犯因性需求与回应的特殊考虑，并列出相应的目标、干预及时间框架。
10. 进展记录 progress record	记录采取个案管理策略后，犯因性需求与非犯因性需求的改变及发展。
11. 释放总结 discharge summary	总结释放的类型，以及对再次监管或社区监督有用的信息。

在应用服务等级/个案管理量表时，评估者主要通过与犯罪人之间的结构化访谈获取信息，同时，可以从犯罪人的家庭成员、雇主、个案档案等其他相关的来源收集证明文件。在评估者与犯罪人面谈的过程中，《服务等级/个案管理量表访谈指南》通常被用作辅助工具，以便评估者能够准确地完成评分。评估者通过访谈获取信息后，应利用警方报告及其他相关数据的文件，来确认从犯罪人处获得的信息。此外，评估者可以进一步访谈犯罪人的朋友和家人，从他们处获得的信息可以作为评估信息的补充。在收集到犯罪人信息后，评估者就可以开始进行评估。评估者需要了解评估的原理，或者由掌握评估原理的人来督导其评估过程。在西方，负责评估的缓刑官和假释官必须通过服务等级/个案管理量表培训并获得认证。

与既往的罪犯风险评估工具相比，服务等级/个案管理量表最重要的特点是其全面整合了风险评估与个案管理，促使矫正人员重点关注个体的犯因性需求，针对具体的目标因素开展矫正计划，并记录犯罪人的治疗进展及释放总结，系统、结构化地完成个案的管理。服务等级/个案管理量表将风险评估和案例管理结合在一个方便的循证系统中，能够为司法、法医、惩教、预防及相关机构的专业人员，提供规划和管理罪犯所需的全部必要工具，评估罪犯的改造需求、再犯风险以及与监管和规划最相关的因素。此外，服务等级/个案管理量表增加了对犯罪人优势的评估，男女均适用。

目前，服务等级/个案管理量表已经在加拿大、美国、英国等国得到了广泛的应用，适用人群也扩大到成年女性犯罪人、青少年越轨者、精神疾患犯罪人、暴力犯罪人、羁押期犯罪人等犯罪人群体。实证研究发现，服务等级/个案管理量表预测再犯率的准确性比修订版服务等级量表高 15%，对风险随时间的变化也较敏感，能够检测个体犯罪风险的长期改变。

然而，服务等级／个案管理量表也遭到了部分研究者的批评，主要包括三个方面：首先，该风险评估工具对风险的定义较宽泛，即犯罪人个体在一定时间内可能出现的反社会或犯罪行为。因此，难以预测犯罪人未来可能的具体犯罪类型（如性犯罪／家庭暴力）、罪行的严重程度（如无人身伤害／危及生命）或罪行可能出现的时间范围（如2—4周内／15年内）。其次，服务等级／个案管理量表没有考虑到一些特殊形式的反社会行为的风险因子，如帮派暴力、毒品犯罪或政治恐怖主义等，除精神病态等人格障碍外，并没有考虑其他精神疾患可能导致的犯罪风险因子。最后，服务等级／个案管理量表可能不适用于在最高安全等级监狱内的重刑犯评估，也不适用于一些少数族裔的犯罪人评估。

二、历史—临床—风险管理-20量表

安德鲁斯和邦塔等人的工作，不仅发展出四代罪犯风险评估工具，而且直接促进了结构化专家判断取向的诞生。加拿大心理学家韦伯斯特（C. D. Webster）和道格拉斯（K. S. Douglas）等人编制的历史—临床—风险管理-20量表（Historical-Clinical-Risk Management-20），是最具代表性的结构化专家判断评估工具之一，也是目前在世界范围内应用最广泛的暴力风险评估工具之一。历史—临床—风险管理-20量表最初在加拿大及英美等西方国家开始应用，目前已遍布44个国家，并取得了良好的实践成果[1]。因此，下文将详细介绍历史—临床—风险管理-

---

〔1〕　J. P. Singh, M. Grann and S. Fazel, "A Comparative Study of Violence Risk Assessment Tools: A Systematic Review and Metaregression Analysis of 68 Studies Involving 25,980 Participants", *Clinical Psychology Review*, Vol. 31, 3（2011）, pp. 499-513.

20量表的发展历程与具体应用[1]。

（一）历史—临床—风险管理-20量表的发展历史

1. 历史—临床—风险管理-20量表第一版

历史—临床—风险管理-20量表第一版由加拿大的韦伯斯特与道格拉斯等人于1995年发展而来，主要适用于对临床与司法精神病人的暴力风险与再犯进行风险评估[2]。历史—临床—风险管理-20量表由三个分量表组成，共20个条目：历史分量表（Historical Factor，H）10个条目、临床分量表（Clinical Factor，C）5个条目、风险管理分量表（Risk Management Factor，R）5个条目，每个条目代表一个相应的风险因子。三个分量表中的动态因子分别对于过去、现在以及未来可能发生的暴力风险进行纵向评估，如历史分量表中的创伤经历（traumatic experiences），临床分量表中的自知力（insight）与稳定性（instability），风险管理分量表中的压力应对（stress or coping），以及三个分量表均提到的治疗反应条目（treatment or supervision response）。在20世纪90年代，历史—临床—风险管理-20量表第一版的出现将主观的临床评估与客观的统计性评估方法有效地结合起来，也因此成为第三代风险评估方法——结构化专家判断的代表性评估工具，引领了新的风险评估进程。但历史—临床—风险管理-20量表第一版仍然存在诸多不足，例如，评定者事先需要接受培训，某些条目如依从性、社会关系稳定性等的评估需查阅大量资料，应用该量表对患者进行全面评估耗

---

〔1〕 赵梦雪等："暴力风险评估工具HCR-20量表的发展与应用"，载《犯罪与改造研究》2017年第12期。

〔2〕 K. S. Douglas and C. D. Webster, "The HCR-20 Violence Risk Assessment Scheme: Concurrent Validity in a Sample of Incarcerated Offenders", *Criminal Justice and Behavior*, Vol. 26, 1 (1999), pp. 3-19.

时较长等问题，也因此在业界引起较大争议[1]。

2. 历史—临床—风险管理-20 量表第二版

1997 年，道格拉斯等人对历史—临床—风险管理-20 量表进行了第一次修订，发展出历史—临床—风险管理-20 量表第二版（Buchanan，2001）。历史—临床—风险管理-20 量表第二版继续保持 3 个分量表和 20 个条目的结构框架，对每个条目进行"存在"（presence）和"相关"（relevance）评级，即评估个体是否存在该项风险因子以及该项风险因子与个体暴力风险相关的程度。每个条目的"存在"与"相关"均按 0—2 三级评分。历史—临床—风险管理-20 量表第二版还将修订版精神病态检核表评分结果作为自己的一个条目，横向评估不同阶段暴力风险的发生可能性与严重程度。

多项研究发现，历史—临床—风险管理-20 量表第二版具有较好的信效度。沃伦（J. I. Warren）等人以修订版精神病态检核表为效标，对量表的预测效度采用操作者特征曲线分析法（Receiver Operating Characteristic Curve）进行分析，得出两个量表预测暴力再犯的受试者工作特征曲线下的面积（area under curve）存在较高的相关性的结论[2]。格雷（N. S. Gray）等人将历史—临床—风险管理-20 量表第二版与《暴力风险评估指南》和筛查版精神病态检核表（Psychopathy Checklist-Screening Version）用于对比智力缺陷和非智力缺陷的暴力精神病态罪犯的再犯评估，结果表明在智力缺陷人群中筛查版精神病态检核

---

〔1〕 章雪利、蔡伟雄、胡峻梅："精神障碍者暴力行为及其风险评估"，载《神经疾病与精神卫生》2011 年第 5 期。

〔2〕 J. I. Warren et al., "Understanding the Risk Factors for Violence and Criminality in Women: The Concurrent Validity of the PCL-R and HCR-20", *International Journal of Law and Psychiatry*, Vol. 28, 3（2005），pp. 269-289.

表和《暴力风险评估指南》的预测效度曲线下面积值均为 0.73，而历史—临床—风险管理-20 量表第二版的预测效度为 0.79，其中，历史分量表、临床分量表和风险管理分量表的预测效度曲线下面积值分别为 0.81、0.71、0.64，可知历史—临床—风险管理-20 量表第二版在特殊的智力缺陷精神病态罪犯中也具有较高的预测效度[1]。在中国，吕颖等人对历史—临床—风险管理-20 量表进行了中文版修订，并在精神分裂症患者群体中应用和进行信效度检验，测得历史分量表、临床分量表、风险管理分量表和总量表的内部一致性系数分别为 0.62、0.58、0.66、0.78，评分者一致性信度分别为 0.97、0.9、0.82、0.85，预测效度曲线下面积值分别为 0.72、0.73、0.63、0.6，并以修订版外显攻击行为量表（Modified Overt Aggression Scale）和修订版精神病态检核表作为效标，结果得出中文版历史—临床—风险管理-20 总量表及分量表与效标修订版外显攻击行为量表的相关系数为 0.33—0.5，与效标修订版精神病态检核表的相关系数为 0.17—0.63，表明修订的中文版历史—临床—风险管理-20 量表具有较好的信效度及适用性[2]。

历史—临床—风险管理-20 量表第二版的面世使其在世界范围得到广泛应用，目前已被翻译成 20 种语言并应用于 35 个国家，成为世界范围内使用最为广泛的风险评估工具[3]。但随着风险评估研究的不断发展，研究者们也逐渐认识到，相比对精

---

〔1〕 N. S. Gray et al., "Predicting Future Reconviction in Offenders with Intellectual Disabilities: The Predictive Efficacy of VRAG, PCL-SV, and the HCR-20", *Psychological Assessment*, Vol. 19, 4 (2007), pp. 474-479.

〔2〕 吕颖、韩臣柏、王小平："暴力历史、临床、风险评估量表中文版信效度研究"，载《中国临床心理学杂志》2013 年第 6 期。

〔3〕 J. P. Singh et al., *International Perspectives on Violence Risk Assessment*, Oxford University Press, 2016.

神病人的风险评估与再犯预测，更重要的是对他们的风险管理与矫治，而这些在历史—临床—风险管理–20量表第二版中并未过多提及，长久以来也很少受到研究者的关注。

3. 历史—临床—风险管理–20量表第三版

为了对历史—临床—风险管理–20量表第二版的不足进行弥补与完善，2013年该量表经过第二次修订，形成了历史—临床—风险管理–20量表第三版[1]。历史—临床—风险管理–20量表第三版依旧延续了3个分量表与20个条目的量表结构，但第三版不再将修订版精神病态检核表的结果作为自己的评分条目。同时，为了使历史—临床—风险管理–20量表第三版成为应用更加广泛、更具有综合性的风险评估工具，还做了具体的修改与补充（见图3–1）。

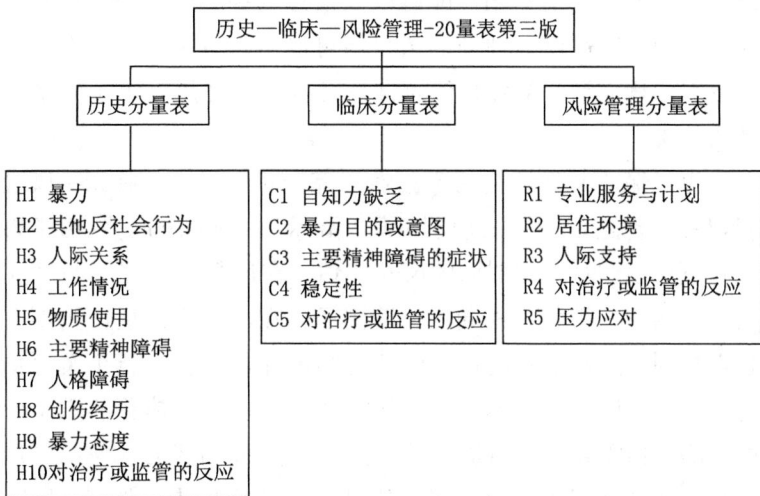

历史—临床—风险管理–20量表第三版

历史分量表 | 临床分量表 | 风险管理分量表

H1 暴力
H2 其他反社会行为
H3 人际关系
H4 工作情况
H5 物质使用
H6 主要精神障碍
H7 人格障碍
H8 创伤经历
H9 暴力态度
H10 对治疗或监管的反应

C1 自知力缺乏
C2 暴力目的或意图
C3 主要精神障碍的症状
C4 稳定性
C5 对治疗或监管的反应

R1 专业服务与计划
R2 居住环境
R3 人际支持
R4 对治疗或监管的反应
R5 压力应对

图3–1 历史—临床—风险管理–20量表第三版结构图

---

[1] K. S. Douglas, "Introduction to the Special Issue of the HCR-20 Version 3", *International Journal of Forensic Mental Health*, Vol. 13, 2 (2014), pp. 91-92.

总体而言，历史—临床—风险管理-20量表第三版与第二版的风险因子范围几乎是相同的，但作者也进行了一定的增删，减少了冗长度以及风险管理的风险因子之间的区别。另外，对于风险因子的具体定义也有变动，如历史分量表的第一个风险因子（H1）暴力，通过对不同年龄阶段的划分，不仅可以看出被评估者在不同年龄阶段的暴力风险的严重程度，还可以得出其相应的暴力风险发展轨迹。

在历史—临床—风险管理-20量表第三版中，各条目（风险因子）下都增加了细分条目（sub-items），一方面，可以提高相应的风险因子定义的清晰度，从而获得评估者足够的关注，如历史—临床—风险管理-20量表第三版的临床分量表的第一个风险因子（C1）自知力缺乏（lack of insight），评估者很容易通过"自知力"想到精神障碍以及治疗需要，但容易忽视暴力风险层面，通过增加细分的条目便可以尽量避免这种问题；另一方面，增加细分条目的目的也是对各条目（风险因子）赋予新的含义。

为了保证风险评估的广泛性与完整性，历史—临床—风险管理-20量表第三版中新增加了"指标"（indicators）。由于第三版更加强调对个体层面的风险评估，在进行"存在"与"相关"评级时，即使是相同的风险因子，在不同个体层面也不会表现相同。这些指标的目的即帮助临床评估者在进行个案评估时，对风险因子在具体个案中如何产生作用有个体化和更全面的理解。但需要注意的是，"指标"不同于细分条目，它的作用只是为评估者提供一种辅助，因此，在使用历史—临床—风险管理-20量表第三版评估时，评估者首先应该评估风险因子是否存在，之后如果需要了解风险因子在被试期间表现出的细微差异，再考虑这些指标可能会很有帮助。

（二）历史—临床—风险管理-20 量表第三版的应用步骤

与历史—临床—风险管理-20 量表第二版相比，第三版更加注重对个案的风险评估，因此历史—临床—风险管理-20 量表第三版提出，评估者在进行风险评估时，需要从七个步骤进行具体评估：收集案例信息（case information）、风险因子的存在评级（presence of risk factors）、风险因子的相关评级（relevance of risk factors）、风险形成（risk formulation）、风险情境（risk scenarios）、管理计划（management planning）和总结意见（conclusory opinions）。

1. 收集案例信息

评估的第一步需要收集充足的案例信息，包括对风险等级的评估、跨时间的改变、这些风险如何以及为何会导致暴力行为。收集个案资料的最低限度是需要对被评估者进行一次访谈，或是对被评估者的案例卷宗进行详细审阅与回顾。除此之外，还可以通过对被评估者的观察、与被评估者周围人（朋友、家人）的访谈、对受害者进行访谈以及相关的心理测试等方法收集信息。

不管通过何种途径或多少种途径收集案例资料，信息本身和信息来源都需要满足信息具体有效可靠的标准。收集的信息需要涉及被评估者过去的行为与思想，包括性质、频率、严重程度、受害者描述、是否使用武器，以及被评估者的人际关系与情绪情感等，这些对于下面的风险评估与风险形成分析至关重要。

2. 风险因子的存在评级

在对风险因子的"存在"评级时，评估者除了对历史—临床—风险管理-20 量表第三版的 20 个风险因子进行评估，也可以对具体案例中的任何其他风险因子进行评估。与历史—临床—风险管理-20量表第二版不同，第三版不再使用0—2等级的风险因子评级，而是改用"不存在"（No）、"可能存在"（possibly/partially）和"肯定存在"（yes）三个选项进行评估，但这两版评估风险因子的方法本质上是一样的。另外，"存在"评级还包括一个忽略（omit）选项，在此需注意的是，只有当未收集到相关的信息时才可以选择忽略。但如果来源可信的信息显示没有相关风险因子的信息（如访谈中被评估者否认），此时应该评估为"不存在"（no）。

3. 风险因子的相关评级

相关评级指的是被评估者的精神障碍或行为表现是否与某些风险因子有关联。在注重个案研究的历史—临床—风险管理-20量表第三版中，相关评级的目的是在风险评估和管理的普遍规律和个案分析之间建起一座桥梁。正如莫纳汉所说，在不同的个体层面，相关的风险因子以及相关程度都是不同的。对风险因子进行相关评级时，应从以下四个方面考虑：该风险因子是否①对个体过去的暴力行为有重要影响；②很可能影响个体未来暴力行为的决策；③可能会影响或损伤个体用非暴力方法解决问题；④对降低暴力风险至关重要。除此之外，评估者也可以根据之后的风险形成与管理分析的具体情况，重新返回第三步再次进行相关评级。

4. 风险形成

在风险形成分析中，一方面，评估者需要通过前三步收集到的案例资料和评估结果，分析被评估者具体的风险因子与具体的风险形成原因；另一方面，则需要为之后降低风险所采取的相应风险管理措施提供理论依据与证据支持。在这一步中评估者需要解决两个问题：其一，为什么被评估者在过去会出现暴力行为？其二，其为什么在未来也可能会出现暴力行为？理解这两个问题对于如何在最大程度上降低被评估者的暴力风险是极为重要的。

5. 风险情境

在了解哪些风险因子对被评估者最重要，以及这些因子应如何被合理解释后，评估者便可以将关注点放在被评估者未来的行为模式上。这一阶段的情景规划在很大程度上取决于之前的步骤。在做出对暴力风险行为的预防行为前，评估者必须首先回答这一问题："我想去防范什么？"或者说"我担心那个人可能做出的事具体是什么？"风险情境指的不仅仅是推测，更是一种经过深思熟虑的对未来可能性的说明。它是基于对被评估者了解的基础上所提出的合乎逻辑的可能性。需要注意的是，风险情境指的是对可能发生的事情的预测，而不是对将来一定会发生的事情的陈述。

一般来说，在风险情境中需要考虑的情境包括四种：①重复情境——因相似的原因，做出像过去一样相同类型的暴力行为；②恶化/最糟糕的情境——暴力程度越来越严重；③歪曲情境——暴力性质发生改变（如选择受害者或为达目的而使用武器）；④乐观/最好的情境——暴力严重程度有所降低。评估者需要根据具体的案例事实和规划，来区别任何可能发生的情境的条件，同时也要思考几个问题：被评估者可能做哪种暴力行为？什么原因？针对谁？对受害者造成了何种生理或心理伤害？暴力行为发生的频次？这种可能发生的情境的预警信号是什么？通过考虑以上问题，以及基于相关的风险因子进行具体规划，从而最大程度地降低风险和规避可能发生的不利情境。

6. 管理计划

管理计划是为了解决在以上步骤中所提出的重要的相关风险因子所做出的降低风险的策略。根据相应的风险因子提出相应的再犯预防与风险矫治计划的步骤，与安德鲁斯的风险—需求—反应性模型相一致[1]。风险管理资源应该首先被用于高风险案例，其次是中等风险，而相应的服务措施也应该适用于相应的风险水平或犯罪需要。一般所使用的风险管理计划包括：监控（monitor）、监管（supervision）、治疗（treatment）和受害者安全计划（victim safety planning）[2]。其中，监控指的是通过对被评估者进行简单的观察或接触，来跟踪与风险因子相关的行为的改变以及任何可能激活暴力行为的预警信号，且监控的频率和强度应该与其风险水平相一致。监管指的是被评估者的自由在某种程度上受限，以保证其不会轻易地实施暴力。对于受到监管的被评估者，可以额外决定一些必要的限制，如安全级别、药物与酒精测试、禁止使用武器的命令、电子化监控、宵禁等。治疗的目的是进一步提高被评估者的自控力、处事技巧以及人际交往和愤怒管理的技能，一些特殊治疗可能包括愤怒管理、技能训练和再犯预防。受害者安全计划与一些案例中已知的潜在受害者有关，主要是为了告知潜在受害者暴力风险的预警信号或可能发生的风险情境。

7. 总结意见

总结意见是历史—临床—风险管理-20量表第三版实施过程的最后一步，在这一阶段，评估者需要对被评估者的风险等级以及相应的预防与矫正措施提出最终意见。在历史—临床—风险管理-20量表第三版中，评估者一般需要对总风险评级

---

〔1〕 D. A. Andrews, "The Risk-Need-Responsivity（RNR）Model of Correctional Assessment and Treatment", in J. A. Dvoskin et al. eds., *Using Social Science to Reduce Violent Offending*, Oxford University Press, 2011, pp. 127-156.

〔2〕 K. S. Douglas et al., "Historical-Clinical-Risk Management-20, Version 3（HCR-20 V3）：Development and Overview", *International Journal of Forensic Mental Health*, Vol. 13, 2（2014）, pp. 93-108.

（summary risk ratings）的三个方面做出低、中、高的风险等级评估：未来的暴力风险（risk of future violence）、严重身体攻击的暴力风险（risk for serious physical violence）和即时暴力风险（risk for imminent violence）。其中，严重身体攻击的暴力风险和即时暴力风险是历史—临床—风险管理-20量表第三版新增加的评估内容。一般来说，存在的风险因子越相关，越需要执行高强度的风险管理措施，但有时会出现风险因子很少、总风险等级仍然很高的特殊情况，此时也需要执行高强度的风险管理。同样，尽管有时一个人被评估为高风险水平，但评估者也可以得出他的严重身体攻击或即时暴力风险为低或中等水平，这些都要视情况而定。

（三）历史—临床—风险管理-20量表第三版的信效度

历史—临床—风险管理-20量表第三版首先在英美等西方国家得到广泛使用。道格拉斯等人对司法精神病院的精神病人进行评估，得出历史—临床—风险管理-20量表第三版的评分者信度。其中，存在等级单个评分者评估和以组为单位的组内相关系数（intraclass correlation coefficient）分别为0.75—0.94和0.87—0.98，相关评级的组内相关系数分别为0.6—0.8和0.82—0.93，存在评级与相关评级的相关系数为0.58，并测得历史—临床—风险管理-20量表第二版与第三版的三个分量表和总分的相关系数，其中，历史和风险管理分量表相关系数分别为0.87和0.76。[1]豪（J. Howe）等人应用历史—临床—风险管理-20量表第二版与第三版对精神病人进行评估，以探讨项目存在等级的评分者组内相关系数，结果得出历史—临床

---

〔1〕　K. S. Douglas and H. Belfrage, "Interrater Reliability and Concurrent Validity of the HCR-20 Version 3", *International Journal of Forensic Mental Health*, Vol. 13, 2 (2014), pp. 130–139.

—风险管理-20量表第二版的组内相关系数为0.12—0.93，第三版的组内相关系数为0.02—0.94[1]。德沃格尔（V. de Vogel）等人用历史—临床—风险管理-20量表在荷兰司法精神病院进行了详细的个案研究，并在应用历史—临床—风险管理-20量表第二版时，针对保护因子和女性患者分别发展出暴力风险保护性因子的结构化评估（Structured Assessment of Protective Factors for Violence Risk）和女性附加手册（Female Additional Manual），并在历史—临床—风险管理-20量表第三版引入后继续使用，结果测得历史—临床—风险管理-20量表第三版在荷兰司法精神病院具有良好的信效度，且同时应用女性附加手册与历史—临床—风险管理-20量表第三版可提高增值效度[2]。姚秀钰等人对历史—临床—风险管理-20量表第三版进行中文版修订与信效度检验，测得评分者组内相关系数为0.72、内容效度为0.98、预测效度曲线下面积为0.78，由此得出其中文修订版也具有良好的信效度[3]。虽然相比其他结构性评估工具，历史—临床—风险管理-20量表涉及横向与纵向动态评估，过程较为烦琐与复杂，且评估者需要提前接受相关培训，但历史—临床—风险管理-20量表仍然作为结构化专家判断中最具代表性的评估工具，在世界范围内得到了广泛的应用。历史—临床—风险管理-20量表等暴力风险评估工具在国际上的快速发展与应用，也对国内司法心理学及精神病学等领域提出了迫

---

[1]　J. Howe et al., "Application of the HCR-20 Version 3 in Civil Psychiatric Patients", *Criminal Justice and Behavior*, Vol. 43, 3（2016）, pp. 398–412.

[2]　V. de Vogel et al., "The Use of the HCR-20 V3 in Dutch Forensic Psychiatric Practice", *International Journal of Forensic Mental Health*, Vol. 13, 2（2014）, pp. 109–121.

[3]　邹海欧等："HCR-20量表在社区精神分裂症患者中的初步测评"，载《中国护理管理》2016年第7期。

切的要求和挑战。

三、两类罪犯风险评估工具的比较与启示

本节介绍的两类罪犯风险评估工具，均在暴力风险评估领域得到了大范围的应用，但两者在下述方面存在明显差异。首先，服务等级/个案管理量表与历史—临床—风险管理–20 量表对于风险因子的概念化并不相同，服务等级/个案管理量表以犯罪行为心理学或一般人格与认知社会学习的理论框架为基础，在风险、需求和响应性因素之间进行了区分，而历史—临床—风险管理–20 量表主要聚焦暴力犯罪而非一般犯罪，并未明确以犯罪行为心理学的理论框架为基础，其将所有与风险评估和管理相关的信息要素均视为风险因子。其次，历史—临床—风险管理–20 量表的指导方针包含了更多与特定形式的暴力以及与暴力相关的精神障碍等因素，因此经常被用于司法精神病学领域，相比之下，服务等级/个案管理量表在社区矫正领域的应用更广泛。最后，不同于服务等级/个案管理量表中对个体再犯风险评分的累加和解释，历史—临床—风险管理–20 量表并不包括计分这一步骤，结构化专家判断取向对于计算出风险评分后，再使用自由裁量权进行调整的做法存在疑问，其原因在于历史—临床—风险管理–20 量表对于风险的定义较服务等级/个案管理量表更广泛，不仅指暴力发生的可能性，而且包括未来暴力的性质、严重性、紧迫性和频率等方面，难以用数字将其概念化。

随着第一代至第四代风险评估工具的不断发展，人们目前能够把犯罪预测率提高到 70% 甚至 80%，但预测的准确性需要与个性化的矫治及管理策略相结合，才能够发挥最大的功效。近年来，大量的神经生物学技术与检测已用于犯罪心理学研究，

有的研究者提出下一代的风险评估工具应加入个体的神经生物学信息，如犯罪人的攻击类型、前额叶功能的检测及生理参数的记录等，以便更准确地根据个体的犯罪类型提供可能的心理生物学治疗，并能够监测干预前后个体的改变[1]。

在我国，犯罪预测研究始于20世纪80年代中期，以简单和短期的案件类型预测为主[2]。直到2006年，我国研制出中国罪犯心理评估系统，犯罪预测和评估工具才开始在监狱系统内大范围应用。2017年，我国司法部预防犯罪研究所开始组织实施全国性的重新犯罪问题调查项目，着手建设重新犯罪大数据监测分析平台，现已完成了调查和访谈工具的编制[3]，但目前暴力风险评估的本土化工具和大样本统计数据仍比较缺乏，从事风险评估的研究人员非常有限，尚未出现具有指导意义的研究结果，在实践中也难以做到风险评估与个案管理的紧密结合。因此，仍需要大量的实证研究去建构本土化的暴力犯罪风险评估系统，提高暴力犯罪预测的准确性。

〔1〕 S. L. S. B. Daoud and D. Nussbaum, "Decision Making and Aggression in Forensic Psychiatric Inpatients", *Criminal Justice and Behavior*, Vol. 37, 4 (2010), p. 365.

〔2〕 武伯欣：《跨世纪的犯罪问题——中国犯罪预测研究与思考》，重庆出版社1996年版，第1—14页。

〔3〕 周勇："开展重新犯罪问题调查研究的价值意义与思路构想"，载《犯罪与改造研究》2019年第7期。

暴力犯罪严重威胁人身权利、破坏公共安全，造成的社会危害非常严重。根据国家统计局公布的数据，尽管近十年内我国的暴力犯罪率持续下降，在 2019 年降至历史新低（10.3 起/10 万人），同时，暴力犯罪的数量远小于财产犯罪，占比不到全部犯罪类型的 10%，但是，由于我国的人口基数庞大，2019 年我国统计在册的刑事罪犯总数高达 165 万余人，根据犯罪类型的比例估算，暴力犯罪人可能高达 5 万人。因此，深入了解我国暴力犯罪人的心理和行为特点，对理解暴力犯罪的发生机制、降低暴力犯罪的发生率以及矫正和预防暴力犯罪，具有重要的理论和现实意义。鉴于目前我国关于暴力犯罪人的实证研究比较有限，既往的大多数研究仍聚焦于理论层面的探讨，本章将以笔者所在研究团队的既往调查结果为基础，选取在我国若干监狱服刑的男性暴力犯罪人为样本，简要阐释我国暴力犯罪人的基本特征和人格异常。

一、背景

（一）暴力攻击的两种类型

既往大多数研究将暴力犯罪表现出的攻击行为分为两个类型：冲动性（反应性、情感性、敌意性）攻击和预谋性（掠夺性、工具性、冷漠无情性、主动性）攻击[1]。尽管学者们选择

---

[1] D. G. Cornell et al. , "Psychopathy in Instrumental and Reactive Violent Offenders",

不同的词语阐述攻击的类型，但一些实证研究已经证明这些分类方法都是有效的，而且具有相似性[1]。

冲动性攻击与预谋性攻击是由巴瑞特（E. S. Barratt）在1991年首次提出的[2]。冲动性攻击和预谋性攻击不仅在认知和情绪方面存在差异，而且很可能具有不同的神经生物学基础。首先，冲动性攻击者通常对内源性或外源性刺激具有快速、无计划的反应倾向，可能伴随更多的愤怒、焦虑或抑郁以及躯体症状。其次，冲动性攻击者不考虑其反应给自己或他人造成的后果，可能表现出执行功能缺陷、中枢神经系统的 5-羟色胺功能下降、皮层的激活水平下降等现象（具体见本书第一章）。这些都提示冲动性攻击存在遗传基础。尽管冲动性攻击在认知、情绪和神经生物学方面均存在异常，但冲动性攻击者对药物治疗的反应性通常较好。相比之下，预谋性攻击者的整体认知功能好于冲动性攻击者，通常表现出较好的执行功能，皮层激活水平与对照组接近，较少出现神经生物学指标的显著异常。然而，预谋性攻击者的冷漠无情特质水平显著高于冲动性攻击者，对采用暴力行为并不感到内疚或懊悔，甚至对攻击行为的后果抱有正性期待。此外，预谋性攻击者通常对药物干预并不敏感。因此，研究者很早就提出，冲动性攻击主要反映了个体由认知

（接上页）*Journal of Consulting and Clinical Psychology*, Vol. 64, 4 (1996), pp. 783-790; M. S. Stanford et al. , "Characterizing Aggressive Behavior", *Assessment*, Vol. 10, 2 (2003), pp. 183-190.

[1] K. A. Dodge and J. D. Coie, "Social-Information-Processing Factors in Reactive and Proactive Aggression in Children's Peer Groups", *Journal of Personality and Social Psychology*, Vol. 53, 6 (1987), p. 1146.

[2] E. S. Barratt, "Measuring and Predicting Aggression Within the Context of a Personality Theory", *J. Neuropsychiatry Clin. Neurosci.* , Vol. 3, 2 (1991), pp. 35-39.

缺陷或皮层功能异常导致冲动性升高[1]，预谋性攻击却以个体的人格障碍为主要特征。

（二）人格与暴力犯罪

人格（personality）指的是一系列复杂的具有跨时间、跨情境特点的，对个体特征性行为模式（内隐的与外显的）有影响的独特的心理品质[2]。人格与犯罪行为之间的关系很早就受到犯罪心理学研究者的关注。早在 20 世纪五六十年代，就有研究者发现罪犯与非罪犯在 42%—81% 的人格测验上存在显著差异[3]，但是当时的研究者却得出人格与犯罪没有关系的结论，并坚持社会阶层在犯罪学理论中占据了核心地位，尽管仅 20% 左右的研究报告了社会阶层对于犯罪的影响。因此，在早期的主流犯罪学研究中，人格的重要性被极大地忽视。20 世纪 90 年代以后，人格与犯罪的关系又重新回到了犯罪学研究者关注的范围。

莫菲特等发展犯罪学家和心理学家的研究都强调人格的重要性，莫菲特在其关于反社会行为的理论中就曾指出，早期人格在终身持续反社会行为中发挥着至关重要的作用[4]。其中一项标志性的研究由卡斯皮及其同事于 1994 年在颇具影响力的《犯罪学》期刊上发表，这项研究坚定地支持了犯罪学中的人格

---

〔1〕　C. W. Mathias et al., "Characterizing Aggressive Behavior with the Impulsive/Premeditated Aggression Scale Among Adolescents with Conduct Disorder", *Psychiatry Research*, Vol. 151, 3 (2007), pp. 231-242.

〔2〕　［美］理查德·格里格、菲利普·津巴多著，王垒、王甦等译：《心理学与生活》，人民邮电出版社 2003 年版，第 386 页。

〔3〕　K. F. Schuessler and D. R. Cressey, "Personality Characteristics of Criminals", *American Journal of Sociology*, Vol. 55, 5 (1950), pp. 476-484; D. J. Tennenbaum, "Personality and Criminality a Summary and Implications of the Literature", *Journal of Criminal Justice*, Vol. 5, 3 (1977), pp. 225-235.

〔4〕　T. E. Moffitt, "Adolescence-Limited and Life-Course-Persistent Antisocial Behavior: A Developmental Taxonomy", *Psychological Review*, Vol. 100, 4 (1993), p. 674.

研究。凭借他们在新西兰的研究数据和对匹兹堡的青少年研究，卡斯皮等人指出负性情绪和较差的约束力等人格特征与青少年犯罪存在跨文化、跨性别和跨种族上的相关。[1]一篇元分析研究阐释了人格的五因素模型（宜人性和责任心）是怎样与反社会行为相关的。[2]自此以后，关于犯罪与人格的研究不再局限于心理学和精神病理学领域。

如第一章社会学家阿格纽的一般压力理论指出，当个体感受到压力时，做出违法行为是他们的可能反应之一[3]，而个体的人格特质或许可以解释为什么个体采用外显行为（如物质滥用）而非内化行为（如焦虑）来应对压力。例如，有研究发现容易产生消极情绪的个体以及冲动性的个体更有可能在压力情境下卷入违法行为[4]。人格与犯罪的关系还有助于研究者理解为什么在相同环境中生活的个体，会有不一样的行为表现。例如，有大量研究表明，冲动性的个体更容易受到犯罪多发的社区环境的影响[5]。上述研究均表明揭示罪犯人群的人格特征

〔1〕 A. Caspi et al., "Are Some People Crime-Prone? Replications of the Personality-Crime Relationship Across Countries, Genders, Races, and Methods", *Criminology*, Vol. 32, 2 (1994), pp. 163-196.

〔2〕 J. D. Miller and D. Lynam, "Structural Models of Personality and Their Relation to Antisocial Behavior: A Meta-Analytic Review", *Criminology*, Vol. 39, 4 (2001), pp. 765-798.

〔3〕 R. Agnew, "Foundation for a General Strain Theory of Crime and Delinquency", *Criminology*, Vol. 30, 1 (1992), pp. 47-88.

〔4〕 R. A. Agnew et al., "Strain, Personality Traits, and Delinquency: Extending General Strain Theory", *Criminology*, Vol. 40, 1 (2002), pp. 43-72.

〔5〕 S. Jones and D. R. Lynam, "In the Eye of the Impulsive Beholder: The Interaction Between Impulsivity and Perceived Informal Social Control on Offending", *Criminal Justice and Behavior*, Vol. 36, 3 (2009), pp. 307-321; D. R. Lynam et al., "The Interaction Between Impulsivity and Neighborhood Context on Offending: The Effects of Impulsivity Are Stronger in Poorer Neighborhoods", *Journal of Abnormal Psychology*, Vol. 109, 4 (2000), p. 563; M. H. Meier et al., "Impulsive and Callous Traits Are More Strongly Associated with

有助于我们对犯罪成因的理解，从而识别犯罪的高危人群，做到犯罪预防，或者有针对性地开展罪犯改造，做到有效矫正。既往研究已经发现，与犯罪行为相关的特质包括攻击性、冲动性、冒险、不诚实等。根据安德鲁斯和邦塔提出的犯罪风险因子模型，反社会人格障碍是与犯罪行为关系最为紧密的四大风险因子之一，在不同文化、种族、民族、性别的样本中，反社会人格障碍均能够有效区分犯罪人与其他人群[1]。反社会人格障碍主要表现为欺骗性、操控性、冲动性、攻击性、不负责任、缺乏同情等，这些人格特质是最终导致个体成为终身持续型、高风险犯罪人的核心风险因子。

因此，本章将通过问卷调查，阐释暴力犯罪人的基本人口统计学特征和犯罪特征，并探讨暴力犯罪人的攻击类型与反社会人格障碍、冲动性以及冷漠无情等人格特质的关系。

二、方法

（一）被试

研究对象来自北京、山东、宁夏、湖南等地的多所监狱，通过查阅罪犯档案并依据下述入组标准筛选成年男性暴力犯罪人。暴力犯罪人的入组标准：①犯罪类型：故意伤害、故意杀人、抢劫等；②年龄：18 周岁—55 周岁；③无严重的脑损伤或神经生理疾病；④无《精神疾病诊断与统计手册》第四版中轴 I 诊断的疾病；⑤有一定的文化水平（小学及以上学历）。剔除漏

（接上页）Delinquent Behavior in Higher Risk Neighborhoods Among Boys and Girls", *Journal of Abnormal Psychology*, Vol. 117, 2 (2008), p. 377; G. M. Zimmerman, "Impulsivity, Offending, and the Neighborhood: Investigating the Person-Context Nexus", *Journal of Quantitative Criminology*, Vol. 26, 3 (2010), pp. 301–332.

〔1〕　D. A. Andrews and J. Bonta, *The Psychology of Criminal Conduct*, Routledge, 2010, pp. 193–223.

答、作答不认真和规律作答的无效问卷，最终选取897名被试进入最终的统计分析。

（二）工具

1. 冲动—预谋攻击问卷

研究采用斯坦福（M. S. Stanford）等人编制的冲动—预谋攻击问卷（Impulsive-Premeditated Aggression Scale），其是攻击/暴力行为分类程序的重要组成部分，用于对个体的攻击类型进行区分，钱铭怡等人对其进行了中文版的修订[1]。冲动—预谋攻击问卷共30个条目，从1到5五点计分，其中有2个条目反向计分，包含冲动性攻击和预谋性攻击两个维度，通过计算公式可以判断被试倾向于哪种攻击类型。研究中，冲动—预谋攻击问卷的克隆巴赫α系数为0.87，其中冲动性攻击分量表的克隆巴赫α系数为0.67，预谋性攻击分量表的克隆巴赫α系数为0.86。

2. 反社会人格诊断问卷

反社会人格诊断问卷（Antisocial Personality Diagnostic Questionnaire）第四版是由美国心理学家海勒（Hyler）根据《精神疾病诊断与统计手册》第四版人格障碍诊断标准编制的自陈式问卷，1996年由杨坚博士翻译并修订成适用于中国文化背景下的人格诊断问卷第四版中文版。根据该问卷可以评估和筛查10种类型的人格障碍，包括分裂样、分裂型、偏执型、回避型、依赖型、强迫型、戏剧型、自恋型、边缘型和反社会型人格障碍，随后又增加了抑郁型和被动攻击型两种分型，共107项问题，采用0或1计分。其中的反社会人格障碍分量表共有8个条目，该分量表的总分越高，表明其反社会人格障碍倾向性越高，当总分大于等于3

---

［1］ F. R. Chen, YinYang and Mingyi Qian, "Chinese Version of Impulsive/Premeditated Aggression Scale: Validation and Its Psychometric Properties", *Journal of Aggression Maltreatment & Trauma*, Vol. 22, 2 (2013), pp. 175–191.

分时，可诊断为反社会人格障碍。此量表曾应用于精神疾病患者[1]和普通人群[2]，发现对人格障碍的甄别具有较好的敏感性和特异性。本次研究选用的是反社会人格障碍分量表，共8个条目，测得内部一致性信度为0.81。

3. 冲动性量表

采用周亮等人在2006年修订的巴瑞特冲动性量表（Barratt Impulsiveness Scale）第十一版[3]考察个体的冲动性水平。该量表的中文版共有26个条目，包含三个维度：注意力冲动性、运动冲动性、无计划冲动性。问卷采用四点计分，有11个反向计分条目，总分越高，说明个体的冲动性水平越高。本研究中，该量表的克隆巴赫α系数为0.83。

4. 冷漠无情特质量表

采用弗里克编制、陈展等人在2013年修订的冷漠无情特质量表[4]考察个体的冷漠无情特质水平。冷漠无情特质量表共24个题目，包含三个维度：麻木、淡漠和无情。从0到3三点计分，其中有12个题目反向计分，总分越高，说明冷漠无情的程度越高。本研究中，冷漠无情特质量表的克隆巴赫α系数为0.79。

（三）研究程序

根据自编基本信息调查表和目标监狱的管理系统档案，筛

〔1〕 杨蕴萍等："人格障碍评估研究：PDQ⁺⁴在北京医学生中的试用"，载《中国临床心理学杂志》2000年第3期。

〔2〕 杨蕴萍等："人格障碍诊断问卷（PDQ-4+）在中国应用的信效度研究"，载《中国临床心理学杂志》2002年第3期。

〔3〕 周亮等："BIS-11中文版的信度与效度检验"，载《中国临床心理学杂志》2006年第4期。

〔4〕 陈展：《青少年冷漠无情特质与情绪加工的关系》，中国政法大学2013年硕士学位论文；杨波、黄秀："冷酷无情特质对青少年暴力犯罪的影响"，载《西南大学学报（社会科学版）》2013年第4期。

选出符合条件的暴力犯罪人，确定被试名单和人数，由监区民警召集各监区符合条件的被试，在监区的矫治室或阶梯教室进行团体施测，由若干心理学专业研究生和监区干警共同担任主试。在发放问卷前，由主试宣读指导语和注意事项，团体施测上述问卷，被试作答完由主试检查后统一收回。

由于在不同监狱分批收集数据时，施测的时长、批次以及主试人员均不完全一致，部分样本未能施测全部调查问卷。同时，各监管场所的档案信息不完全一致、不同量表的无效问卷数目也不一致，本章中各调查工具的结果样本量也并不一致。

（四）统计分析

采用SPSS21.0录入数据并进行统计分析处理。对暴力犯罪人的年龄、受教育程度、婚姻状况进行描述性统计，对犯罪类型、刑期、是否累犯等犯罪特征进行描述性统计，对攻击类型、反社会人格障碍流行率、冲动性得分和冷漠无情特质得分进行描述性统计，并对冲动性/预谋性两类攻击得分与冲动性得分和冷漠无情特质得分进行相关分析。

三、结果

（一）暴力犯罪人的基本特征

从监所的服刑人员档案中可以获得暴力犯罪人的年龄、教育程度、婚姻状况等基本信息，将其中教育程度转换为受教育年限，从而获得等距数据。调查发现，调查样本中暴力犯罪人的平均年龄是 32.86±7.88 周岁，平均受教育年限是 8.85±2.07 年（见表4-1），婚姻状态以未婚为主，占总数的 68.11%（见图4-1）；在犯罪类型方面，成年男性暴力犯罪人最常见的犯罪类型是抢劫（见表4-2），平均刑期是 15.21±6.88 年（见表4-1），且以初犯为主（占 78.7%）。

表 4-1　暴力犯罪人的基本信息

人数（人）	调查内容	最小值	最大值	均值	标准差
897	年龄（周岁）	18	56	32.86	7.88
879	受教育年限（年）	1	18	8.85	2.07
763	刑期（年）	1	25	15.21	6.88

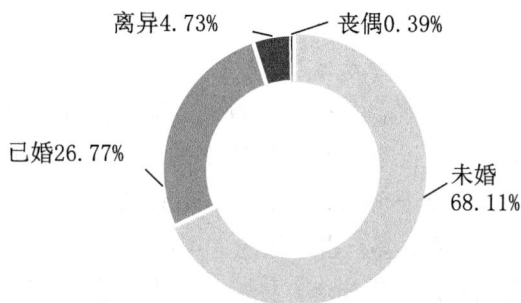

图 4-1　暴力犯罪人的婚姻情况

表 4-2　暴力犯罪人的犯罪类型

犯罪类型	人数（人）	百分比（%）
抢劫/抢夺	303	40.45
故意伤害	189	25.23
故意杀人	170	22.7
强奸	45	6.01
绑架	15	2
聚众斗殴	9	1.2
放火罪/爆炸罪	6	0.8
强迫卖淫	5	0.67
寻衅滋事	3	0.4

犯罪类型	人数（人）	百分比（%）
参加黑社会性质组织罪	3	0.4
故意毁坏财物	1	0.13
总和	749	

（二）暴力犯罪人的攻击类型和人格特点

1. 暴力犯罪人的冲动性/预谋性攻击

根据冲动—预谋攻击问卷对 662 名暴力犯罪人样本进行攻击行为的分类，结果显示冲动性攻击的个体有 384 人，占总数的 58%；预谋性攻击个体有 229 人，占总数的 34.6%；还有 49 人的攻击行为无法分类，占总数的 7.4%。

2. 暴力犯罪人的反社会人格障碍、冲动性和冷漠无情特质

对接受人格诊断问卷量表测试的 440 名暴力犯罪人样本进行统计分析，被诊断为反社会人格障碍的有 190 人，占总数的 43.2%。

采用冲动—预谋攻击问卷、巴瑞特冲动性量表第十一版和冷漠无情特质量表对被试的两类攻击水平、冲动性和冷漠无情特质进行测量，各量表的得分情况如表 4-3 所示。

表 4-3　暴力犯罪人各量表得分的描述性统计结果

类型	样本量	最小值	最大值	平均数	标准差
冲动性攻击	662	8	40	24.57	5.62
预谋性攻击	662	10	53	25.14	8.34
冲动性水平	696	30	89	58.43	8.79
注意力冲动性	696	6	23	14.09	2.9
运动冲动性	696	9	35	19.58	3.77

类型	样本量	最小值	最大值	平均数	标准差
无计划冲动性	696	11	37	24.32	4.54
冷漠无情特质他评	334	8	61	33.09	9.55

3. 暴力犯罪人群体在人格特质方面的差异

进一步对暴力犯罪人的反社会人格障碍组与非反社会人格障碍组，在年龄、受教育年限、攻击类型以及人格特质上的得分进行差异检验，结果发现两组罪犯在受教育年限（$t = 2.54$，$P = 0.012$）、冲动性攻击总分（$t = 2.38$，$P = 0.018$）、预谋性攻击总分（$t = 5.21$，$P = 0.000$）、冲动性总分（$t = 5.46$，$P = 0.000$），以及冷漠无情总分（$t = 3.25$，$P = 0.001$）上差异显著（见表4-4）。

表4-4 反社会人格障碍与非反社会人格障碍
暴力犯罪人的差异检验

类别	反社会人格障碍	非反社会人格障碍	t 值	P 值
年龄	34.77±7.65 （n=189）	36.06±8.44 （n=250）	1.67	0.095
受教育年限	8.84±2.1 （n=183）	9.34±1.95 （n=239）	2.54	0.012
冲动性攻击总分	24.21±5.09 （n=141）	22.91±5.06 （n=222）	2.38	0.018
预谋性攻击总分	28.02±9.06 （n=141）	23.34±7.12 （n=222）	5.21	0.000

续表

类别	反社会人格障碍	非反社会人格障碍	t 值	P 值
冲动性总分	62.42±7.63 （n=140）	57.73±8.15 （n=221）	5.46	0.000
冷漠无情总分	27.6±7.8 （n=58）	23.48±7.41 （n=92）	3.25	0.001

进一步对暴力犯罪人的累犯组与非累犯组，在年龄、受教育年限、攻击类型以及人格特质上的得分进行差异检验，结果发现两组罪犯在年龄（$t=5.07$，$P=0.000$）、预谋性攻击总分（$t=4.88$，$P=0.000$），以及冷漠无情总分（$t=3.38$，$P=0.001$）上差异显著（见表4-5）。

表4-5　累犯组与非累犯组的差异检验

类别	累犯组	非累犯组	t 值	P 值
年龄	34.39±6.64 （n=108）	30.58±6.99 （n=399）	5.07	0.000
受教育年限	8.59±1.9 （n=108）	8.92±2.07 （n=399）	1.5	0.133
冲动性攻击总分	25.05±5.49 （n=86）	25.25±5.91 （n=86）	0.28	0.780
预谋性攻击总分	28.4±7.91 （n=86）	23.71±8.09 （n=383）	4.88	0.000
冲动性总分	58.31±9.23 （n=86）	56.89±9 （n=383）	1.31	0.191
冷漠无情总分	33.75±8.56 （n=86）	29.84±9.93 （n=383）	3.38	0.001

4. 暴力犯罪人的攻击类型与人格特质的关系

将暴力犯罪人的冲动性、预谋性两类攻击评分与冲动性和冷漠无情人格特质得分之间的相关关系进行统计分析，结果如表 4-6 所示，暴力犯罪人的冲动性攻击与冲动性水平呈显著正相关，$r = 0.195$，$P < 0.01$。预谋性攻击则与冲动性水平、冷漠无情特质水平均存在显著正相关：$r = 0.298$，$P < 0.01$；$r = 0.131$，$P < 0.05$。

表 4-6　暴力犯罪人的两类攻击与人格特质的
相关分析（n = 334）

	1	2	3	4
1. 冲动性攻击	——			
2. 预谋性攻击	0.346**	——		
3. 冲动性	0.195**	0.298**	——	
4. 冷漠无情	−0.057	0.131*	0.088	——

注：$^*P < 0.05$；$^{**}P < 0.01$

四、讨论

（一）暴力犯罪人的基本人口统计学特征和犯罪特征

本次调查所涉及的成年男性暴力犯罪人群体，年龄范围在 18 周岁—55 周岁，平均年龄为 32.86±7.88 周岁。既往的大量研究表明，年龄与犯罪的相关是犯罪学中最稳定且密切的关系之一[1]。尽管现有统计数据中缺乏我国暴力犯罪人各年龄段人群的分布占比，但是全球杀人罪的统计数据显示，约 90% 的杀人犯年龄在 30 周岁以下，以 2019 年[2]美国联邦调查局发布的

〔1〕　D. P. Farrington, "Age and Crime", *Crime and Justice*, Vol. 7, 1986, pp. 189-250.

〔2〕　FBI：UCR, "Violent Crime", available at https://ucr. fbi. gov/crime-in-the-u. s/2019/crime-in-the-u. s. -2019/topic-pages/violent-crime, last visited on 2021-5-12.

《统一犯罪报告》为例，杀人罪中 20 周岁—29 周岁的罪犯占比高达 27.1%。在本样本中，暴力犯罪人的平均年龄大于上述调查结果，可能与该群体的已服刑年限有关。此外，暴力犯罪人中 78.7% 为初犯，提示该群体初次犯罪时的平均年龄很可能小于 30 周岁。研究结果发现，成年男性暴力犯罪人的平均受教育年限是 8.85±2.07 年，即以初中文化程度为主，较低的文化程度可能造成较低的学习/工作表现，进而可能导致其再犯风险升高。成年暴力犯罪人中的男性大部分是未婚，显著低于普通人群的已婚比例，这提示与普通人群相比，暴力犯罪人更缺乏家庭婚姻带来的社会支持，而大量研究均已证明，就业、婚姻家庭能够形成亲社会联结，显著降低个体的再犯风险[1]。

研究结果发现，暴力犯罪人的犯罪类型以抢劫所占的比例最高，其次是故意伤害，该结果与我国 2019 年的暴力犯罪统计数据比较吻合。然而，故意杀人罪在本研究的暴力犯罪类型中排列第三位，占全部暴力犯罪的 22% 以上，这一结果远高于杀人罪在我国全部暴力犯罪中仅占 5% 左右的既往统计结果，其原因可能是故意杀人罪作为暴力犯罪的最典型代表，通常具有更严重的社会危害，更有可能被立案、审查和判决，也更有可能在采样时入组成为本研究的被试。此外，强奸作为暴力犯罪中最常见的犯罪类型之一，由于更多地涉及个体的生物学基础而不同于其他暴力犯罪，并未成为本次研究的重点人群，进而导致本研究结果中强奸在暴力犯罪中的比例（6.01%）远小于全国统计数据中的比例（23.6%）。此外，本研究中暴力犯罪人的平均刑期大于 15 年，与该样本中抢劫、故意伤害和故意杀人占

---

〔1〕 P. Gendreau, T. Little and C. Goggin, "A Meta-Analysis of the Predictors of Adult Offender Recidivism: What Works!", *Criminology*, Vol. 34, 4 (1996), pp. 575 - 608.

全部犯罪类型共 85% 以上密切相关，与刘笑等人记录到的暴力犯罪人平均刑期相似[1]。

（二）暴力犯罪人的攻击类型、人格特点以及两者的关系

研究结果表明，本次研究中暴力犯罪人的攻击类型以冲动性攻击为主，共占全部攻击类型的 58%，预谋性攻击占 34.6%，其余 7.4% 的犯罪类型则无法明确分类。既往的多数研究都得到了类似的结论，乔屹等人通过两类攻击量表在 126 名青少年样本中发现，冲动性攻击个体占 64.3%，预谋性攻击个体占 35.7%[2]；两类攻击量表的开发者斯坦福等人，在 93 名具有攻击行为历史的成人样本中发现，有 81% 的被试被归类于冲动性攻击，19% 的被试被归类于预谋性攻击[3]。然而，需要注意的是，两类攻击并不是非此即彼的关系，体现在个体身上只是程度的问题，即大多数暴力犯罪人的攻击行为以冲动性攻击为主。

在本次研究样本中，反社会人格障碍在成年男性暴力犯罪人中的流行率高达 43.2%，该结果与多项既往研究的结果基本一致。根据一项世界范围内的大样本监管人员精神健康状况的元分析显示，10 797 名男性服刑人员中有 5113 名被诊断为反社会人格障碍[4]。与之前男性服刑人员中反社会人格障碍流行率高达 50%—80% 的报告相比[5]，该研究结果略显保守。上述结果均

---

[1] 刘笑："诈骗犯人格及认知特征与欺骗行为的关系"，中国政法大学 2018 年硕士学位论文。

[2] 乔屹、谢斌、张明岛："冲动-预谋性攻击行为量表中文版的信效度检验"，载《中华行为医学与脑科学杂志》2009 年第 4 期。

[3] M. S. Stanford et al., "Characterizing Aggressive Behavior", *Assessment*, Vol. 10, 2 (2003), pp. 183-190.

[4] S. Fazel and J. Danesh, "Serious Mental Disorder in 23 000 Prisoners: A Systematic Review of 62 Surveys", *The Lancet*, Vol. 359, 9306 (2002), pp. 545-550.

[5] T. A. Widiger et al., "DSM-Ⅳ Antisocial Personality Disorder Field Trial", *Journal of Abnormal Psychology*, Vol. 105, 1 (1996), p. 3.

提示，反社会人格障碍与犯罪行为之间存在紧密的联系，这也是国外犯罪学和犯罪心理学领域一直都关注反社会人格障碍人群的主要原因。值得说明的是，本研究中对反社会人格障碍的分类仅为量表筛查的结果，严格的临床诊断仍需要进一步的精神科检查和测试。

差异检验的结果显示，在暴力犯罪人中，与非反社会人格障碍群体相比，反社会人格障碍群体的受教育年限更短。由于未能获取全部罪犯的智商数据，该结果无法判断罪犯反社会人格障碍的严重程度是否受到智商的影响，但该结果提示，对暴力犯罪人实施矫正的过程中，可能需要根据反社会人格障碍群体的认知能力，采取与其他群体不同的干预措施。研究进一步发现，反社会人格障碍群体的冲动性攻击和预谋性攻击水平均高于非反社会人格障碍的暴力犯罪人，并且表现出更高的冲动性和冷漠无情特质水平。该研究结果与既往多个研究结果一致：反社会人格障碍特别是精神病态者的暴力行为，既包括冲动性攻击又包括预谋性攻击，但与预谋性攻击的联系更紧密[1]。此外，由于《精神疾病诊断与统计手册》第五版中有关反社会人格障碍的诊断标准同时囊括了冲动性和缺乏懊悔，与非反社会人格障碍个体相比，反社会人格障碍暴力犯罪人在冲动性和冷漠无情的测量中更可能表现出较高的水平。

研究结果还发现，与初犯相比，暴力犯罪人中的累犯会表

---

〔1〕 D. G. Cornell et al., "Psychopathy in Instrumental and Reactive Violent Offenders", *Journal of Consulting and Clinical Psychology*, Vol. 64, 4 (1996), pp. 783-790; M. Cima and A. Raine, "Distinct Characteristics of Psychopathy Relate to Different Subtypes of Aggression", *Personality and Individual Differences*, Vol. 47, 8 (2009), pp. 835-840; K. A. Chase, K. D. O'Leary and R. E. Heyman, "Categorizing Partner-Violent Men Within the Reactive-Proactive Typology Model", *Journal of Consulting and Clinical Psychology*, Vol. 69, 3 (2001), pp. 567-572.

现出更多的预谋性攻击、更高的冷漠无情特质水平，提示预谋性攻击和冷漠无情可能与罪犯的再犯风险升高密切相关，有助于进一步为罪犯矫正工作提供干预的靶目标。以预谋性攻击为主的群体再犯风险更高，这似乎与上述大多数暴力犯罪人以冲动性攻击为主相矛盾，其实不然，上述结果更多的是体现暴力犯罪人表现出的主要攻击行为的性质，并不代表暴力犯罪人群体中不存在以预谋性攻击为主的个体，一旦某个体表现出预谋性攻击的倾向，那么，其再犯的可能性将大大提高。有研究者也提出相似的结论，认为预谋性攻击可以作为再犯的预测指标[1]。

相关分析的结果显示，冲动性和冷漠无情是与暴力犯罪风险水平高相关的两种人格特质，但这两种人格特质与暴力行为的联系有所差别：冲动性水平与暴力犯罪人的冲动性攻击和预谋性攻击均呈正相关，而冷漠无情特质仅与预谋性攻击存在正相关。该结果表明，冲动性水平越高的个体，出现暴力犯罪的风险越高，且其暴力行为不限于特定的攻击形式，提示在暴力犯罪人的矫正工作中，降低冲动性可能对于不同类型的暴力犯罪人都具有积极意义。相比之下，冷漠无情特质水平较高的罪犯，其暴力犯罪的风险较高且更可能表现为特定的攻击形式，结合上述累犯的研究数据可知，预谋性攻击水平和冷漠无情特质水平越高，可能再犯风险就越高，提示在暴力犯罪人的矫正工作中，对冷漠无情特质的个体有针对性地提升共情能力，可能是减少预谋性攻击、降低暴力再犯的有效措施。

五、小结

本研究中的暴力犯罪人平均年龄为 32.86±7.88 周岁，以初

---

〔1〕　M. T. Swogger et al. , "Impulsive Versus Premeditated Aggression in the Prediction of Violent Criminal Recidivism", *Aggressive Behavior*, Vol. 41, 4 (2015), pp. 346-352.

中文化程度为主，婚姻状态以未婚为主，最常见的暴力犯罪类型是抢劫，大部分暴力犯罪人是初犯，平均刑期大于 15 年。

在暴力犯罪人中，反社会人格障碍的检出率是 43.2%，行为性质以冲动性攻击为主。与非反社会人格障碍暴力犯相比，反社会人格障碍暴力犯的受教育年限更短，冲动性攻击和预谋性攻击的水平更高、冲动性和冷漠无情特质的水平更高。在暴力犯罪人中，累犯的预谋性攻击、冷漠无情特质水平均高于初犯。暴力犯罪人的冲动性攻击评分与冲动性水平呈现显著正相关；预谋性攻击评分则与冲动性水平、冷漠无情特质水平均存在显著正相关。

第五章

暴力犯罪人的认知缺陷

　　精神病态在犯罪心理学领域中是一个非常引人关注的主题。如本书第一章所述，精神病态的个体主要表现为冷漠无情、人际操纵、无责任感、冲动和冒险倾向[1]，在《精神疾病诊断与统计手册》第五版中的反社会人格障碍的诊断中被列为特征说明[2]，即在临床诊断中需要特别关注。虽然精神病态在一般人群中的发生率仅为1%左右，但是在矫正机构的成年服刑人员中，这一比例却高达15%—25%[3]。与非精神病态个体相比，精神病态暴力犯罪人更容易违反社会规则和法律，作案手段比一般的犯罪人更残忍[4]，被认为是最具暴力和最持久的犯罪人，而且这类罪犯多为累犯，对社会危害性较大。因此，对精神病态暴力犯罪人行为特点和认知缺陷的探究是犯罪心理学领域近年来的研究焦点之一。

---

　　[1]　H. M. Cleckley, *The Mask of Sanity: An Attempt to Clarify Some Issues About the So-Called Psychopathic Personality*, 3rd ed., Martino Fine Books, 2016; R. D. Hare, "A Research Scale for the Assessment of Psychopathy in Criminal Populations", *Personality and Individual Differences*, Vol. 1, 2 (1980), pp. 111-119.

　　[2]　American Psychiatric Association, *Diagnostic and Statistical Manual of Mental Disorders: DSM-5*, 5th ed., American Psychiatric Publishing, 2013, pp. 659-663.

　　[3]　D. J. Cooke, A. E. Forth and R. D. Hare, *Psychopathy: Theory, Research and Implications for Society*, Springer, 1998.

　　[4]　K. A. Kiehl and M. B. Hoffman, "The Criminal Psychopath: History, Neuroscience, Treatment, and Economics", *Jurimetrics*, Vol. 51, 4 (2011), pp. 355-365.

第一节 精神病态暴力犯罪人的 执行功能缺陷

一、背景

执行功能（executive function），是指在完成目标导向性活动、问题解决、根据任务需求进行灵活性转换时，个体调控思维和行为的各种能力，如维持注意、自我监控、抽象推理、延迟满足和抑制冲动等。执行功能的目的是解决问题，使得我们在持续不断变化的环境中，快速转换心理定势以适应各种情景，同时抑制不恰当的行为。执行功能能够使我们制订计划、付诸实施并持之以恒直至将其完成。执行功能的介导使得我们的思维具有目标导向性，因此，在学习、工作和日常生活中至关重要[1]。目前，对精神病态罪犯的神经心理学研究主要集中在执行功能上。精神病态个体的一些特征，如频繁施暴、行为控制力差、缺乏现实的长期目标等，可能均与执行功能的损伤有关。对精神病态罪犯的执行功能研究发现，被试在维持计划以及抑制无关信息方面的能力显著低于控制组[2]。在差异奖赏/惩罚的学习任务（differential reward/punishment learning task）中，精神病态组被试对奖励与惩罚的选择决策也出现严重的缺陷[3]。

〔1〕 M. B. Jurado and M. Rosselli, "The Elusive Nature of Executive Functions: A Review of Our Current Understanding", *Neuropsychology Review*, Vol. 17, 3 (2007), pp. 213 - 233; P. D. Zelazo et al., "Early Development of Executive Function: A Problem-Solving Framework", *Review of General Psychology*, Vol. 1, 2 (1997), pp. 198-226.

〔2〕 T. H. Pham et al., "Selective Attention and Executive Functions Deficits Among Criminal Psychopaths", *Aggressive Behavior*, Vol. 29, 5 (2003), pp. 393-405.

〔3〕 K. Blair et al., "Impaired Decision Making on the Basis of Both Reward and Punishment Information in Individuals with Psychopathy", *Personality and Individual Differ-*

执行功能通常与前额叶皮层密切相关[1]（Goethals, 2004 # 4）。前额叶皮层包括眶额皮层以及腹内侧前额叶皮层（ventro-medial prefrontal cortex）等部位。神经心理学研究发现，精神病态个体可能存在眶额皮层损伤[2]。研究发现精神病态罪犯比控制组的前额灰质体积少 18%—23%。与控制组相比，精神病态罪犯的额叶中部、眶额皮层及杏仁核灰质的体积、皮层厚度等都显著减少，研究者认为这与精神病态罪犯的行为控制以及执行功能的异常有关[3]。执行功能中的决策、计划功能对解决问题十分重要，两者也有着共同的神经基础——前额叶皮层。因此，本研究打算将两者结合起来进行分析，探讨精神病态罪犯的执行功能是否存在缺陷。

风险决策是执行功能的一种，它是指个体在无法预测未来事件发生概率的情况下进行选择，并且选择那些预期效果最优的方案，决策的过程和结果都具有不确定性[4]。暴力犯罪人在作出犯罪决策的过程中，通常对所得的收益或遭受的惩罚缺乏准确的判断，所以犯罪行为的产生大多是在不确定条件下作出的风险

（接上页）*ences*, Vol. 41, 1 (2006), pp. 155–165.

〔1〕　I. Goethals et al., "Application of a Neuropsychological Activation Probe with SPECT: the 'Tower of London' Task in Healthy Volunteers", *Nuclear Medicine Communications*, Vol. 25, 2 (2004), pp. 177–182; G. Wagner et al., "The Special Involvement of the Rostrolateral Prefrontal Cortex in Planning Abilities: An Event-Related fMRI Study with the Tower of London Paradigm", *Neuropsychologia*, Vol. 44, 12 (2006), pp. 2337–2347.

〔2〕　D. Lapierre, C. M. Braun and S. Hodgins, "Ventral Frontal Deficits in Psychopathy: Neuropsychological Test Findings", *Neuropsychologia*, Vol. 33, 2 (1995), pp. 139–151.

〔3〕　Y. Yang et al., "Morphological Alterations in the Prefrontal Cortex and the A-mygdala in Unsuccessful Psychopaths", *Journal of Abnormal Psychology*, Vol. 119, 3 (2010), p. 546.

〔4〕　王玉洁：“冲动性对风险决策影响的实验研究”，广州大学 2013 年硕士学位论文。

决策[1]。对个体风险决策的研究大多采用经典的爱荷华赌博任务（Iowa Gambling Task）。目前，对精神病态个体[2]、具有精神病态倾向的亚临床个体[3]以及精神病态罪犯[4]的研究发现，他们在爱荷华赌博任务中都倾向于选择不利纸牌，与腹内侧前额叶皮层受损者的决策特点相似。研究表明腹内侧前额叶皮层受损者会持续偏好不利纸牌，而正常被试则随着实验的进行会由不利纸牌转向有利纸牌，从而规避较大风险选项[5]。风险决策和反应反转的研究结果也发现，与控制组相比，精神病态组被试更倾向于不利选项，并且在反应反转任务中差异显著，研究者认为这与精神病态个体的眶额皮层异常有关[6]。但也有研究表明品行障碍儿童中具有精神病态倾向的个体并不存在风险决策缺陷[7]。

在执行功能的神经心理学测试中，河内塔任务（Tower of

〔1〕 张茜茹等："暴力犯罪人风险决策特点的研究"，载《中国健康心理学杂志》2012年第12期。

〔2〕 D. G. V. Mitchell et al. , "Risky Decisions and Response Reversal: Is There Evidence of Orbitofrontal Cortex Dysfunction in Psychopathic Individuals?", *Neuropsychologia*, Vol. 40, 12（2002）, pp. 2013-2022.

〔3〕 J. van Honk et al. , "Defective Somatic Markers in Sub-Clinical Psychopathy", *Neuroreport*, Vol. 13, 8（2002）, pp. 1025-1027.

〔4〕 M. Koenigs, M. Kruepke and J. P. Newman, "Economic Decision-Making in Psychopathy: A Comparison with Ventromedial Prefrontal Lesion Patients", *Neuropsychologia*, Vol. 48, 7（2010）, pp. 2198-2204.

〔5〕 A. Bechara et al. , "Insensitivity to Future Consequences Following Damage to Human Prefrontal Cortex", *Cognition*, Vol. 50, 1-3（1994）, pp. 7-15.

〔6〕 D. G. V. Mitchell et al. , "Risky Decisions and Response Reversal: Is There Evidence of Orbitofrontal Cortex Dysfunction in Psychopathic Individuals? ", *Neuropsychologia*, Vol. 40, 12（2002）, pp. 2013-2022.

〔7〕 G. Fairchild et al. , "Decision Making and Executive Function in Male Adolescents with Early-Onset or Adolescence-Onset Conduct Disorder and Control Subjects", *Biological Psychiatry*, Vol. 66, 2（2009）, pp. 162-168.

Hanoi）被认为是研究执行功能有效的范式之一，它与个体的计划以及抑制能力有关。精神病态罪犯在河内塔任务、威斯康星卡片分类任务以及斯特鲁普任务中，均表现出计划和抑制功能的异常[1]。通过河内塔任务考察前额叶受损患者的执行功能，发现被试的计划功能以及在目标与次级目标冲突的解决上存在困难[2]。此外，对社区精神病态罪犯的研究也发现，他们在检测执行功能的威斯康星卡片分类任务中，成绩显著低于控制组[3]。对反社会人格障碍患者的执行功能的研究发现，该群体表现出攻击抑制能力的下降，这种下降提升了未来攻击的可能性[4]。

　　与此同时，研究者发现个体的冲动性特质也会对执行功能造成影响。冲动性特质反映了个体冲动控制机制的受损，表现出对即时奖赏信号反应的增强和对延迟惩罚信号反应的下降。高冲动性个体在决策时，更倾向于关注即时奖赏，忽视延迟的长时惩罚信号[5]。然而，有研究发现，冲动性水平和爱荷华赌博任务成绩相关性不显著，因此认为冲动性与决策过程无关[6]。宋广文等人考察了不同行为激活系统/行为抑制系统下的个体在爱荷华

〔1〕　T. H. Pham et al. , "Selective Attention and Executive Functions Deficits Among Criminal Psychopaths", *Aggressive Behavior*, Vol. 29, 5（2003）, pp. 393−405.

〔2〕　V. Goel and J. Grafman, "Are the Frontal Lobes Implicated in 'Planning' Functions? Interpreting Data from the Tower of Hanoi", *Neuropsychologia*, Vol. 33, 5（1995）, pp. 623−642.

〔3〕　M. D. Lezak, *Neuropsychological Assessment*, Oxford University Press, 2004.

〔4〕　M. C. Brower and B. H. Price, "Neuropsychiatry of Frontal Lobe Dysfunction in Violent and Criminal Behaviour: A Critical Review", *Journal of Neurology Neurosurg & Psychiatry*, Vol. 71, 6（2001）, pp. 720−726.

〔5〕　P. R. Finn and J. Hall, "Cognitive Ability and Risk for Alcoholism: Short-Term Memory Capacity and Intelligence Moderate Personality Risk for Alcohol Problems", *Journal of Abnormal Psychology*, Vol. 113, 4（2004）, p. 569.

〔6〕　I. H. A. Franken and P. Muris, "Individual Differences in Decision-Making", *Personality and Individual Differences*, Vol. 39, 5（2005）, pp. 991−998.

赌博任务反应模式下的决策行为，结果发现：巴瑞特冲动性量表中的三个维度与爱荷华赌博任务成绩相关都不显著[1]。但是部分爱荷华赌博任务研究却得出了不同的结果：决策受到冲动性特质中"缺乏计划"的影响，该项分数越高的个体越容易作出不利的决策[2]。

　　基于既往研究，暴力犯罪人中的精神病态罪犯更可能采取极端的手段来应对问题，可能与精神病态倾向个体在执行功能等方面存在缺陷有关，然而关于精神病态暴力犯罪人执行功能缺陷的研究却相对匮乏，且国内外的研究发现并不一致[3]。因此，本研究[4]采用爱荷华赌博任务和河内塔任务相结合的方式，试图从不同角度来探索精神病态暴力犯罪人的执行功能可能存在的缺陷，并通过冲动性量表分析该群体的执行功能缺陷与冲动性之间的相关性。

---

　　〔1〕　宋广文、郭永香、赵平平："高低行为激活系统个体在赌博任务下的决策模式"，载《心理与行为研究》2011年第2期。

　　〔2〕　A. Zermatten et al. , "Impulsivity and Decision Making", *The Journal of Nervous and Mental Disease*, Vol. 193, 10（2005）, pp. 647-650.

　　〔3〕　M. Dolan and I. Anderson, "Executive and Memory Function and Its Relationship to Trait Impulsivity and Aggression in Personality Disordered Offenders", *Journal of Forensic Psychiatry*, Vol. 13, 3（2002）, pp. 503-526; D. Lapierre, C. M. J. Braun and S. Hodgins, "Ventral Frontal Deficits in Psychopathy: Neuropsychological Test Findings", *Neuropsychologia*, Vol. 33, 2（1995）, pp. 139-151; S. Roussy and J. Toupin, "Behavioral Inhibition Deficits in Juvenile Psychopaths", *Aggressive Behavior*, Vol. 26, 6（2000）, pp. 413-424; S. S. Smith, P. A. Arnett and J. P. Newman, "Neuropsychological Differentiation of Psychopathic and Nonpsychopathic Criminal Offenders", *Personality and Individual Differences*, Vol. 13, 11（1992）, pp. 1233-1243.

　　〔4〕　张卓等："精神病态暴力犯执行功能的缺陷"，载《心理与行为研究》2016年第2期。

二、方法

(一) 对象

首先，通过查阅档案，对某监狱的男性成年暴力罪犯进行筛选，暴力犯罪的类型包括故意伤害、故意杀人、抢劫、强奸。被试的入组标准如下：①年龄：18 周岁—45 周岁；②没有严重的脑损伤或神经生理疾病；③没有《精神疾病诊断与统计手册》第四版中轴 I 诊断的疾病；④有一定的文化水平（小学及以上）。

采用修订版精神病态检核表对被试进行半结构化的访谈并评分，根据修订版精神病态检核表得分，大于等于 25 分的入组精神病态组，小于等于 15 分的入组非精神病态组[1]，最终选出 60 名被试，其中精神病态组和非精神病态组被试各 30 人。两组被试的年龄（31±6 周岁，30±7 周岁；$t=0.5$，$P>0.05$）、教育程度（精神病态组：小学占 23%，初中占 60%，高中占 17%；非精神病态组：小学占 27%，初中占 63%，高中占 10%；$\chi^2 = 0.88$，$P>0.05$）和瑞文推理测验的结果（27.83±15.2，33.82±13.03；$t=0.27$，$P>0.05$）均无统计学上的显著差异。

(二) 工具

1. 精神病态检核表

精神病态检核表（Psychopathy Checklist-Revised）由黑尔提出，包含 22 个项目，这些项目代表着精神病态的核心指标。精

---

〔1〕 D. J. Cooke, A. E. Forth and R. D. Hare, *Psychopathy: Theory, Research and Implications for Society*, Springer Science & Business Media, 1998; D. J. Cooke, D. Kosson and C. Michie, "Psychopathy and Ethnicity: Structural, Item, and Test Generalizability of the Psychopathy Checklist-Revised (PCL-R) in Caucasian and African American Participants", *Psychological Assessment*, Vol. 13, 4 (2001), p. 531; R. D. Hare, *Manual for the Rrevised Psychopathy Checklist*, 2nd ed., Multi-Health Systems, 2003.

神病态检核表根据半结构访谈、个案史信息，采用三点计分量表（0、1、2）对被试在各项目上进行评分。0代表不适用，1代表不确定，2代表肯定存在，总分在0—40分。通常研究者采用的分数从25分到32分不等。为保证入组人员筛选的严格和数量，在此次研究中以25分作为分界，得分大于等于25分的被试入精神病态组，得分小于25分的则入非精神病态组。在早期的研究中，黑尔及其同事报告精神病态检核表有两个维度：一为人际/情感，涉及人格项目（如油腔滑调、冷酷、控制/操纵）；二为反社会行为，由行为指标组成（如刺激寻求、冲动、不负责任）[1]。在实际的应用研究背景中，精神病态检核表及其衍生工具都表现出了较高的内部一致性和评分者信度[2]。量表最初被用来测量精神病态的临床结构，但由于其在预测再犯、暴力行为和治疗结果上的显著能力，且已被证明在对罪犯的危险性预测方面具有较好的信效度，被广泛用于各国的司法评估中。

2. 冲动性量表

采用巴瑞特冲动性量表第十一版考察精神病态组和对照组被试的冲动性水平，详见本书第四章的方法部分。

3. 实验材料

实验刺激程序由E-prime2.0软件编制、控制，由实验室中14寸笔记本电脑呈现（分辨率为1366×768）。

实验中的爱荷华赌博任务程序是在前人设计的实验室任务

---

〔1〕 R. Hare et al., "The Revised Psychopathy Checklist: Reliability and Factor Structure", *Psychological Assessment*, Vol. 2, 3（1990），p. 338.

〔2〕 J. L. Skeem and D. J. Cooke, "One Meausure Does not a Construct Make: Directions Toward Reinvigorating Psychopathy Research - Reply to Hare and Neumann", *Psychological Assessment*, Vol. 22, 2（2010），p. 455.

基础上改进而成的[1]，任务程序由 4 张牌组成：牌 1 和牌 3 是有利牌，而牌 2 和牌 4 是不利牌，每张牌都有不同的奖励与惩罚分数。要求被试按照自己的喜好进行选择，需完成 100 次实验选择，按顺序每 10 次划为 1 区组，共 10 区组。河内塔任务主要用于测试个体的计划组织功能。实验采用其电脑版，正式实验任务的难度为 2—7 级，共 6 个等级。每一级的难度代表完成该等级任务所需的最小步数，移动的规则是：每次移动一个圆盘，且只能小圆盘放在大圆盘上面，一旦出现错误，从该难度上重新开始。要求被试在遵循规则的情况下，用鼠标点击移动圆盘，尽可能减少错误以达到目标状态。

（三）实验程序

所有被试首先完成巴瑞特冲动性量表第十一版的测评，然后完成爱荷华赌博任务和河内塔任务。实验开始前帮助被试理解操作，之后开始正式实验。为了平衡顺序效应，两组均有一半被试先完成爱荷华赌博任务，再完成河内塔任务，而另一半被试先完成河内塔任务，再完成爱荷华赌博任务。

（四）统计分析

采用 SPSS 17.0 统计软件进行数据分析。首先，采用独立样本 t 检验，比较两组被试在冲动性水平上的差异；其次，对于爱荷华赌博任务以及河内塔任务的结果采用重复测量方差分析进行处理；最后，采用皮尔逊检验相关的方法分析巴瑞特冲动性量表第十一版得分与爱荷华赌博任务以及河内塔任务的相关关系。

---

[1]　A. Bechara et al., "Insensitivity to Future Consequences Following Damage to Human Prefrontal Cortex", *Cognition*, Vol. 50, 1–3 (1994), pp. 7–15.

三、结果

（一）冲动性量表的测量结果

为考察两组被试的冲动性特质是否存在差异，研究采用巴瑞特冲动性量表第十一版施测。精神病态组被试在三个维度以及总分上的得分都显著高于非精神病态组。对所测结果进行独立样本 t 检验，结果见表 5-1：精神病态组在注意冲动性（$t=2.33$，$P<0.05$）、运动冲动性（$t=2.91$，$P<0.05$）、无计划冲动性（$t=3.86$，$P<0.01$）以及冲动性总分（$t=3.6$，$P<0.01$）上都显著高于非精神病态组。

表 5-1　两组被试冲动性特质差异分析表（M±SD）

维度	精神病态组 （n=30）	非精神病态组 （n=30）	t 值	P 值
注意冲动性	15.17±2.17	13.57±3.08	2.33	0.024
运动冲动性	20.47±2.5	18.33±3.14	2.91	0.005
无计划冲动性	40.93±5	35.87±5.17	3.86	0.000
冲动性总分	81.87±1.01	72.37±10.43	3.6	0.001

（二）爱荷华赌博任务数据分析

1. 选择的策略

首先，以被试类型为自变量，各区组任务中有利纸牌的选择比例为因变量进行重复测量方差分析。结果显示区组主效应显著，$F_{(9, 522)}=2.663$，$P<0.01$；区组与被试类型交互作用显著，$F_{(9, 522)}=2.865$，$P<0.01$。进一步分析发现，从第五个区组开始（见图 5-1），非精神病态组的有利牌的选择比例显著高于精神病态组（$P<0.001$）。

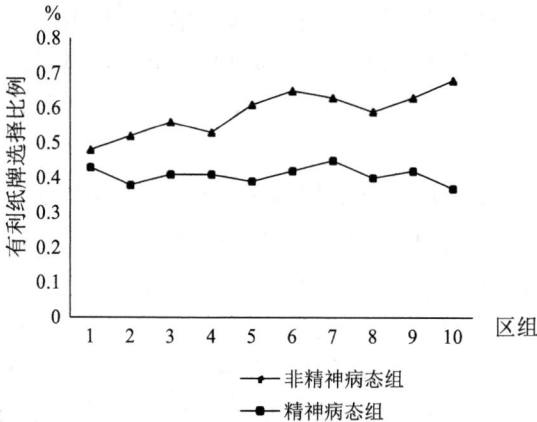

图 5-1 两组被试在各区组中优势纸牌选择的比例变化情况

其次，分析被试在两种情况下的策略转变：一是被试在前次的选择是获益的情况下，再次选择是否会转变选项；二是被试在前次选择为损失的情况下，再次选择是否会转变选项。以有无损失以及被试的类型作为自变量，对被试选择策略的转换比率进行方差分析。有无损失的主效应显著，$F(1, 58) = 39.92$，$P<0.01$；被试类型主效应显著，$F(1, 58) = 9.36$，$P<0.05$；两者交互作用显著，$F(1, 58) = 25.07$，$P< 0.01$，在损失的情况下，非精神病态组的转换比率显著高于精神病态组（见表5-2）。

表 5-2 收益和损失情况下被试选择转换的比率

维度	精神病态组 （n＝30）	非精神病态组 （n＝30）	t 值	P 值
收益下转换	0.56±0.19	0.54±0.21	0.32	0.024
损失下转换	0.59±0.14	0.84±0.14	6.68	0.000

2. 惩罚频率对选择策略的影响

惩罚频率的高低对被试的选择也有影响，惩罚频率包含两种：高频率（50%概率选择会损失）、低频率（10%概率选择会损失）。即时收益量包含两种：一是即时收益低，但是长期选择的收益大于损失；二是即时收益高，但是长期选择的收益小于损失。

对2（即时收益量）× 2（惩罚频率）× 2（被试类型）混合设计的方差分析结果表明，即时收益量主效应不显著，即时收益量与被试类别交互作用不显著，$F(1, 58) = 0.61$，$P > 0.05$。惩罚频率的主效应显著，$F(1, 58) = 15.81$，$P < 0.001$；惩罚频率与被试类型的交互作用显著，$F(1, 58) = 16.49$，$P < 0.001$；惩罚频率与即时收益量的交互作用显著，$F(1, 58) = 33.62$，$P < 0.001$；三者间的交互作用显著，$F(1, 58) = 15.81$，$P < 0.001$。简单效应分析显示，在低惩罚频率下，非精神病态组在两种收益牌上的选择次数都显著高于精神病态组，$F(1, 58) = 18.95$，$P < 0.001$；$F(1, 58) = 17.88$，$P < 0.001$。在高惩罚频率下，精神病态组在高收益牌上选择次数显著高于非精神病态组，$F(1, 58) = 7.58$，$P < 0.05$（见表5-3）。

表5-3　四种纸牌的选择次数

类型	精神病态组 （n = 30）	非精神病态组 （n = 30）	F 值	P 值
牌 1	24.03±10.28	38.67±15.28	18.95	0.000
牌 2	33.9±11.23	23.5±7.45	17.88	0.000
牌 3	17.17±7	20.67±8.19	3.17	0.080
牌 4	24.73±12.93	17.03±8.22	7.58	0.008

注：牌 1 = 低额收益/低频惩罚，牌 2 = 高额收益/低频惩罚
　　牌 3 = 低额收益/高频惩罚，牌 4 = 高额收益/高频惩罚

（三）河内塔任务数据分析

在河内塔任务中，精神病态组在各种难度条件下错误的次数几乎都高于非精神病态组（见图5-2）。以被试类型和难度作为自变量，以错误的次数作为因变量进行重复测量的方差分析发现，被试的主效应显著，$F(1, 58) = 5.97$，$P < 0.05$，提示精神病态组在错误的次数上显著高于非精神病态组，难度与被试类型交互作用显著。简单效应分析发现，在难度为"7"的组块中精神病态组错误的次数显著高于非精神病态组，$F(1, 58) = 9.19$，$P < 0.01$。

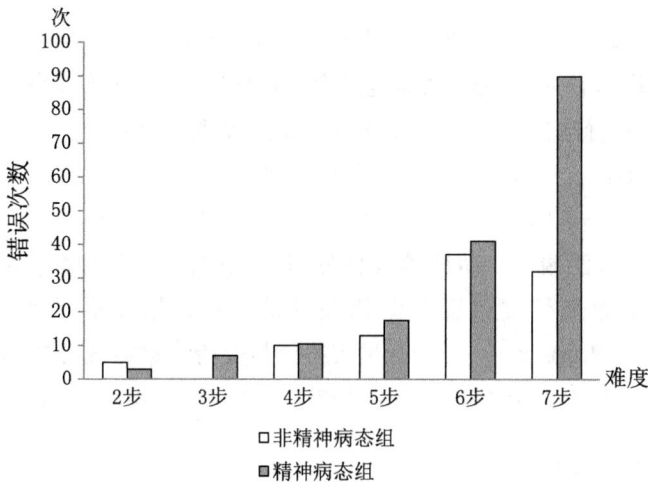

图5-2 不同难度下暴力犯罪人的错误情况

以被试类型和难度为自变量，以完成每组任务所需时间（见表5-4）为因变量进行重复测量方差分析发现，被试类型主效应显著，$F(1, 58) = 5.407$，$P < 0.05$，提示精神病态组在完成任务所需的时间上显著高于非精神病态组。

表5-4 不同难度下两组被试所花费的时间（s）

难度	精神病态组 （n=30）	非精神病态组 （n=30）	F 值	P 值
2 步	12.79±11.32	11.99±11.31	0.04	0.843
3 步	17.01±15.78	11.62±3.8	7.41	0.009
4 步	37.85±33.74	31.31±24.57	2.28	0.136
5 步	58.99±39.89	46.62±19.95	5.38	0.024
6 步	98.08±65.56	89.95±52.34	0.44	0.510
7 步	86.32±68.67	47.93±24.43	17.67	0.000

（四）冲动性量表与行为实验之间的相关分析

将第十一版巴瑞特冲动性量表总分与两组被试的爱荷华赌博任务成绩进行皮尔逊积差相关分析，结果发现不显著（$r=-0.118$，$P>0.05$），三个分量表得分与爱荷华赌博任务成绩的相关亦不显著（$r_1=-0.046$，$r_2=-0.097$，$r_3=-0.125$，均 $P>0.05$）。将第十一版巴瑞特冲动性量表总分与两组被试在河内塔任务中的错误次数进行皮尔逊积差相关分析发现，相关不显著（$r=0.142$，$P>0.05$），三个分量表得分与爱荷华赌博任务成绩相关亦不显著（$r_1=0.038$，$r_2=0.147$，$r_3=0.131$，均 $P>0.05$）。

四、讨论

本研究以30名精神病态暴力犯罪人和30名非精神病态暴力犯罪人为被试，通过爱荷华赌博任务和河内塔任务探讨精神病态暴力犯罪人的决策功能和计划功能的特点。

（一）精神病态暴力犯罪人的决策功能缺陷

研究结果表明，精神病态暴力犯罪人的决策能力存在缺陷。首先，结果显示精神病态组有利纸牌的选择比例（牌1+牌3）

从第五个区组开始就显著低于非精神病态组，这种策略上的转变导致精神病态组的收益下降，这与贝沙拉（A. Bechara）对腹内侧前额叶皮层受损者的研究类似[1]，精神病态组与腹内侧前额叶皮层受损群体都同样偏好不利纸牌，他们的决策并没有表现出对不利纸牌的回避。其次，爱荷华赌博任务实验中的"得失频率"也是影响决策的一个重要因素，正常人更偏好损失频率低的牌，而研究中精神病态组被试表现出忽视远期负性后果的特点，更多地选择短暂收益和惩罚频率较高的不利纸牌，这表明精神病态罪犯更可能为追求高回报而冒险施暴。最后，在转换频率上，非精神病态组的转换频率高于精神病态组，他们选择的一致性较低，尤其是在损失的情况下会立即改变自己的选择策略，这与既往研究结果基本一致，正常被试在决策中会采用多次转换的策略[2]。罗禹等人对不同类型罪犯的研究也发现：经济犯为了获取较大的利益，其选择的一致性最低，他们的转换频率高于其他所有类型罪犯[3]。

前人的研究表明，正常的被试在游戏中都会通过不同的方式来保证自己的收益，而精神病态组无论是在收益还是在损失的情况下，均盲目地追求更高的盈利。这种一致性可能有两个原因：其一，他们能够识别不利纸牌，但是由于先前选择过程中形成的优势反应，他们无法转换。因为在爱荷华赌博任务中，

〔1〕 A. Bechara et al., "Insensitivity to Future Consequences Following Damage to Human Prefrontal Cortex", *Cognition*, Vol. 50, 1-3 (1994), pp. 7-15; A. Bechara et al., "Deciding Advantageously Before Knowing the Advantageous Strategy", *Science*, Vol. 275, 5304 (1997), pp. 1293-1295.

〔2〕 Yao-Chu Chiu et al., "Immediate Gain Is Long-Term Loss: Are There Foresighted Decision Makers in the Iowa Gambling Task?", *Behav. Brain Funct.*, Vol. 4, 13 (2008), p. 10, p. 1186.

〔3〕 罗禹等："不同类型罪犯在爱荷华赌博任务中的决策功能缺陷"，载《心理学报》2011年第1期。

不利纸牌通常会先呈现一段时间的大奖励，之后才会出现较大的惩罚，所以会形成对有利纸牌的优势反应。其二，精神病态组无法区分有利纸牌和不利纸牌，因此没有进行转换。被试无法在完成任务的过程中发现规律，始终认为即时收益较大的牌能赢得更多，所以持续偏好不利纸牌。

从实验材料的设置和数据分析的结果来看，精神病态组的不良成绩可能是由其无法认识到其中的规律所致的。因为实验中每类牌的惩罚牌是随机出现的，无法形成优势反应，而精神病态组对惩罚的低敏感性导致无法对惩罚程度与频率进行完整的加工，所以其持续选择不利纸牌。已有研究表明，前额叶参与到奖励和惩罚的加工当中，内侧前额叶参与表征不确定条件下选项的价值[1]。对物质成瘾者、病理性赌博者、酗酒者[2]的研究发现，他们在爱荷华赌博任务中的表现与腹内侧前额叶皮层受损者类似，倾向于选择不利纸牌，作出不利决策。由此可见，精神病态罪犯的前额叶功能可能与上述异常人群一样存在损伤，这可能是导致其对惩罚不敏感的真正原因。

（二）精神病态暴力犯罪人的计划功能缺陷

河内塔任务主要测量被试的计划功能。实验中随着任务难度的增加，精神病态组的错误次数和消耗的时间都显著高于非精神病态组，并且这种反应趋势并非由其智力的差异造成的。

---

〔1〕　I. Levy et al., "Neural Representation of Subjective Value Under Risk and Ambiguity", *Journal of Neurophysiology*, Vol. 103, 2 (2010), pp. 1036-1047.

〔2〕　A. E. Goudriaan et al., "Decision Making in Pathological Gambling: A Comparison Between Pathological Gamblers, Alcohol Dependents, Persons with Tourette Syndrome, and Normal Controls", *Cognitive Brain Research*, Vol. 23, 1 (2005), pp. 137-151; N. Petry et al., "Overweight and Obesity Are Associated with Psychiatric Disorders: Results from the National Epidemiologic Survey on Alcohol and Related Conditions", *Psychosomatic Medicine*, Vol. 70, 3 (2008), pp. 288-297.

该研究结果与张登科等人对局限性脑外伤患者执行功能缺陷的研究结果一致，额叶等部位损伤的被试在完成河内塔任务的过程中所花的步数和消耗的时间都显著高于控制组[1]。然而，也有研究发现，精神病态组得分的高低与爱荷华赌博任务的成绩无关[2]，这可能是由两者选择的被试群体以及筛选标准不一致造成的。上述结果提示精神病态组的执行功能，尤其是计划组织功能存在与前额叶受损被试相同的缺陷。另外，一些研究者还把执行功能当成一种对自身行为的抑制能力[3]。例如，有执行功能障碍的被试，通常表现为持续性错误，即持续重复不符合当前规则的强势反应。有研究者提出了一个结构等式模型，认为抑制功能是预测河内塔任务成绩的最好指标[4]。在本研究中，精神病态组在完成任务时总是容易忽略任务中的规则，持续做出一些之前做过的错误反应，因此其抑制功能也存在缺陷。

（三）冲动性对精神病态暴力犯罪人风险决策及计划功能的影响

研究中两组被试的巴瑞特冲动性量表第十一版所测结果与爱荷华赌博任务得分不相关，且巴瑞特冲动性量表第十一版中三

---

〔1〕 张登科等："脑外伤所致精神障碍患者的心理理论及相关因素"，载《中国心理卫生杂志》2010年第5期。

〔2〕 C. L. Salnaitis et al. , "Differentiating Tower of Hanoi Performance: Interactive Effects of Psychopathic Tendencies, Impulsive Response Styles, and Modality", *Applied Neuropsychology*, Vol. 18, 1 (2011), pp. 37–46.

〔3〕 S. M. Carlson, L. J. Moses and H. R. Hix, "The Role of Inhibitory Processes in Young Children's Difficulties with Deception and False Belief", *Child Development*, Vol. 69, 3 (1998), pp. 672–691.

〔4〕 A. Miyake et al. , "The Unity and Diversity of Executive Functions and Their Contributions to Complex 'Frontal Lobe' Tasks: A Latent Variable Analysis", *Cognitive Psychology*, Vol. 41, 1 (2000), pp. 49–100.

个维度的得分与爱荷华赌博任务成绩的相关也不显著，表明精神病态组的风险决策缺陷可能与冲动特质无关，这与前人的研究结果类似[1]。既往研究发现冲动性水平与被试的计划功能只存在微弱的负相关[2]。对青年人和成年人中精神病态倾向者的研究也发现冲动性与执行功能无关[3]。这些研究都表明了执行功能和冲动性之间的关系并不是那么密切。因此，精神病态组的执行功能的缺陷可能并非冲动性造成的。

综上所述，尽管精神病态暴力犯罪人的冲动性水平显著高于一般罪犯，但是这种冲动性并非导致其决策与计划功能缺陷的原因，提示在精神病态暴力犯罪人的风险评估与矫正过程中，可能无法通过单纯降低冲动性水平而减少其暴力行为。

五、小结

与非精神病态暴力犯罪人相比，精神病态暴力犯罪人存在风险决策和计划功能缺陷，但上述缺陷与个体的冲动性特质无关。

---

〔1〕 C. Davis et al. , "Personality Traits Associated with Decision-Making Deficits", *Personality and Individual Differences*, Vol. 42, 2 (2007), pp. 279 - 290; S. Dawe and N. J. Loxton, "The Role of Impulsivity in the Development of Substance Use and Eating Disorders", *Neuroscience & Biobehavioral Reviews*, Vol. 28, 3 (2004), pp. 343 - 351; 宋广文、郭永香、赵平平："高低行为激活系统个体在赌博任务下的决策模式"，载《心理与行为研究》2011 年第 2 期。

〔2〕 R. H. Pietrzak, A. Sprague and P. J. Snyder, "Trait Impulsiveness and Executive Function in Healthy Young Adults", *Journal of Research in Personality*, Vol. 42, 5 (2008), pp. 1347-1351.

〔3〕 A. Lamarre, *Exploring the Relationship Between Psychopathic Personality Traits and Executive Function Task Ability in Young Adults and Adults Genetically at-Risk for Frontotemporal Lobar Dementia*, University of British Columbia, 2009.

第二节 精神病态暴力犯罪人的人际合作特点

一、背景

合作行为是个体社会化的表现之一，通常是指群体为了实现相同的利益而采取相对一致的行为来达到既定的目标[1]。合作是有利于生存的亲社会行为，在涉及多人利益时，合作的方式通常能够使双方同时获得较大收益，人际的互动与合作在人类生存中有着十分重要的意义[2]。学会与他人进行合作是人类社会化的一个突出表现，也是人们日常活动的主要形式之一。

精神病态的重要诊断标准之一是人际关系的异常，在人际互动中精神病态个体通常会表现出一种不合作性。既往研究发现，在正常的社会情境下，如治疗性的社区中[3]以及工作生活中[4]，精神病态者通常不考虑他人的感受，只在乎自身的利益。即便在犯罪活动中，精神病态罪犯与他人的合作程度也不高，在团伙犯罪中精神病态比例（4%）远低于独自作案人员的比例（24%）[5]。在大

---

〔1〕 J. Decety et al. , "The Neural Bases of Cooperation and Competition: An fMRI Investigation", *Neuroimage*, Vol. 23, 2 (2004), pp. 744-751.

〔2〕 J. K. Rilling et al. , "A Neural Basis for Social Cooperation", *Neuron*, Vol. 35, 2 (2002), pp. 395-405; R. Trivers, "The Evolution of Reciprocal Altruism", *The Quarterly Review of Biology*, Vol. 46, 1 (1971), pp. 35-57.

〔3〕 G. T. Harris, M. E. Rice and M. Lalumière, "Criminal Violence: The Roles of Psychopathy, Neurodevelopmental Insults, and Antisocial Parenting", *Criminal Justice and Behavior*, Vol. 28 (2008), pp. 402-426.

〔4〕 P. Babiak and R. D. Hare, *Snakes in Suits: When Psychopaths Go to Work*, Harper Collins US, 2007.

〔5〕 A. Valdez, C. D. Kaplan and E. Codina, "Psychopathy Among Mexican American Gang Members: A Comparative Study", *International Journal of Offender Therapy and Comparative Criminology*, Vol. 44, 1 (2000), pp. 46-58.

学生被试中，男性被试的精神病态得分与合作行为存在显著的负相关[1]（$r=-0.58$），高精神病态得分的被试在与同伴建立相互合作关系后，叛逃的频率更高，继续合作的可能性更小。功能性磁共振成像（Functional-Magnetic Resonance Imaging）的结果进一步表明，在经历背叛之后，高精神病态组的杏仁核激活水平较低，而在选择背叛时，其前额叶皮层和扣带回的激活水平也较低，提示高精神病态组对于背叛的情感偏见较弱，进而可能促使其作出背叛决策。此外，拉达（F. M. Rada）等人的研究发现，与对照组相比，反社会人格障碍者在人际合作任务中也更倾向于选择非合作[2]。

对于社会情境中的合作行为，最常使用的研究范式是囚徒困境任务（The Prisoner's Dilemma Game）。在囚徒困境任务中，玩家双方需要在不知道对方会做出何种选择的情形下，做出是否信任对方的选择，而两人取得的收益取决于他们共同选择的结果。对于单个被试而言，当自己选择背叛而对方选择合作时的收益最大，反之则收益最小，因此对于每个被试，选择背叛总是对自己最好的策略。然而，当两个被试都选择背叛对方，双方的总体收益最低；而双方都选择合作，则总体的收益达到最高[3]。与囚徒困境任务类似的另一个社会合作的两难任务是斗鸡任务（Chicken Game）。在斗鸡任务中，两名被试可以独立地选择和解

〔1〕 J. K. Rilling et al., "A Neural Basis for Social Cooperation", *Neuron*, Vol. 35, 2 (2002), pp. 395-405; J. K. Rilling et al., "Neural Correlates of Social Cooperation and Non-Cooperation as a Function of Psychopathy", *Biological Psychiatry*, Vol. 61, 1 (2007), pp. 1260-1271.

〔2〕 F. M. Rada, M. T. de L. Taracena and M. A. M. Rodriguez, "Antisocial Personality Disorder Evaluation with the Prisoner's Dilemma", *Actas Espanolas de Psiquiatria*, Vol. 31, 6 (2003), pp. 307-314.

〔3〕 P. S. Gallo Jr. and C. G. McClintock, "Cooperative and Competitive Behavior in Mixed-Motive Games", *Journal of Conflict Resolution*, Vol. 9, 1 (1965), pp. 68-78.

或进攻两种策略，在两人都选择和解策略的条件下，双方均会获得一定数目的收益；如果两人都选择进攻策略，则双方都会损失一笔较大数目的收益。与囚徒困境任务不同的是，斗鸡任务中没有严格的优势策略，也就是说，选择进攻策略的收益并不一定比选择和解策略的收益大，最好的结果是与同伴做出不同的选择[1]，但是如果都选择背叛却又会导致一种不好的结果，会使得被试陷入一种困境。按照纳什的平衡理论，在囚徒困境任务里面有一个纳什平衡点，而在斗鸡任务中则有两个纳什平衡点。

随着神经科学技术的发展，研究者开始通过事件相关电位（Event-Related Potentials）和功能性磁共振成像技术，探讨人际合作行为的认知神经机制。部分研究者采用事件相关电位技术，考察了人际合作任务中个体对结果反馈的认知加工过程。既往研究[2]发现，在最后通牒任务中，不公平提议相对于公平提议诱发了更大的反馈相关负波（Feedback-Related Negativity），并且反馈相关负波的波幅可以预测被试对不公平提议的拒绝率，提示反馈相关负波与理解他人行为公平与否有关，可以作为公平感觉察的一个指标。有研究[3]发现，信任感会影响结果反馈之后产生的反馈相关负波和 P300 波幅的大小，在不信任的情境下，反馈相关负波效应会相对显著减弱。有研究者[4]采用功能性磁共振成像研究分析了被试与人类同伴完成囚徒困境任务时

〔1〕　A. Rapoport and A. M. Chammah, "The Game of Chicken", *American Behavioral Scientist*, Vol. 10, 3 (1966), pp. 10-28.

〔2〕　J. Hewig et al., "Why Humans Deviate from Rational Choice", *Psychophysiology*, Vol. 48, 4 (2011), pp. 507-514.

〔3〕　Y. Long, X. Jiang and X. Zhou, "To Believe or not to Believe: Trust Choice Modulates Brain Responses in Outcome Evaluation", *Neuroscience*, Vol. 200, 2012, pp. 50-58.

〔4〕　J. K. Rilling et al., "A Neural Basis for Social Cooperation", *Neuron*, Vol. 35, 2 (2002), pp. 395-405.

的大脑激活情况，结果发现，被试在选择相互合作时激活的脑区主要包括：腹内侧前额叶、眶额皮层、伏隔核以及前扣带回。上述的这些脑区都和奖励刺激的加工有关，研究者通常认为，这些脑区的激活可以促使被试抵制不良诱惑，从而选择互惠利他的合作行为。

以上研究均表明，精神病态者在人际合作行为中存在决策异常，然而既往研究主要聚焦于精神病态者个体层面的决策，较少考察精神病态者在人际交往中的决策特点。因此，本研究[1]将行为学与事件相关电位技术相结合，从人际信任水平的角度来研究精神病态暴力犯罪人在人际交往中决策行为的特点与机制，为罪犯矫正提出理论依据和数据支撑。

二、方法

（一）对象

通过查阅档案，对某监狱的男性成年暴力罪犯进行筛选。筛选标准：①年龄 18 周岁—45 周岁；②犯罪类型包括故意伤害、故意杀人、抢劫；③非文盲；④自我报告和其他报告中没有严重的脑损伤或疾病；⑤没有《精神疾病诊断与统计手册》第四版中轴 I 诊断的精神疾病。

采用精神病态特质量表完成被试的精神病态评分，前 27%的被试进入精神病态组，后 27%的被试进入对照组。共有 51 人入组被试，其中，精神病态组 26 名精神病态暴力犯罪人的平均年龄为 31.05±6.68 周岁，对照组 25 名非精神病态暴力犯罪人的平均年龄为 30.28±6.98 周岁。

---

〔1〕 王强龙等："暴力犯罪者在人际合作任务中的行为特点"，载《中国心理卫生杂志》2019 年第 12 期；王强龙："精神病态罪犯在两难情境中合作行为的 ERP 研究"，中国政法大学 2017 年硕士学位论文。

（二）工具

1. 精神病态特质量表

精神病态特质量表（Psychopathic Personality Inventory）是利林菲尔德（S. O. Lilienfeld）等人在克莱克利对精神病态描述的基础上编制的[1]。不同于其他精神病态量表，精神病态特质量表主要关注个体精神病态特质方面，而非反社会行为。该量表是利林菲尔德等人以大学生为被试编制，在非罪犯群体中使用的。精神病态特质量表一共有 187 道题目，采用四点式李克特自陈量表，1—4 分分别表示完全不符合、基本不符合、基本符合、完全符合，要求被试判断每道题在多大程度上符合自己。精神病态特质量表一共有八个分量表：极度自我中心（machiavellian ego-centricity）、社会效能（social potency）、无情（cold heartedness）、毫无顾忌的无计划性（carefree nonplanfulness）、无畏惧感（fearlessness）、责备的外部归因（blame externalisation）、不墨守成规性（impulsive nonconformity）、压力免疫（stress immunity）。

以往研究显示，精神病态特质量表能够在罪犯群体和非罪犯群体（社区居民、学生）中使用，与国外其他精神病态自陈量表、修订版精神病态检核表等有较高的相关性（0.37—0.91），能够用于测量不同群体的精神病态特质，具有较好的信效度。修订后问卷的总体信度为 0.816，五个分量表的信度系数都达到了 0.7 以上；不墨守成规性分量表和压力免疫分量表的信度系数分别为 0.695 和 0.693，接近 0.7，达到了可接受的水平；无畏惧感分量表只有 0.675，略低于可接受的水平。总的来说，此次问卷的信度系数较高。在区分效度方面，高分组的总

[1] S. O. Lilienfeld and B. P. Andrews, "Development and Preliminary Validation of a Self-Report Measure of Psychopathic Personality Traits in Noncriminal Population", *Journal of Personality Assessment*, Vol. 66, 3 (1996), pp. 488-524.

分明显高于低分组。

2. 冷漠无情特质量表

采用冷漠无情特质量表，考察精神病态组和对照组被试的冷漠无情特质水平，详见本书第四章的方法部分。

3. 囚徒困境任务

采用经典的囚徒困境任务[1]来研究暴力犯罪人的人际合作特点。该任务的情境如表 5-5 所示，警察抓捕了两名犯罪嫌疑人（甲和乙），要将他们分开关押进行审问，他们每人都有两种选择（合作和背叛），分别产生四种结果：①CC：甲和乙都选择合作（cooperation，C），此时两人都服刑 1 年；②CD：甲选择合作、乙选择背叛（defection，D），此时乙获释，甲判刑 10 年；③DC：甲选择背叛、乙选择合作，此时甲获释，乙判刑 10 年；④DD：甲和乙都选择背叛，此时两人都服刑 8 年。对每个被试而言，四种收益满足条件：DC > CC > DD > CD，并且 CC > （CD+DC）/2，即选择背叛的结果对自己总是最好的选择策略。但当两个被试都选择背叛，双方的总体收益最低；而双方都选择合作，则总体的收益达到最大。

表 5-5　囚徒困境任务的收益矩阵

	甲合作（C）	甲背叛（D）
乙合作（C）	两人都服刑 1 年	甲获释，乙判刑 10 年
乙背叛（D）	乙获释，甲判刑 10 年	两人都服刑 8 年

如图 5-3 所示，任务开始首先出现 500ms 的注视点"+"；之后呈现收益矩阵让被试进行判断与选择，时间为 2000ms；最后呈

---

[1]　A. Mokros et al., "Diminished Cooperativeness of Psychopaths in a Prisoner's Dilemma Game Yields Higher Rewards", *J. Abnorm Psychol.*, Vol. 117, 2 (2008), pp. 406-413.

现被试和同伴的共同选择的结果，反馈时间为 1500ms。被试得到同伴"合作"或"背叛"（C 或 D）的反馈结果是按 50%的概率伪随机固定呈现的，即被试选择任意选项时，都会随机获得同伴"合作"或"背叛"的反馈。实验记录被试选择合作与背叛的次数，背叛的次数越多越倾向于不合作，反之则越倾向于合作。

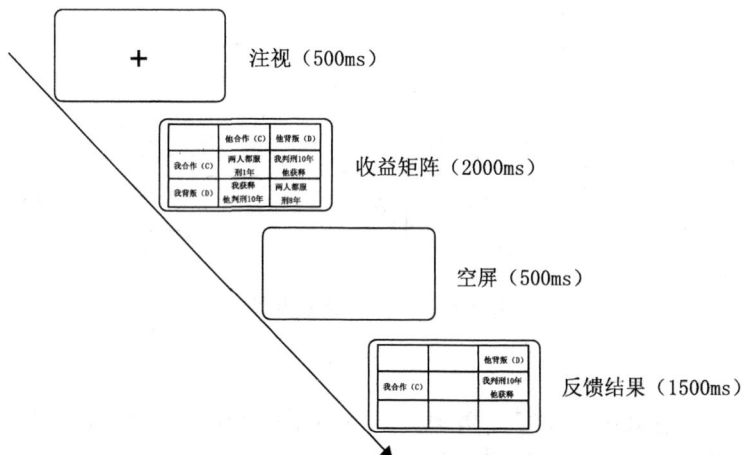

图 5-3　囚徒困境任务流程图

4. 斗鸡任务

斗鸡任务与囚徒困境任务比较类似，同样是与合作行为相关的两难任务范式。被试可以根据自己的判断随意选择自己想要的方式（进攻或和解），不同选择的组合获得不同的收益结果。囚徒困境任务和斗鸡任务的区别主要在于，后者的任务中没有固定的能够长期获益的选择，换句话说，被试选择进攻未必高于和解的结果，所以比较理想的办法是与同伴的选择不一样，其收益情况如表 5-6 所示：甲进攻而乙和解>双方都和解>双方都进攻>甲和解乙进攻，并且双方都合作×2>甲背叛而乙合作+甲合作乙背叛。斗鸡任务的流程详见图 5-4。

表 5-6　斗鸡任务收益矩阵

	甲和解（C）	甲进攻（D）
乙和解（C）	两人同时赢 100 元	甲赢 300 元，乙输 100 元
乙进攻（D）	甲输 100 元，乙赢 300 元	两人同时输 300 元

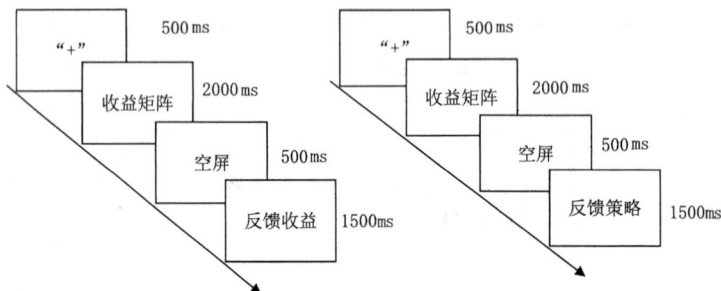

图 5-4　斗鸡任务流程图

（三）实验程序

所有被试首先完成精神病态特质量表和冷漠无情特质量表问卷，然后完成囚徒困境任务的行为学实验，最后完成斗鸡任务的行为学实验和事件相关电位记录。

需要向被试介绍整个实验的情况，告诉被试他将会和另一名被试通过电脑进行合作完成一个游戏任务。游戏开始后他们会获得一些起始资金，这些资金会根据他们在任务中不同选择的组合产生或增或减的变化。他们需要通过自己的观察去揣摩同伴的选择规律，从而调整自己的策略，使自己的收益最大化。介绍完游戏任务之后，需要将这两名被试安排到不同的实验室中（其中一人为实验助手）。被试首先需要对指导语进行阅读，如果有不理解之处要随时向主试进行提问。在正式开始囚徒困境任务之前，通过练习让被试更加熟悉实验程序和操作步骤，之后开始正式实验。

在正式开始斗鸡任务之前，主试帮助被试携带电极帽并调试效果，使得电阻能够达到预期标准，并开始正式实验。正式实验分为两个区块。第一个区块呈现结果反馈为具体的收益，第二个区块呈现后果反馈为同伴的选择策略。但是实验中被试并不会知道其结果反馈是由电脑伪随机来决定的，结果反馈在收益矩阵中的位置会在被试间进行平衡。整个实验持续大约40分钟。

（四）统计分析

在囚徒困境任务中，以被试的选择次数为因变量，进行2（选择策略：背叛 VS 沉默）×2（对照组 VS 精神病态组）的两因素方差分析。

事件相关电位数据采用 NeuroScan NuAmps 40 记录与分析系统，按照10—20 系统佩戴 32 导 Ag/AgCl 电极帽并记录信息。以单侧耳垂作为参考电极，双眼外侧放置水平眼电，左眼放置垂直眼电。保证帽子上每个点的电阻为 5KΩ 以下。记录带宽为0.05Hz—100Hz，采样率为 1000 Hz。数据采集完成之后用 NeuroScan 软件进行事件相关电位的离线处理分析。

本研究主要分析合作行为决策之后的反馈阶段的事件相关电位，根据反馈刺激类型进行分段，分析范围从反馈出现前的200 ms，到反馈出现后的1000ms。脑电中的反馈相关负波成分通常是在反馈结果呈现后250ms 左右可以达到峰值，将200ms—300ms 的平均波幅作为反馈相关负波进行重复测量方差分析。脑电成分中的 P300 成分测量的时间窗口是 300ms—600ms 内的平均波幅的大小[1]。本研究主要分析的电极位置是在头部中线上的五个电极（Fz、FCz、Cz、CPz、Pz）。

反馈刺激为呈现同伴策略时：对 P300 和反馈相关负波进行

---

〔1〕 R. Gu et al., "Beyond Valence and Magnitude: A Flexible Evaluative Coding System in the Brain", *Neuropsychologia*, Vol. 49, 14（2011），pp. 3891-3897.

2（反馈策略：和解/攻击）×5（电极）×2（精神病态组/对照组）的三因素重复测量方差分析。

反馈刺激为呈现收益时：对 P300 和反馈相关负波进行 2（精神病态组/对照组）×4（反馈收益：100，-100，300，-300）×5（电极）的三因素重复测量方差分析。

三、结果

（一）精神病态暴力犯罪人在囚徒困境任务中的决策特点

精神病态组与对照组在精神病态特质量表和冷漠无情特质量表上的情况如表5-7所示。精神病态组在精神病态特质量表上的总分和多个维度的得分均显著高于对照组，而且冷漠无情特质量表总分和各维度分也显著高于对照组，表明精神病态组的精神病态和冷漠无情特质水平要显著高于对照组。因此，两组被试是符合预期的目标群体。

表5-7　两组被试在精神病态特质量表和冷漠无情
特质量表上的得分情况

	精神病态组 （N=26）	对照组 （N=25）	F 值	P 值
精神病态特 质量表总分	139.19±7.81	128.4±9.54	14.61	0.00
责备的外部归因	18.73±3.67	16.6±3.91	3.41	0.05
极度自我中心	18.15±2.41	16.68±2.21	5.7	0.02
不墨守成规性	17.73±2.42	15.32±3.31	10.91	0.00
毫无顾忌的无计划性	14.03±2.83	13.04±2.83	0.88	0.35
无畏惧感	20.38±2	17.08±3.3	9.85	0.00
压力免疫	17.3±3.75	16.8±3.39	2.03	0.15

	精神病态组 (N=26)	对照组 (N=25)	F 值	P 值
社会效能	18.38±2.67	18±3.1	0.37	0.54
无情	14.96±2.95	14.88±4.17	0	0.97
冷漠无情特 质量表总分	59.28±10.75	54.95±8.03	3.78	0.05
人际情感方面	57.19±7.08	51.88±4.71	15.8	0.00
社会越轨行为	67.03±7.96	61.64±9.51	2.9	0.09

如表 5-8 所示，对两组被试在囚徒困境任务中的背叛与合作次数进行统计分析发现，两组被试差异显著（$t=2.92$，$P<0.05$）。进一步对在同伴的不同选择下，对被试造成的影响分析发现（见图 5-5），在同伴选择合作后两组被试选择背叛的次数差异显著（$t=2.64$，$P<0.05$），即精神病态组即使在同伴选择合作的情况下，依然更倾向于选择背叛以获得更大的利益，而对照组倾向于合作（$t=2.51$，$P<0.05$）；而在同伴选择背叛时，精神病态组会倾向于背叛（$t=2.01$，$P<0.05$），对照组依然偏向合作（$t=2.6$，$P<0.05$）。

表 5-8 两组被试在两难条件下的选择偏好

	精神病态组 (N=26)	对照组 (N=25)	t 值	P 值
背叛	71.35±17.03	56.4±19.44	2.92	0.01
合作	28.65±9.85	43.6±19.44	-2.92	0.01

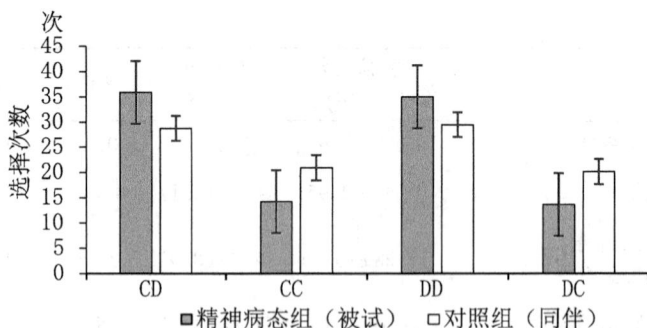

图5-5 两组被试在囚徒困境任务中的选择情况

注：CD=同伴选择合作，被试选择背叛；CC=同伴选择合作，被试选择合作；DD=同伴选择背叛，被试选择背叛；DC=同伴选择背叛，被试选择合作

（二）精神病态暴力犯罪人在斗鸡任务中的决策特点

1. 行为学结果

从斗鸡任务的行为学结果来看，在反馈结果为策略时，精神病态组与对照组选择进攻次数为 $M=113.87\pm19.18$，$M=100.33\pm40.16$，进行独立样本的 t 检验发现并不存在差异（$t=1.14$，$P>0.05$），其总的转换次数差异不显著（$t=-0.76$，$P>0.05$），从进攻转向和解以及从和解转向进攻的差异均不显著（$t=-0.71$，$P>0.05$；$t=-0.8$，$P>0.05$）。在反馈结果为收益时，对精神病态组与对照组选择进攻次数进行独立样本的 t 检验（$M=116.87\pm30.19$，$M=117.54\pm41.53$），结果发现并不存在显著差异（$t=-0.6$，$P>0.05$），总的转换次数差异也不显著（$t=-1.26$，$P>0.05$），从进攻转向和解以及从和解转向进攻的差异不显著（$t=-1.34$，$P>0.05$；$t=-1.19$，$P>0.05$）。

2. 事件相关电位结果

（1）P300

对 P300 进行 2（被试：精神病态组/对照组）×2（反馈收益：赢钱/输钱）×5（电极）的三因素重复测量方差分析，结果发现，反馈收益的主效应不显著。电极主效应显著，$F_{(4, 168)} = 4.835$，$P<0.05$；条件主效应不显著；组别主效应显著，$F_{(1, 42)} = 5.88$，$P<0.05$。电极与条件、组别三者交互作用显著，$F_{(4, 168)} = 3.71$，$P<0.05$。简单效应分析发现，在反馈收益为赢钱的情况下，精神病态组在 Fz、FCz、Pz 电极上的波幅显著高于对照组（$P<0.05$），而在输钱的情况下两者差异并不显著。

对 P300 进行 2（被试：精神病态组/对照组）×2（反馈策略：进攻/和解）×5（电极）的三因素重复测量方差分析，结果发现反馈策略的主效应不显著；电极主效应显著，$F_{(4, 164)} = 16.34$，$P<0.05$；反馈策略与组别交互作用显著，$F_{(1, 41)} = 13.747$，$P<0.05$。简单效应分析发现，精神病态组在反馈呈现对手策略为和解时的波幅显著高于对照组，$F_{(1, 41)} = 4.77$，$P<0.05$，且反馈和解时的波幅显著高于反馈进攻时的波幅，$F_{(1, 41)} = 6.33$，$P<0.05$，而对照组反馈进攻时的波幅显著高于反馈和解时的波幅，$F_{(1, 41)} = 7.4$，$P<0.05$。组别与电极交互作用显著，$F_{(4, 164)} = 8.42$，$P<0.05$。反馈策略、电极、组别三者交互作用显著，$F_{(4, 164)} = 5.85$，$P<0.05$。简单效应分析发现，精神病态组在反馈和解时 Fz、FCz 电极的 P300 波幅显著高于对照组，$F_{(1, 41)} = 12.77$，$P<0.05$；$F_{(1, 41)} = 5.68$，$P<0.05$。由于电极主效应显著（Fz = 15.87±1.09，FCz = 15.14±0.96，Cz = 14.33±0.95，CPz = 13.1±0.9，Pz = 11.74±0.89），我们选择 P300 波幅最大的 Fz 电极点进行方差

分析。数据分析表明在 Fz 电极点上，反馈策略的主效应不显著，组别主效应显著，$F(1, 41) = 7.6$，$P<0.05$，对照组 P300 波幅整体高于精神病态组；反馈策略与组别交互作用显著，$F(1, 41) = 16.13$，$P<0.05$。简单效应分析发现，在反馈策略为和解时，精神病态组的 P300 波幅显著高于对照组，$F(1, 41) = 12.77$，$P<0.05$（见图 5-6）。

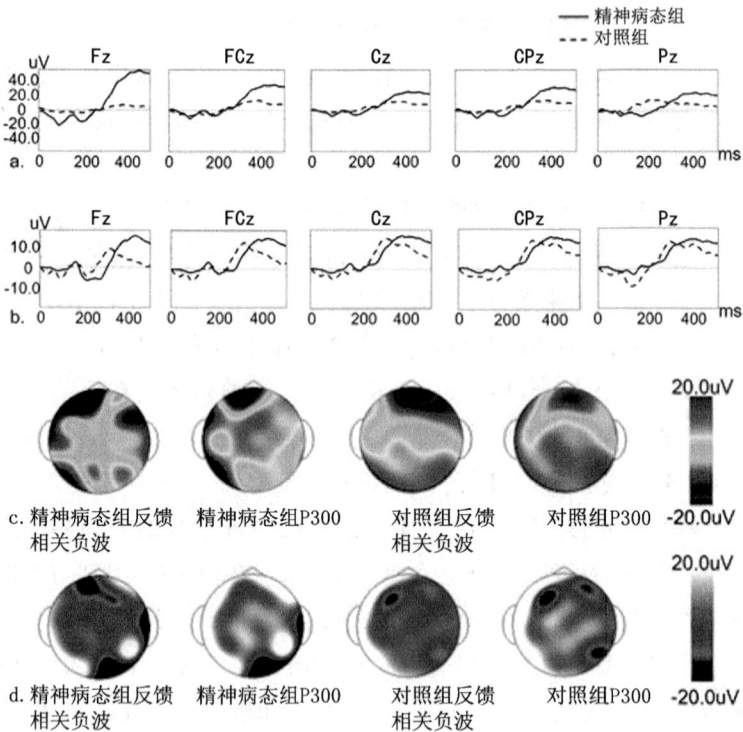

图 5-6 斗鸡任务的脑电总平均图与脑地形图

注：a. 反馈策略为"和解"时的波形图

b. 反馈收益为"赢钱"时的波形图

c. 反馈策略为"和解"时的地形图

　　d. 反馈收益为"赢钱"时的地形图

（2）反馈相关负波

对反馈相关负波的最负峰值进行 2（被试：精神病态组/对照组）×2（反馈收益：赢钱/输钱）×5（电极）的三因素重复测量方差分析，结果显示反馈收益的主效应显著，$F(1, 41)$ = 4.38，$P < 0.05$；电极主效应显著，$F(4, 164)$ = 11.7，$P < 0.001$；反馈收益与组别的交互作用显著，$F(1, 41)$ = 2.84，$P < 0.05$。简单效应分析发现，在反馈收益为赢钱时，精神病态组的反馈相关负波波幅显著大于对照组，$F(1, 41)$ = 5.18，$P < 0.05$；组别与电极交互作用不显著，反馈收益、电极、组别三者交互作用不显著。由于电极主效应显著，选择反馈相关负波波幅最大的 Cz 电极点进行方差分析，结果表明，在 Cz 电极点上反馈收益的主效应显著，$F(3, 123)$ = 5.35，$P < 0.05$；组别主效应不显著；反馈收益与组别交互作用显著，$F(3, 123)$ = 2.76，$P < 0.05$。简单效应分析发现，在反馈收益为赢钱时，精神病态组的反馈相关负波波幅显著高于对照组，$F(1, 41)$ = 5.23，$P < 0.001$。

对反馈相关负波的最负峰值进行 2（被试：精神病态组/对照组）×2（反馈策略：进攻/和解）×5（电极）的三因素重复测量方差分析，结果表明，反馈策略主效应显著，$F(1, 41)$ = 4.31，$P < 0.05$；电极主效应显著，$F(4, 164)$ = 10.72，$P < 0.05$；反馈策略与组别交互作用显著，$F(1, 41)$ = 4.36，$P < 0.05$。简单效应分析发现，精神病态组在反馈呈现对手策略为进攻时的波幅显著小于对照组，$F(1, 41)$ = 7.36，$P < 0.05$，而对照组在反馈和解时的波幅显著小于反馈进攻时的波幅，$F(1, 41)$ = 8.46，$P < 0.05$。组别与电极交互作用显著，$F(4, 164)$ = 3.91，$P < 0.05$。反馈策略、电极、组别三者交互作用不

显著。由于电极主效应显著（Fz=1.48±0.65，FCz=3.31±0.59，Cz=3.42±0.56，CPz=2.81±0.52，Pz=2.11±0.51），选择反馈相关负波波幅最大的 Cz 电极点进行方差分析，数据表明，在 Cz 电极点上，反馈策略主效应同样达到显著水平，$F(1, 41)=4.4$，$P<0.05$，组别主效应显著，$F(1, 41)=5.69$，$P<0.05$。对照组反馈相关负波波幅整体高于精神病态组，反馈策略与组别交互作用显著，$F(1, 41)=4.13$，$P<0.05$。简单效应分析发现，在反馈策略为进攻时，精神病态组的波幅显著低于对照组，$F(1, 41)=12.09$，$P<0.001$。

四、讨论

（一）精神病态暴力犯罪人的人际合作行为特点

本研究采用囚徒困境任务来研究精神病态暴力犯罪人在人际合作任务中的决策特点，并通过人际信任量表来分析人格特质上的差异对其合作行为的影响。在行为学结果上，本研究发现精神病态组选择背叛以使自己受益的整体次数显著多于合作，并且这种选择不受同伴合作与否的影响，即使是在对方选择合作的情形下，精神病态组也同样偏向于选择背叛；而对照组却倾向于选择合作，使双方共赢从而获得收益。本书的结果与前人的研究有一定的一致性。既往针对反社会人格障碍者的研究[1]发现，反社会人格障碍的个体在囚徒困境任务中应对非合作行为时，更倾向于选择非合作。在另一个零和游戏中，仅有约18.7%的控制组被试选择非合作，而反社会人格障碍组被试的非合作比例却达到了70%，即反社会行为的人群极少会选择合作。

---

〔1〕 F. M. Rada, M. T. de L. Taracena and M. A. M. Rodriguez, "Antisocial Personality Disorder Evaluation with the Prisoner's Dilemma", *Actas Espanolas de Psiquiatria*, Vol. 31, 6 (2003), pp. 307-314.

　　精神病态组被试的上述行为模式与其人际关系的异常有关，这是精神病态的重要诊断标准之一，他们的特点通常是圆滑善辩、表面迷人、利用他人、病理性扯谎欺骗、人际操纵等。本研究中精神病态组为了获取更大利益而持续地选择背叛。采用混合动机谈判任务[1]的研究发现，精神病态组在商业实践中既可能成功也可能失败，这可能与精神病态竞争的世界观有关，包括自私的社会取向以及误解他人。有研究发现[2]，在囚徒困境任务中亚临床的精神病态组会对那些预期价值低的同伴产生更多的背叛行为，而对那些可以预期获得长期利益的同伴则可能采用一种合作互利机制。然而，本研究中并没有发现精神病态组采取一定的合作行为，可能缘于研究中并没有让其与同伴进行有效沟通。有研究[3]在男性被试中发现，精神病态得分与合作行为存在显著负相关（$r=-0.58$）。功能性磁共振成像的结果显示，在精神病态倾向量表上不同得分的被试在脑部激活部分存在功能性差异，表明被试不会为了回应对手的选择而采取合作行为，而精神病态得分越高的被试杏仁核的激活程度越低。

　　研究结果显示，精神病态组在精神病态特质量表中的无畏感维度上显著高于对照组，但是在人际信任水平上两组不存在显著差异。将行为数据与量表进行相关分析发现，被试的行

〔1〕　L. ten Brinke et al. , "Psychopathic Personality Traits Predict Competitive Wins and Cooperative Losses in Negotiation", *Personality and Individual Differences*, Vol. 79, 2015, pp. 116-122.

〔2〕　M. Gervais et al. , "The Strategy of Psychopathy: Primary Psychopathic Traits Predict Defection on Low-Value Relationships", *Proceedings of the Royal Society B: Biological Sciences*, Vol. 280, 1757 (2013), p. 2012, p. 2773.

〔3〕　J. K. Rilling et al. , "Neural Correlates of Social Cooperation and Non-Cooperation as a Function of Psychopathy", *Biological Psychiatry*, Vol. 61, 11 (2007), pp. 1260-1271.

为决策显著受到其人格特质的影响，主要是无畏感与其背叛选择率呈现正相关，无畏感水平越高其背叛概率越大，从另一个方面表现了其无所畏惧、不在意他人、不负责任的人格特质。

(二) 精神病态暴力犯罪人合作任务的脑电反应

在精神病态暴力犯罪人研究领域，对其人际合作的决策行为目前还很少采用脑电实验进行探索。本研究使用斗鸡任务并结合事件相关电位技术，采用 P300 和反馈相关负波作为电生理指标，考察了精神病态暴力犯罪人人际合作中对不同反馈结果的认知加工过程，为更加清楚地认识其社会决策过程提供了相关证据。根据决策的过程理论[1]，决策包含三个阶段：评估选项、进行选择和体验结果。本研究探讨的是决策结果的评价体验阶段，以下将利用 P300 和反馈相关负波这两个脑电成分来分析其认知特点。

1. P300

本研究对 P300 的分析结果发现：首先，在反馈给两组被试不同的收益结果时，精神病态组在反馈"赢钱"时的 P300 波幅要显著高于对照组，而两组在反馈"输钱"时的 P300 波幅没有显著差异；其次，在反馈给被试同伴策略时，精神病态组在反馈同伴策略为"和解"时的 P300 波幅也显著高于对照组，同时，在反馈策略为"和解"时的波幅显著高于反馈"进攻"时的波幅。前人对 P300 的分析发现，它对游戏中奖励的大小非常敏感，可以反映奖励大小变化的一种认知加工过程。P300 不仅

---

〔1〕 M. Ernst and M. P. Paulus, "Neurobiology of Decision Making: A Selective Review from a Neurocognitive and Clinical Perspective", *Biological Psychiatry*, Vol. 58, 8 (2005), pp. 597-604.

对奖励大小的变化反应灵敏，同时对输赢结果的反应也相当灵敏[1]，P300 被认为是一种情绪动机的反馈，同时也是注意资源分配的一种表现[2]。

基于前人的研究结果我们认为，精神病态组对赢钱收益的反馈以及和解策略的反馈具有更高的动机和更多的注意资源唤醒与分配。在反馈赢钱收益时，对精神病态组预示着直接利益的获得，对他们有着较强的情绪唤醒，这表明对精神病态组来说赢钱更有意义，其更加关注金钱的收益。在反馈同伴策略时，和解的情形下精神病态组的 P300 波幅也显著高于对照组，同时高于同伴策略为进攻的情况，当同伴选择和解时，此时无论选择进攻还是和解，对于被试来说都是能获得收益的，稳赚不赔；而当出现进攻时，被试则有可能面对较大的损失。因此，被试可能把更多的注意资源放在了能够赢钱的选项上。总的来说，精神病态组相比对照组更加关注赢钱的情况，更加关注自身利益的得失。

2. 反馈相关负波

本研究对反馈相关负波的分析发现：精神病态组在反馈"赢钱"时的反馈相关负波波幅显著高于对照组，在其他反馈条件下两组被试差异并不显著。部分研究发现[3]，反馈相关负波通常是由负性的刺激导致的，但是它与刺激具体的大小关系不

---

[1]　Z. Zhou, R. Yu and X. Zhou, "To Do or not to Do? Action Enlarges FRN and P300 Effects in Outcome Evaluation", *Neuropsychologia*, Vol. 48, 12 (2010), pp. 3606-3613.

[2]　N. Yeung, M. M. Botvinick and J. D. Cohen, "The Neural Basis of Error Detection: Conflict Monitoring and the Error-related Negativity", *Psychological Review*, Vol. 111, 4 (2004), pp. 931-959.

[3]　C. B. Holroyd, G. Hajcak and J. T. Larsen, "The Good, the Bad and the Neutral: Electrophysiological Responses to Feedback Stimuli", *Brain Research*, Vol. 1105, 1 (2006), pp. 93-101.

大。有研究者提出了反馈相关负波的预期偏离假设〔1〕，认为当人们获得的结果与事先预测的结果出现显著的不一致时，才会有反馈相关负波出现。本研究结果显示，双方共赢的结果对精神病态组来说是一个负性的结果反馈，实际上在他们的预期中不可能出现共赢的结果，只可能是一方能够获益的结果，或者双方都损失的结果，所以在出现共赢时，引起了较大的期望反差，反馈相关负波幅值升高。从强化学习理论的角度来看，反馈相关负波反映的是被试所获得的决策结果，是与自己事先的期望符合程度的一种判断。在反馈同伴策略时，对照组被试在反馈对手策略为"进攻"时的波幅显著高于精神病态组，这说明对照组对同伴的"进攻"存在着预期上的偏差，他们实际上可能认为同伴也会选择"和解"来使双方获得收益，而精神病态组在面对同伴的"进攻"时，反馈相关负波波幅并不显著，也就是说"进攻"策略并没有和他们本身的预期差距很大，他们原本就可能认为同伴是不会选择"和解"的，表现出他们的人际不信任。进一步的简单效应分析发现，对照组在面对"进攻"反馈时的反馈相关负波波幅显著高于面对"和解"时的波幅，从这点来看，当面对同伴的"和解"时，是比较符合对照组的预期的，提示对照组更加期望对方选择和解，期望能够共同获得收益，其反馈相关负波波幅相较"进攻"要小得多。

综上所述，在反馈同伴策略时，精神病态组在反馈策略为"和解"时的 P300 波幅要显著大于对照组，精神病态组在反馈策略为"进攻"时，反馈相关负波波幅显著小于对照组，表明

---

〔1〕 F. T. P. Oliveira, J. J. McDonald and D. Goodman, "Performance Monitoring in the Anterior Cingulate Is not all Error Related: Expectancy Deviation and the Representation of Action-outcome Associations", *Journal of Cognitive Neuroscience*, Vol. 19, 12 (2007), pp. 1994-2004.

精神病态组更关注收益，并且可能始终不信任同伴，对同伴的选择预期始终是进攻。在反馈双方的收益时，精神病态组只在"赢钱"的条件下 P300 波幅显著增高，这里说明精神病态组对赢钱分配了更多的注意资源，即更在意自身利益。精神病态组的反馈相关负波波幅在双方都获益时显著增高，表明其并未预期到双方能够共赢，其原本预期的更多的是负性的结果。所以，本研究结果表明，与健康人群相比，精神病态暴力犯罪人在社会合作任务中更在意自身的利益，对能获得收益的选项关注度更高，并且对他人合作的预期度较低。

五、小结

与非精神病态暴力犯罪人相比，精神病态暴力犯罪人在囚徒困境的任务中，更多地表现出不合作，其背叛行为与无畏感、背叛水平呈现正相关。在斗鸡任务中，精神病态暴力犯罪人更加关注金钱的收益，决策时更加偏向有利于自己的方面，对他人合作的预期度较低。

第六章
暴力犯罪人的情绪障碍

第一节 暴力犯罪人的情绪识别障碍

对情绪面孔进行加工的能力对于个体的社会化和社会交往是非常重要的。在社会交往的过程中，个体需要根据情境信息调整自己的行为，他人的情绪反应是一种最为直观的情境信息，个体如何解读他人的情绪信息直接关系到个体与他人的互动。鉴于情绪对人际交往中个体行为的调控作用，既往大量研究对情绪表情识别与异常行为之间的关系进行了探索，发现暴力犯罪等反社会人群存在情绪表情的加工障碍[1]。因此，本节将采用情绪任务探究暴力犯罪人对情绪面孔表情的识别。

一、背景

暴力犯罪人作为一类特殊人群，他们表现出的极端异常行为可能与其心理行为的缺陷有关。既往研究发现，精神病态型暴力犯罪人存在情绪识别障碍[2]，即个体对他人表达出来的情绪信息不能进行准确加工，或者对他人的情绪信息不敏感。这

---

[1] M. R. Woodbury-Smith et al., "A Case-Control Study of Offenders with High Functioning Autistic Spectrum Disorders", *Journal of Forensic Psychiatry and Psychology*, Vol. 16, 4 (2005), pp. 747-763.

[2] R. J. R. Blair et al., "Reduced Sensitivity to Others' Fearful Expressions in Psychopathic Individuals", *Personality and Individual Differences*, Vol. 37, 6 (2004), pp. 1111-1122.

一结果得到了其他研究根据的支持[1]，而且在具有精神病态倾向的青少年身上也发现了相似的结论[2]，很多研究也证实反社会人群确实存在对恐惧等情绪相关线索的加工缺陷[3]。然而，既往关于罪犯群体情绪识别能力的研究结果并不完全一致，有研究发现精神病态型和非精神病态型暴力犯罪人在情绪识别任务中的表现并没有显著差异[4]，也有研究发现非精神病态型暴力犯罪人的情绪识别任务成绩远远低于精神病态型暴力犯罪人和一般对照组[5]。

布莱尔（R. J. R. Blair）等人对暴力等反社会行为与特定情绪识别障碍的关系进行了梳理，选定的情绪包括恐惧和悲伤[6]，因为这两种情绪能够抑制或者改变个体的不当行为。元分析的结果显示，反社会行为与恐惧情绪面孔表情的识别缺陷有着稳定的、一致的相关关系，且在哺乳动物中痛苦线索能够对攻击

〔1〕 G. E. S. Munro et al. , "ERN Varies with Degree of Psychopathy in an Emotion Discrimination Task", *Biological Psychology*, Vol. 76, 1–2 (2007), pp. 31–42.

〔2〕 R. J. R. Blair et al. , "A Selective Impairment in the Processing of Sad and Fearful Expressions in Children with Psychopathic Tendencies", *Journal of Abnormal Child Psychology*, Vol. 29, 6 (2001), pp. 491–498.

〔3〕 S. Nichols, "Mindreading and the Cognitive Architecture Underlying Altruistic Motivation", *Mind & Language*, Vol. 16, 4 (2001), pp. 425 – 455; J. S. Price, R. Gardner and M. Erickson, "Can Depression, Anxiety and Somatization Be Understood as Appeasement Displays?", *Journal of Affective Disorders*, Vol. 79, 1–3 (2004), pp. 1–11.

〔4〕 R. A. Richell et al. , "Theory of Mind and Psychopathy: Can Psychopathic Individuals Read the 'Language of the Eyes'?", *Neuropsychologia*, Vol. 41, 5 (2003), pp. 523–526.

〔5〕 M. Dolan and R. Fullam, "Theory of Mind and Mentalizing Ability in Antisocial Personality Disorders with and Without Psychopathy", *Psychological Medicine*, Vol. 34, 6 (2004), pp. 1093–1102.

〔6〕 A. Marsh and R. Blair, "Deficits in Facial Affect Recognition Among Antisocial Populations: A Meta-Analysis", *Neuroscience & Biobehavioral Reviews*, Vol. 32, 3 (2008), pp. 454–465.

行为发挥类似的抑制效果[1]。与对照组相比，反社会人群对恐惧、悲伤和惊讶表情表现出明显的识别障碍，却能够正常识别高兴、愤怒和厌恶表情，对恐惧表情的识别能力显著低于对其他表情的识别能力。行为学研究提示，这些痛苦线索能够引发个体的共情反应[2]。个体共情能力的高低与反社会行为的表现极为相关，共情能力高的个体能够体验到他人的痛苦，从而抑制或停止伤害行为，因此能够识别他人的痛苦线索是个体产生共情的基本前提之一。布莱尔提出，恐惧和悲伤表情作为社交情境中的强化线索，可以将儿童避免卷入反社会行为的行为模式条件化[3]。此外，神经成像研究也显示，恐惧等情绪识别障碍与杏仁核的功能缺陷以及个体的反社会行为存在相关，杏仁核受损的病人表现出较差的对恐惧表情的识别能力，反社会个体存在杏仁核的功能缺陷[4]。

情绪识别任务是研究情绪识别能力较常用的实验范式[5]。情绪识别任务中包含了六种不同的情绪面孔表情（高兴、愤怒、悲伤、恐惧、厌恶、惊奇），图片经过变形，每种情绪都会由21张变形后的图片组成一个图片的连续体，变形的重点在于情绪

---

〔1〕 S. Preuschoft, "Primate Faces and Facial Expressions", *Social Research*, Vol. 67, 1 (2000), pp. 245-271.

〔2〕 S. D. Preston and F. B. M. de Waal, "Empathy: Its Ultimate and Proximate Bases", *Behavioral and Brain Sciences*, Vol. 25, 1 (2002), pp. 1-20.

〔3〕 R. J. R. Blair, "Applying a Cognitive Neuroscience Perspective to the Disorder of Psychopathy", *Development and Psychopathology*, Vol. 17, 3 (2005), pp. 865-891.

〔4〕 K. A. Kiehl et al., "Limbic Abnormalities in Affective Processing by Criminal Psychopaths as Revealed by Functional Magnetic Resonance Imaging", *Biological Psychiatry*, Vol. 50, 9 (2001), pp. 677-684.

〔5〕 R. J. R. Blair et al., "A Selective Impairment in the Processing of Sad and Fearful Expressions in Children with Psychopathic Tendencies", *Journal of Abnormal Child Psychology*, Vol. 29, 6 (2001), pp. 491-498.

表达强度的变化，从 0 开始并按照 5% 的强度逐渐变化到 100% 原型表情。任务开始后，将会呈现一系列从中性开始逐渐过渡到某种情绪原型表情的面孔图片，要求被试观察这些面孔表情并判断情绪类型。研究者对情绪识别任务的重测信度进行了验证，结果发现，在所有的情绪种类上，被试的情绪识别得分都具有很高的重测信度[1]。因此，采用情绪识别任务来考察个体情绪识别能力所得到的结果是比较稳定的。采用上述范式，布莱尔等人对具有精神病态倾向的儿童以及成年精神病态个体进行了情绪识别能力的考察，结果发现儿童群体表现出对悲伤和恐惧的选择性识别障碍，成人群体表现出对恐惧的识别缺陷[2]。研究者们采用这一实验范式，对双相障碍和有严重情绪管理问题的儿童和成人以及焦虑和抑郁个体进行了情绪识别能力的研究，结果也都发现了问题人群存在情绪识别障碍的证据[3]。

风险评估是罪犯矫正的前提，监管机构实施矫正之前，需要评估犯罪人的再犯风险水平，根据再犯风险水平实施相应强度的矫正。尽管前述研究发现暴力犯罪人存在情绪识别障碍，

---

[1] J. L. Cecilione et al., "Test-Retest Reliability of the Facial Expression Labeling Task", *Psychological Assessment*, Vol. 29, 12 (2017), pp. 1537–1542.

[2] R. J. R. Blair et al., "A Selective Impairment in the Processing of Sad and Fearful Expressions in Children with Psychopathic Tendencies", *Journal of Abnormal Child Psychology*, Vol. 29, 6 (2001), pp. 491–498; R. J. R. Blair et al., "Reduced Sensitivity to Others' Fearful Expressions in Psychopathic Individuals", *Personality and Individual Differences*, Vol. 37, 6 (2004), pp. 1111–1122.

[3] B. A. Rich et al., "Face Emotion Labeling Deficits in Children with Bipolar Disorder and Severe Mood Dysregulation", *Development and Psychopathology*, Vol. 20, 2 (2008), pp. 529–546; H. E. Berg et al., "Recognition of Emotional Facial Expressions in Anxious and Nonanxious Depression", *Comprehensive Psychiatry*, Vol. 70, 2016, pp. 1–8; K. L. Schaefer et al., "Perception of Facial Emotion in Adults with Bipolar or Unipolar Depression and Controls", *Journal of Psychiatric Research*, Vol. 44, 16 (2010), pp. 1229–1235.

但是不同风险水平的暴力犯罪人是否存在情绪识别能力的差异因而需要实施不同的矫正干预仍缺乏研究证据。目前，在西方常见的风险评估工具中，暴力风险评估量表（Violence Risk Assessment Scale）主要适用于暴力罪犯的再犯风险评估，由黄（S. C. P. Wong）教授等人开发，包括成人和青少年两个版本，在加拿大[1]、英国[2]、荷兰[3]、澳大利亚[4]和新西兰[5]的刑事司法系统中都有所应用。目前，章雪利等人已经将成人版暴力风险评估量表翻译成中文，在精神疾病患者中对其信度进行了检验[6]。为了进一步对暴力犯罪人开展暴力再犯风险评估、结合风险水平设计并实施矫正项目，本研究[7]拟通过情绪识别任务，探索不同风险水平暴力犯罪人的情绪识别特征，进而为

---

[1] S. C. P. Wong and A. Gordon, "The Validity and Reliability of the Violence Risk Scale: A Treatment-friendly Violence Risk Assessment Tool", *Psychology Public Policy and Law*, Vol. 12, 3 (2006), p. 279.

[2] M. Dolan and R. Fullam, "The Validity of the Violence Risk Scale Second Edition (VRS-2) in a British Forensic Inpatient Sample", *Journal of Forensic Psychiatry and Psychology*, Vol. 18, 3 (2007), pp. 381-393.

[3] R. M. DeVries, A. Weenink and V. de Vogel, "Dynamic Risk Assessment: A Comparative Study Into Risk Assessment with the Violence Risk Scale (VRS) and the HCR-20", Annual Conference of the International Association of Forensic Mental Health Services, Amsterdam, 2006.

[4] J. Mooney and M. Daffern, "Elucidating the Factors That Influence Parole Decision-Making and Violent Offenders' Performance on Parole", *Psychiatry Psychology and Law*, Vol. 21, 3 (2014), pp. 385-405.

[5] J. A. Yesberg and D. L. L. Polaschek, "Using Information from the Violence Risk Scale to Understand Different Patterns of Change: An Exploratory Investigation of Intensively Treated Life-Sentenced Prisoners", *Journal of Interpersonal Violence*, Vol. 29, 16 (2014), pp. 2991-3013.

[6] 章雪利等："暴力危险量表中文版的信度"，载《法医学杂志》2012年第1期。

[7] 赵辉等："冲动性暴力犯罪人员对不同情绪面孔识别能力的特点"，载《中国心理卫生杂志》2019年第3期。

确定暴力犯罪人的犯因性需求和矫正靶目标提供依据。

二、方法

（一）被试

通过查阅某监狱档案，筛选出 181 名男性成年暴力犯罪人，样本年龄范围为 20 周岁—55 周岁。通过暴力风险评估量表评估暴力再犯风险水平，最终得到 165 份有效数据。在 165 名暴力犯罪人中，根据风险评分确定暴力再犯的高、中、低风险组被试。在高风险组和低风险组中各随机选取 45 人，作为参与行为学实验的被试。所有被试无色盲色弱，视力或矫正视力正常。两组被试的年龄和教育程度匹配。被试均签署知情同意书，并获取了零食作为报酬。

（二）工具

1. 暴力风险评估量表成人版

采用暴力风险评估量表的成人版作为测量工具[1]，评估被试的暴力再犯风险水平。暴力风险评估量表的评分需要在一个半结构化的访谈、案件卷宗查阅以及参考监狱提供的罪犯狱内行为表现的基础上进行，通过访谈获得评估暴力风险评估量表中各风险因子所需要的信息。暴力风险评估量表成人版包括 6 个静态因子：现龄、首次暴力罪行年龄、青少年期罪行次数、总观人生暴力情况、获释失败或逃跑史、家庭抚育的稳定性；20 个动态因子：暴力生活方式、犯罪人格、犯罪态度、职业道德、犯罪伙伴、人际攻击、情绪控制、监管期间暴力、武器使用、暴力自知力、精神障碍、物质滥用、与重要他人关系稳定

---

〔1〕 S. C. P. Wong and A. Gordon, "The Validity and Reliability of the Violence Risk Scale: A Treatment-friendly Violence Risk Assessment Tool", *Psychology Public Policy and Law*, Vol. 12, 3 (2006), p. 279.

性、社会支持、再融入高危险环境、暴力周期、冲动性、认知歪曲、服从监管、预期获释机构安全水平。静态因子可以有效预测再犯但不能通过治疗干预而加以改变，而动态因子则主要是为服刑人员设计治疗干预方案时需要考虑的靶目标。

暴力风险评估量表的评定主要包括两部分：风险因子的等级评定以及转换阶段的判定。第一部分每个条目都是一个风险因子，每个条目都为从 0 到 3 的四级评分。0 分和 1 分表明个体在这一因子上没有问题或问题较轻微；2 分和 3 分表明该因子是与个体的暴力行为有明显联系的问题区域。一般来讲，个体的暴力风险评估量表总分越高，其表现出暴力行为的风险也越高。第二部分是判断服刑人员在每个得分为 2 分或 3 分的风险因子上的转变阶段。对转变阶段进行评估的理论基础是转变轮模型，共包括五个阶段：前意识阶段、意识阶段、准备期、行动期、维持期。被评 2 分或 3 分的动态因子在治疗前后均需进行评估，并且通过治疗前后转变阶段的改变来评估治疗的效果。因此，暴力风险评估量表评分可以用来评估服刑人员当前的风险水平，从而确定需要参与治疗或干预的服刑人员。

2. 情绪识别任务

图片刺激的来源为标准化的 NimStimFaceSet 图片库中的亚洲面孔情绪图片。选取 6 个亚洲面孔的中性表情以及高兴、愤怒、悲伤和恐惧的情绪原型表情，通过 Morph 软件处理产生同一张面孔，从中性表情按照 4%的强度增幅逐渐变化到原型表情（100%）的连续体图片组，每组表现一种情绪，包含 26 张图片，最终的实验材料为 6 人 4 种情绪的连续体图片组（共 24组），其中 4 组用于练习，其余 20 组用于正式实验。中性表情以及原型表情的情绪类型和情绪效价［1（非常消极）—9（非常积极）九点评分］由 23 名大学生（未参与正式实验）进行评定，高兴、愤怒、悲伤、恐惧和中性情绪类型判断的平均一致性分别为 99%、83%、87%、90%、81%；平均情绪效价分别为 8.1±0.8、1.9±0.8、3±0.8、2.3±1、4.8±0.5。

正式任务开始时，屏幕上会随机呈现 20 组连续体图片，图片组中每张图片呈现 1s，每组图片呈现 26s，同组的图片之间没有时间间隔，从而形成一个动态表情变化的图片组（见图 6-1）。要求被试在图片变化的过程中对这组图片的面部表情所表现的情绪做出判断并按键，被试做出判断后图片继续呈现，在该组图片呈现完毕前，被试是可以修改反应的，最终以最后一次按键计算被试的情绪识别任务得分。在正式任务开始前，所有被试都进行 4 组图片（每种情绪各 1 组）的练习，练习所用的图片不会出现在正式任务中。

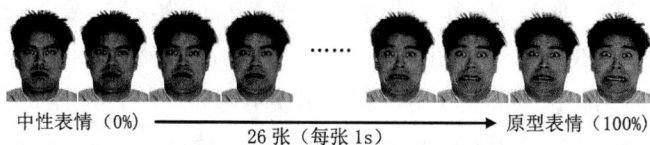

中性表情（0%）　　　　26张（每张1s）　　　　原型表情（100%）

图6-1　动态表情变化图片组

（三）程序

首先采用暴力风险评估量表完成对所有被试的一对一访谈以及暴力再犯风险评分，然后完成情绪识别任务的行为学实验。进行暴力风险评估量表访谈前，访谈主试需查阅服刑人员的档案，了解其基本情况。访谈主试均接受过暴力风险评估量表的作者黄教授关于如何使用评估工具的培训，由 4 名访谈主试根据半结构式访谈提纲对 181 名暴力犯罪人被试进行一对一的访谈，每个被试的访谈时间为 45 分钟—60 分钟。根据访谈所得到的相关信息进行暴力风险评估量表风险评分，评估被试的再犯风险水平。

根据暴力风险评估量表风险评分确定暴力再犯的高、中、低风险组被试，在高风险组、低风险组被试中各随机选取45人进一步完成情绪识别任务。被试首先需要对指导语进行阅读，如果有不理解之处要随时向主试提问。在正式开始情绪识别任务之前，通过练习让被试更加熟悉实验程序和操作步骤，之后开始正式实验。

（四）数据分析

研究采用2（组别：高风险组/低风险组）×4（情绪类型：高兴/愤怒/悲伤/恐惧）混合设计，变量为被试能够正确确定面部表情情绪的步数（转换成情绪识别任务得分）、被试情绪识别的错误个数、被试情绪识别的按键转换次数。

情绪识别任务得分的计算依据为被试能够正确确定面部表情的步数，如被试在第1张做出正确判断得20分，第2张做出正确判断得19分，以此类推，第19张做出正确判断得2分，第20张做出正确判断得1分，判断错误不得分。情绪识别任务得分越高，说明被试对该种情绪越敏感。分别对两组被试的情绪识别任务得分、情绪识别的错误个数、情绪识别的按键转换次数进行2（组别）×4（情绪类型）的重复测量方差分析。

三、结果

（一）暴力犯罪人的风险分组情况

对181名暴力犯罪人进行暴力风险评估量表访谈，最终得到有效数据165份，暴力风险评估量表的总平均分为25.79，标准差为9.38。根据165名被试的暴力风险评估量表结果确定了适用于该样本的风险水平评定分界值，高风险组的得分临界值为30.48，低风险组的得分临界值为21.1。最终165名被试中入组高风险组的有57人，占总人数的34.5%；入组中风险组的有49人，占总人数的 29.7%；入组低风险组的有 59 人，占总人数的 35.8%。

在参与行为实验的高、低风险组被试中，将教育程度转换为受教育年限，从而产生等距数据，有 1 人的受教育年限信息缺失，高风险组和低风险组的年龄（$t=1.51$，$P=0.14$）和受教育年限（$t=1.31$，$P=0.19$）没有显著差异，结果如表 6-1 所示。

表 6-1　两组被试的基本信息

类别	组别	M±SD	t 值	P 值
年龄	低风险组（n=45）	34.29±5.22	1.51	0.14
	高风险组（n=45）	32.42±6.48		
受教育年限	低风险组（n=44）	9.82±1.87	1.31	0.19
	高风险组（n=45）	9.33±1.6		

（二）情绪识别任务的行为学结果

被试中有 10 名因错误率过高（25% 以上）而被剔除，有 4 名因不熟悉电脑操作而影响数据，故共剔除 14 人，最终得到低风险组被试 39 人，高风险组被试 32 人。对两组被试的情绪识别正确试次个数进行独立样本 t 检验，结果表明，两组的情绪识别正确个数之间没有显著差异（$t=1.53$，$P=0.13$）。

以被试的情绪识别任务得分作为因变量，进行 2（组别）×4（情绪类型）的重复测量方差分析，其中组别为被试间变量，情绪类型为被试内变量。因为球形检验的结果显示，重复测量方差分析的结果违反了球形检验的假设，Mauchly's W 系数为 0.75（$X^2=19.97$，$P=0.001$），所以参考多元统计检验的结果。结果表明，组别的主效应显著，$F(1,70)=4.06$，$P=0.048$，$\eta^2=0.06$），高风险组的情绪识别任务得分显著低于低风险组（$P=0.048$），说明高风险组情绪识别的敏感性较差。情绪类型的主效应显著，$F(3, 210) = 96.35$，$P = 0.000$，$\eta^2 = 0.81$，表明所有被试对不同情绪类型的识别能力是有差异的。从事后比较可以看出，所有被试对高兴的识别分数都显著高于愤怒、悲伤和恐惧（均 $P = 0.000$），对于愤怒的识别分数都显著高于悲伤和恐惧（均 $P = 0.000$），对于恐惧的识别分数都显著高于悲伤（$P = 0.000$），这说明对于所有被试来说，无论风险高低，相比于其他情绪类型，首先最容易识别的情绪是高兴，其次是愤怒，再其次是恐惧，最后是悲伤。风险水平和情绪类型的交互作用显著，$F(3, 210) = 2.87$，$P = 0.04$，$\eta^2 = 0.11$（见图 6-2）。事后检验的结果表明，上述对不同情绪类型的识别趋势在低风险组中同样也可以观察到，并且达到显著水平（$P = 0.000$），高风险组除悲伤和恐惧的识别分数差异不显著（$P = 0.30$）外，也呈现出相同的趋势。高风险组对于愤怒和恐惧的识别分数显著低于低风险组（$t_{愤怒} = 2.35$，$P = 0.02$，$d = 0.55$；$t_{恐惧} = 3.22$，$P = 0.002$，$d = 0.76$）。

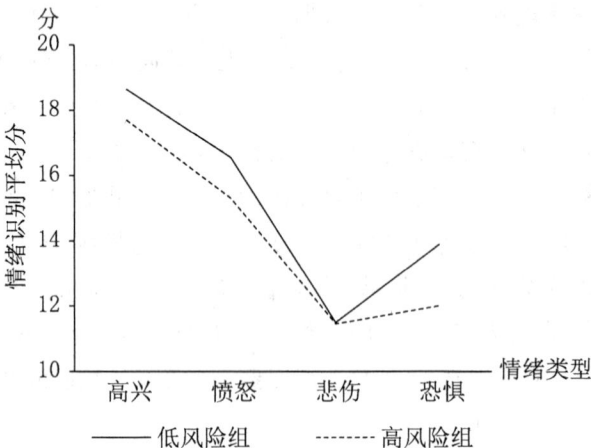

图 6-2　两组被试的情绪识别任务得分

　　以被试情绪识别的错误试次个数为因变量，以组别为被试间变量，以情绪类型为被试内变量进行重复测量方差分析。球形检验的结果显示，重复测量方差分析的结果符合球形检验的假设，Mauchly's W 系数为 0.96（$x^2 = 3.15$，$P = 0.68$），所以可以查看被试内效应的检验结果。该结果表明，情绪类型和风险水平的交互作用不显著（$P = 0.63$），风险水平的主效应不显著（$P = 0.13$），情绪类型的主效应显著，$F(3, 210) = 7.36$，$P = 0.000$，$\eta^2 = 0.1$。事后比较的结果显示，所有被试不论风险水平高低，对于高兴表情的识别错误个数都显著低于愤怒表情（$P = 0.000$）、悲伤表情（$P = 0.000$）和恐惧表情（$P = 0.008$），但对于愤怒表情、悲伤表情和恐惧表情的识别错误个数两两之间都不存在显著差异（均 $P > 0.05$）。

　　以被试情绪识别的按键转换次数为因变量，以组别为被试间变量，以情绪类型为被试内变量进行重复测量方差分析。球形检验的结果显示，因为重复测量方差分析的结果违反了球形检验的假设，Mauchly's W 系数为 0.66（$x^2 = 28.48$，$P = 0.000$），所以参考多元统计检验的结果。多元统计检验的结果表明，情绪类型和风险水平的交互作用不显著（$P = 0.20$），风险水平的主效应不显著（$P = 0.68$），情绪类型的主效应显著，$F(3, 210) = 4.02$，$P = 0.01$，$\eta^2 = 0.15$。事后比较的结果显示，所有被试不论风险水平高低，对于高兴表情的按键转换次数都显著少于愤怒表情（$P = 0.002$）、悲伤表情（$P = 0.012$）和恐惧表情（$P = 0.006$），但对于愤怒表情、悲伤表情和恐惧表情的按键转换次数两两之间都不存在显著差异（均 $P > 0.05$）。

四、讨论

　　研究结果发现，与低风险暴力犯罪人相比，高风险暴力犯罪人对愤怒和恐惧情绪面孔不敏感。尽管两组被试完成情绪识别任务的正确率没有显著差异，提示被试可以做出水平相当的情绪判断，但在敏感性上却存在显著差异。敏感性是通过被试做出正确情绪判断时，面孔图片的情绪表现强度来体现的，被试做出正确判断时情绪表现强度越弱，说明其对该种情绪越敏感，情绪识别的得分越高；反之，若被试做出正确判断需要时情绪表现强度越强，则说明其对该种情绪不敏感，情绪识别的得分越低。情绪识别的错误个数这一因变量表明了被试对各种情绪的识别能力，错误个数越多，表明被试对该种情绪的识别能力越差；情绪识别的按键转换次数这一因变量同样表明了被试对各种情绪的识别能力，按键转换次数越多，表明被试越不肯定自己的判断，识别能力越差。

对情绪识别任务得分、情绪识别的错误个数以及情绪识别的按键转换次数三个因变量的重复测量方差分析的结果表明，暴力犯罪人无论风险水平高低，都表现出对积极情绪（高兴）的识别能力要高于消极情绪（愤怒、悲伤和恐惧）的趋势，说明暴力犯罪人对于消极情绪的识别可能存在障碍。由于两组被试的正确反应个数之间不存在显著差异，表明情绪识别任务成绩的高低并非任务难度所致。对情绪识别任务得分进行重复测量方差分析的结果进一步表明，高风险暴力犯罪人对于愤怒和恐惧表情的敏感性显著低于低风险暴力犯罪人，说明当个体表现出强度较大的愤怒和恐惧表情时，高风险暴力犯罪人才能感知到个体的情绪，这一特点可能对抑制高风险暴力犯罪人的暴力行为起到消极作用。

本研究发现，高风险暴力犯罪人在愤怒和恐惧情绪表情的加工方面存在缺陷。愤怒以及恐惧表情通常被认为是威胁线索。愤怒表情是能够引发反应反转的社会线索。也就是说，正常个体在看到他人的愤怒表情时通常会停止自己当前的行为或选择其他的代替性反应，从而避免卷入攻击或暴力事件中。恐惧表情通常起到厌恶性非条件刺激的作用，能够使个体避免受到某些特定刺激。但是对他人的愤怒和恐惧表情不敏感的个体，很可能无法产生反应反转，无法调整自己当前的行为，或者避免某些特定刺激。另外，布莱尔提出的暴力抑制机制模型[1]认为，暴力抑制机制是一个可以促使攻击者停止攻击的认知机制，当这一机制被非言语的痛苦线索（如恐惧的面部表情，看到别人的眼泪或者听到别人的哭声）激活时，正常个体会停止攻击行为。如果个体不能对他人的恐惧情绪表情进行有效识别，那么也就无法启动暴力抑制机制，无法抑制自身的攻击或暴力行为。因此，暴力犯罪人的情绪识别能力缺陷，可能导致个体表现出两方面的特点：一是因识别不出他人的示弱信号（如恐惧表情）而不会抑制自己的攻击或暴力行为；二是由于对威胁信号（如愤怒表情）不敏感而无所顾忌，出现寻求刺激的倾向，并且不在乎惩罚后果。

五、小结

与积极情绪面孔相比，暴力犯罪人对于消极情绪面孔的识别可能存在障碍。与低风险暴力犯罪人相比，高风险暴力犯罪人在情绪识别方面表现出对愤怒和恐惧面孔表情的不敏感。

---

〔1〕　R. J. Blair, "Neurocognitive Models of Aggression, the Antisocial Personality Disorders, and Psychopathy", *Journal of Neurology*, *Neurosurgery & Psychiatry*, Vol. 71, 6 (2001), pp. 727-731.

第二节　暴力犯罪人对威胁防御反应的脑成像研究

一、背景

前述研究发现，高风险暴力犯罪人对愤怒和恐惧表情的加工存在缺陷。尽管高风险暴力犯罪人对愤怒表情不敏感，但并不代表他们无法识别该种情绪，而是需要愤怒情绪表达程度较强时才能准确识别。他人的愤怒情绪表达对于个体来说是一种威胁性信息，个体如何加工处理该种情绪是反应性攻击的基础。

人们通常以"战斗—逃跑机制"来解释个体对环境中威胁刺激的防御反应[1]。动物和人类对外界的威胁存在升级反应，远距离威胁会引发僵住反应（freeze），再靠近一些的威胁会引起逃跑（flee）反应，最近的威胁会导致战斗（fight）即反应性攻击[2]反应。已经有很多研究对动物的威胁防御反应进行了考察[3]，这一防御反应是通过下述威胁反应的神经环路来调节的：从内侧杏仁核，通过纹状体终端到达内侧下丘脑，然后再到达导水管周围灰质的腹侧。有研究者认为，腹内侧前额叶

〔1〕　W. B. Cannon, *Bodily Changes in Pain, Hunger, Fear and Rage: An Account of Recent Researches Into the Function of Emotional Excitement*, D. Appleton & Company, 1915, pp. 184-214.

〔2〕　R. J. Blanchard et al., "Attack and Defensive Behaviour in the Albino Rat", *Animal Behaviour*, Vol. 25, 1977, pp. 622-634.

〔3〕　T. R. Gregg and A. Siegel, "Brain Structures and Neurotansmitters Regulating Aggression in Cats: Implications for Human Aggression", *Progress in Neuro-Psychopharmacology and Biological Psychiatry*, Vol. 25, 1 (2001), pp. 91-140; J. Panksepp, *Affective Neuroscience: The Foundations of Human and Animal Emotions*, Oxford University Press, 2004, pp. 125-224.

在对这些防御反应的调控中也发挥着作用。[1]近年来，考察人类威胁防御反应的研究发现，逐渐逼近的威胁刺激与杏仁核和导水管周围灰质的激活增强以及腹内侧前额叶的激活减弱有关，渐远的威胁与腹内侧前额叶的激活增强以及导水管周围灰质的激活减弱有关。[2]随着威胁刺激的靠近，个体感受到的威胁强度也会逐渐增强，而快速逼近的刺激通常会引发防御反应。

反应性攻击通常是由威胁反应回路来调控的[3]。威胁回路的过度反应降低了反应性攻击的门槛，从而增加了攻击发生的可能性（如在酒吧里一次偶然的碰撞会被解读为攻击从而导致反应性攻击）。以往研究在多种临床障碍的人群中，都观察到了基本威胁反应回路对威胁线索敏感性增强的现象。例如，有研究指出创伤后应激障碍的患者对于威胁刺激的杏仁核反应增强[4]，表现出反应性攻击的高风险；广泛性社交恐惧症的患者对情绪表情表现出杏仁核增强的反应[5]；品行障碍的儿童，尤其是那些带有冷漠无情特质的个体，对于恐惧表情和其他威胁性刺激

〔1〕　J. L. Price, "Prefrontal Cortical Networks Related to Visceral Function and Mood", *Annals of the New York Academy of Sciences*, Vol. 877, 1 (1999), pp. 383–396.

〔2〕　D. Mobbs et al., "From Threat to Fear: The Neural Organization of Defensive Fear Systems in Humans", *The Journal of Neuroscience: The Official Journal of the Society for Neuroscience*, Vol. 29, 39 (2009), pp. 12236–12243; D. Mobbs et al., "When Fear Is Near: Threat Imminence Elicits Prefrontal-periaqueductal Gray Shifts in Humans", *Science*, Vol. 317, 5841 (2007), pp. 1079–1083.

〔3〕　A. Siegel et al., "Neuropharmacology of Brain-Stimulation-Evoked Aggression", *Neuroscience & Biobehavioral Reviews*, Vol. 23, 3 (1999), pp. 359–389.

〔4〕　S. L. Rauch, L. M. Shin and E. A. Phelps, "Neurocircuitry Models of Posttraumatic Stress Disorder and Extinction: Human Neuroimaging Research—Past, Present, and Future", *Biological Psychiatry*, Vol. 60, 4 (2006), pp. 376–382.

〔5〕　K. Blair et al., "Response to Emotional Expressions in Generalized Social Phobia and Generalized Anxiety Disorder: Evidence for Separate Disorders", *American Journal of Psychiatry*, Vol. 165, 9 (2008), pp. 1193–1202.

则表现出杏仁核的激活减弱[1]。上述结果可能与个体所表现出来的攻击种类有关，创伤后应激障碍的患者更多地表现出反应性攻击，而带有冷漠无情特质的品行障碍个体则更倾向于表现出预谋性攻击。杏仁核的激活增强可能是反应性攻击的生物标记；相反地，杏仁核的激活减弱则与预谋性攻击相对应。杏仁核对于逐渐接近的威胁性刺激产生激活反应，在应对威胁的防御反应回路中扮演着重要的角色。有大量研究表明，人类的杏仁核对带有情绪负荷的刺激（尤其是对负性和威胁性的刺激）的反应较为强烈[2]。杏仁核对他人图像的反应可能与其能够检测到生物实体信息的优势有关，因为杏仁核倾向于检测威胁性信息，所以杏仁核可能主要参与对威胁和关于他人的视觉信息的加工。

已有研究表明，人类的视觉注意系统更容易察觉到有威胁性的人或动物。如有研究者通过视觉搜索任务发现，人类对愤怒面孔的察觉比对高兴面孔的察觉要快[3]，对恐惧相关物体（如蜘蛛）的察觉比对恐惧无关物体（如鲜花）的察觉要快[4]。

---

[1] S. L. Crowe and R. J. R. Blair, "The Development of Antisocial Behavior: What Can We Learn from Functional Neuroimaging Studies?", *Development and Psychopathology*, Vol. 20, 4 (2008), pp. 1145-1159; K. A. Dodge et al., "Social Information-processing Patterns Partially Mediate the Effect of Early Physical Abuse on Later Conduct Problems", *Journal of Abnormal Psychology*, Vol. 104, 4 (1995), p. 632.

[2] R. Adolphs, "Fear, Faces, and the Human Amygdala", *Current Opinion in Neurobiology*, Vol. 18, 2 (2008), pp. 166-172; E. A. Phelps and J. E. LeDoux, "Contributions of the Amygdala to Emotion Processing: From Animal Models to Human Behavior", *Neuron*, Vol. 48, 2 (2005), pp. 175-187.

[3] E. Fox et al., "Facial Expressions of Emotion: Are Angry Faces Detected More Efficiently?", *Cognition & Emotion*, Vol. 14, 1 (2000), pp. 61-92.

[4] A. Ohman, A. Flykt and F. Esteves, "Emotion Drives Attention: Detecting the Snake in the Grass", *Journal of Experimental Psychology: General*, Vol. 130, 3 (2001), p. 466.

这些研究结果一直用于支持源于进化论的"恐惧模型"，即杏仁核使得我们能够快速自动地察觉到威胁信息，从而采取保护自己的措施，这一基于杏仁核的神经机制对于人类的生存发挥着非常重要的作用。但是部分研究发现，虽然个体对与恐惧相关刺激（如蛇）的察觉比对与恐惧无关刺激（如花）的察觉要快，但个体对现代衍生出来带有威胁性的刺激（如枪、注射针头）的察觉并没有比对原始进化带有威胁性的刺激（如蛇、蜘蛛）的察觉速度快[1]。显而易见，人类的进化并没有使得人们产生能够察觉到新生事物的潜在威胁的能力。

前人对于威胁反应回路的考察是以临床上的障碍人群为研究对象的，目前尚未有研究考察反应性攻击高发的暴力犯罪人群。因此，本研究[2]选取暴力犯罪人和一般对照组作为研究对象，通过功能性磁共振成像扫描技术考察两组被试对威胁性面孔刺激的脑区激活区域及强度是否存在异同，旨在揭示暴力犯罪人是否存在对外界情绪信息的神经活动反应异常及其背后的神经基础，并考察暴力犯罪人的风险水平与其对威胁性面孔刺激的脑区激活程度的相关性，以期从认知神经科学的角度为理解暴力犯罪成因提供高级证据。

二、方法

（一）被试

研究对象分为暴力组与对照组两组。暴力组从某省司法警官总医院选取，在查阅罪犯档案的基础上筛选出 27 名男性成年

---

〔1〕 I. Blanchette, "Snakes, Spiders, Guns, and Syringes: How Specific Are Evolutionary Constraints on the Detection of Threatening Stimuli?", *The Quarterly Journal of Experimental Psychology*, Vol. 59, 8（2006）, pp. 1484–1504.

〔2〕 赵辉："不同风险水平暴力犯的情绪加工和执行功能——来自行为学和 fMRI 的证据"，中国政法大学 2017 年博士学位论文。

暴力犯罪人，其服刑期间主要负责护理在医院治疗的病犯，犯罪类型包括过失杀人、抢劫、抢夺、故意伤害、聚众斗殴、绑架等。对照组为从社会上招募的 27 名男性志愿者，工作类型包括工地务工人员、房屋中介工作人员、个体户等。两组被试的年龄、教育程度和智力水平均匹配。所有被试都没有做过植入手术，体内无金属；视力正常或矫正视力正常（近视者在扫描中可以佩戴专门的眼镜），无色盲或色弱现象；没有严重的身体疾病和精神疾病；没有受过严重脑外伤或得过脑部疾病；没有幽闭恐惧症；均为右利手；都签署了知情同意书表明自愿参与研究，并得到 100 元报酬。

（二）工具

1. 人格诊断问卷

采用人格诊断问卷（Personality Diagnostic Questionnaire）的反社会人格障碍分量表、分裂样人格障碍分量表、边缘型人格障碍分量表以及偏执型人格障碍分量表考察暴力犯罪人中的人格障碍流行率。反社会人格障碍分量表共 8 个条目，总分越高，表明其反社会人格障碍水平越高，且总分达到 3 分即可被诊断为反社会人格障碍；研究中，该分量表的克隆巴赫 α 系数为 0.82。分裂样人格障碍分量表共 7 个条目，总分越高，表明其分裂样水平越高，总分达到 4 分即可被诊断为分裂样人格障碍；研究中，该分量表的克隆巴赫 α 系数为 0.79。边缘型人格障碍分量表共 11 个条目，总分越高，表明其边缘型水平越高，总分达到 5 分即可被诊断为边缘型人格障碍；研究中，该分量表的克隆巴赫 α 系数为 0.87。偏执型人格障碍分量表共 7 个条目，总分越高，表明其偏执型水平越高，总分达到 4 分即可被诊断为偏执型人格障碍；研究中，该分量表的克隆巴赫 α 系数为 0.83。

2. 自评焦虑量表

自评焦虑量表（Self-Rating Anxiety Scale）适用于评估具有焦虑症状的成年人，已被纳入《心理卫生评定量表手册》，共20个条目，每个条目从1到4四点计分，有5个条目反向计分。将自评焦虑量表粗分转换成标准分后，可以根据中国常模评定个体的焦虑水平。研究中，该量表的克隆巴赫 α 系数为 0.7。

3. 自评抑郁量表

自评抑郁量表（Self-Rating Depression Scale）适用于评估具有抑郁症状的成年人，已被纳入《心理卫生评定量表手册》，共20个条目，每个条目从1到4四点计分，有10个条目反向计分。将自评抑郁量表粗分转换成标准分后，可以根据中国常模评定个体的抑郁水平。研究中，该量表的克隆巴赫 α 系数为 0.73。

4. 冲动性量表

采用周亮等人在 2006 年修订的巴瑞特冲动性量表第十一版[1]考察个体的冲动性水平，详见本书第四章方法部分。

5. 冷漠无情特质量表

采用弗里克编制、陈展等人在 2013 年修订的冷漠无情特质量表考察个体的冷漠无情特质水平，详见本书第四章方法部分。

6. 攻击问卷

攻击问卷（Aggression Questionnaire）是 1992 年由巴斯（A. H. Buss）和佩里（M. Perry）对 Buss-Durkee 敌意问卷修订而成的，修订后的中文版有 30 个条目，从 1 到 5 五点计分，有 1 个条目反向计分。攻击问卷包含五个维度：身体攻击（physical aggression）、言语攻击（verbal aggression）、敌意（hostility）、愤怒（anger）、间接攻击（indirect aggression），分量表和总分的得分

---

〔1〕 周亮等："BIS-11 中文版的信度与效度检验"，载《中国临床心理学杂志》2006 年第 4 期。

越强，表明其攻击性越强。研究中，该问卷的克隆巴赫 α 系数为 0.91。

7. 瑞文推理测验

瑞文推理测验（Raven's Progressive Matrices）是 1938 年瑞文编制出来的非言语智力测验，测量的是智力的 G 因素，即通过寻找规律，选择适当的图案将大图形的空缺补齐。该测验适用年龄范围较广，不受教育程度的限制，是一个较为公平的测验工具，被试需要在 40 分钟内完成测验。共 60 道题目，每题 1 分，正确回答的题目数即为粗分，根据瑞文推理测验与百分等级换算表将粗分换算成标准分，再根据智力水平分级参考标准对个体的智力水平做出评级，最终智力水平可以分为优秀、良好、中等、中下以及低下五个等级。

8. 渐进任务

采用渐进（looming）任务呈现情绪面孔。屏幕上会呈现给被试一组组人脸的图片，图片或者逐渐接近，或者逐渐远离，要求被试在看到图片的时候尽快地按鼠标左键做反应。任务共包含两种类型的图片刺激：愤怒面孔和中性面孔。图片刺激的来源为罗跃嘉老师的中国面孔表情图片系统[1]。任务一共有 120 个试次（trial），分 2 次运行（run），每次运行有 60 个试次，接近（approach）和远离（recede）各 30 个，其中接近的愤怒面孔、接近的中性面孔、远离的愤怒面孔以及远离的中性面孔各 15 个。每个试次会快速呈现同一张图片 12 次，前 11 张图片各呈现 68ms，第 12 张图片呈现 500ms，并且每次呈现都比上一次呈现的图片更大或更小，从而实现图片中的人脸靠近或远离被试的效果。整个程序中调用人脸刺激图片，每种情绪的图片

---

〔1〕 龚栩等："中国面孔表情图片系统的修订"，载《中国心理卫生杂志》2011 年第 1 期。

都是男女各半。上一个试次呈现完之后下一个试次呈现之前会呈现一个 1250ms—5111ms 的十字注视点，当注视点出现时，被试集中精神注视即可，不需要按键做反应。每次的运行时间大概 5 分钟，在被试间平衡 2 次运行的顺序。任务流程见图 6-3。

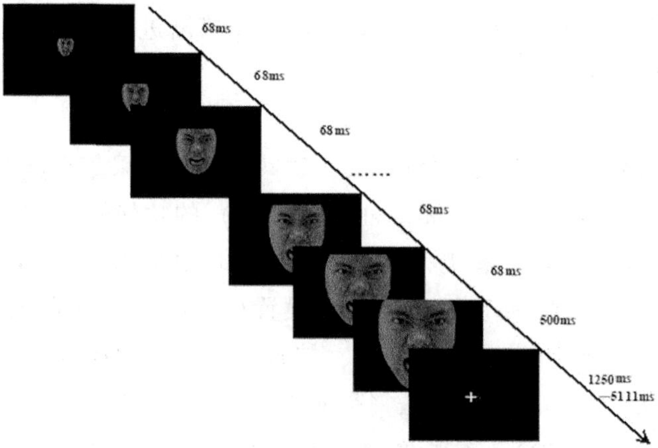

图 6-3　渐进任务流程图

（此为逐渐接近的示意图，逐渐远离的刺激呈现顺序与之相反）

（三）程序

在暴力组，首先，通过暴力风险评估量表成人版对 27 名暴力犯罪人进行访谈，获得暴力组的风险水平数据；其次，施测人格诊断问卷、自评焦虑量表、自评抑郁量表、冲动性量表、冷漠无情特质量表、攻击问卷、瑞文推理测验，因为问卷题量较大，故分 2 次施测，均为团体施测的形式；最后，将 27 名被试逐一带到扫描室进行磁共振扫描。在对照组，因为不适用暴力风险评估量表，故没有采集风险水平数据。为避免问卷施测可能引起大脑的活动，对照组先做磁共振扫描，再填写问卷。所有被试在扫描前都需要回答两个问题，第一个问题是"您昨天的睡眠怎么样",如果前一天晚上失眠,可以考虑改天再来扫描;第二个问题是"您最近三天的情绪状态怎么样",分为积极、一般和消极三种回答,如果最近情绪状态过于消极,可以考虑改天再来扫描。并且扫描完以后所有被试都要填写扫描后问卷,主要回答几个小问题,用于了解被试在扫描过程中的感受和反应。磁共振扫描部分要求被试完成渐进任务,同时进行扫描以采集脑区激活的信号。

(四)数据采集

研究通过美国 GE 公司 1.5T 磁共振扫描仪采集全脑血氧水平依赖性(blood-oxygen-level dependent)的功能性磁共振成像数据。功能像的采集采用梯度回波平面成像(echo planar imaging)序列,每次运行的参数设置如下:TR = 2500ms,TE = 55ms,FA = 90°,轴位 27 层,层厚 = 4mm,FOV = 240mm^2 × 240mm^2,acquisition matrix(采集矩阵) = 64×64,共采集 120 个 TR,时长 300s。结构像扫描的参数设置如下:TR = 10.5ms,TE = 3.3ms,FA = 20°,轴位 128 层,层厚 = 1.2mm,FOV = 240mm^2×240mm^2。数据采集时,要求被试放松,平躺于扫描仓内,戴上耳塞,头部固定,并提示被试整个扫描过程中头部不要移动,头部线圈上方安装有平面镜,通过平面镜可以看到对面投影仪呈现的刺激。实验程序通过 E-prime2.0 软件编制,并通过同步盒控制行为学实验程序和扫描同时开始。

(五)数据分析

功能性磁共振成像数据分析包括两部分:预处理和统计分析。通过功能性神经成像数据分析(analysis functional neuroimages)软件来进行数据分析。

预处理过程中,每个被试在每个扫描序列的前 4 个量被剔除,对齐时间点,对头移动者进行矫正;使用全宽半高值为

6mm 的高斯核函数对回波平面成像数据进行平滑，从而减少个体间的变异，用每个时间点每个体素的信号强度除以每次运行对应体素的平均信号强度，再乘以 100，从而将时间序列的数据标准化，将结构像和功能像对齐并完成空间标准化，以 3mm×3mm×3mm 为体积单位重新采样。最终得到分别对应四种实验条件的数据，包括接近—愤怒（approach-neatra）图片刺激、接近—中性（approach-neutral）图片刺激、远离—愤怒（recede-angry）图片刺激以及远离—中性（recede-neutral）图片刺激。结构像采用的是 Talairach 和 Tournoux 坐标，通过功能性神经成像数据分析将个体的功能像与结构像匹配。预处理结束后，根据功能像和结构像的匹配程度以及每种实验条件下运动皮层和视觉皮层的激活情况对数据质量进行评估。

统计分析为对所有的数据进行组分析，得到各条件下的激活图，通过 ClustSim 工具进行矫正，激活脑区的标准为 $P<0.005$，体素大于或等于 10 的簇，得到各激活脑区的坐标。为了检验两组被试在不同方向及不同情绪面孔的条件刺激下的血氧水平依赖性激活信号的差异，对各条件下的血氧水平依赖性激活信号进行 2（组别：暴力组/对照组）×2（方向：接近/远离）×2（情绪：愤怒/中性）三因素重复测量方差分析，计算风险水平与相应脑区血氧水平依赖性激活信号强度之间的相关关系。

三、结果

（一）被试的基本情况

1. 两组被试的年龄和教育程度

通过基本信息调查表采集被试的年龄和受教育年限等基本信息。暴力组的年龄范围为 20 周岁—49 周岁，平均年龄为 30.7±

8.47 周岁；对照组的年龄范围为 22 周岁—46 周岁，平均年龄为 32.22±6.38 周岁。独立样本 t 检验的结果显示，$t=0.75$，$P=0.46$，说明两组被试在年龄上没有显著差异。暴力组的受教育年限范围为 6—12 年，平均受教育年限为 9.22±2.03 年；对照组的受教育年限范围为 6—12 年，平均受教育年限为 10.11±1.69 年。独立样本 t 检验的结果显示，$t=1.75$，$P=0.09$，说明两组被试在受教育年限上没有显著差异。综上所述，两组被试的年龄和受教育程度均匹配。

2. 两组被试的智力水平

通过瑞文推理测验对被试的智力水平进行评估。暴力组的瑞文推理测验得分的标准分范围为 5—95 分，标准分的平均分为 46.48±31.95 分；对照组的瑞文推理测验得分的标准分范围为 5—90 分，标准分的平均分为 33.15±24.14 分。独立样本 t 检验的结果显示，$t=1.73$，$P=0.09$，说明两组被试的瑞文推理测验得分的标准分没有显著差异。卡方检验的结果显示，$\chi^2=4.89$，$df=4$，$P=0.30$，说明两组被试在智力水平分布上没有显著差异。

（二）问卷数据结果

暴力组和对照组各有一名被试的核磁数据因对齐问题未进入最终分析，所以最终参与问卷统计的被试中暴力组 26 人，对照组 26 人。

1. 情绪状态

采用自评焦虑量表和自评抑郁量表对所有被试的焦虑和抑郁水平进行评估，将自评焦虑量表和自评抑郁量表的粗分转换成标准分，对两组被试在这两个量表上得分的标准分进行差异检验。结果显示，两组被试的焦虑水平没有显著差异，$t=0.41$，$P=0.68$；两组被试的抑郁水平没有显著差异，$t=1.97$，$P=0.054$。

2. 人格诊断

采用人格诊断问卷中的四个分量表（反社会人格障碍分量表、分裂样人格障碍分量表、边缘型人格障碍分量表和偏执型人格障碍分量表）对两组被试进行施测，考察在暴力组和对照组中，反社会人格障碍、分裂样人格障碍、边缘型人格障碍以及偏执型人格障碍的阳性诊断率。结果发现，暴力组和对照组在反社会人格障碍的阳性诊断率上差异极其显著，$\chi^2 = 15.08$，$P = 0.000$；在偏执型人格障碍的阳性诊断率上差异显著，$\chi^2 = 5.78$，$P = 0.02$；而两组被试在分裂样人格障碍、边缘型人格障碍的阳性诊断率上没有显著差异（见表6-2）。

表6-2　两组被试的人格障碍阳性诊断分布及差异检验

人格障碍类型	诊断	暴力组 （n=26）	对照组 （n=26）	χ^2
分裂样人格障碍	是	2	2	0.00
	否	24	24	
边缘型人格障碍	是	8	6	0.39
	否	18	20	
反社会人格障碍	是	20	6	15.08***
	否	6	20	
偏执型人格障碍	是	12	4	5.78*
	否	14	22	

注：* $P<0.05$；*** $P<0.001$

3. 被试的冲动性、冷漠无情特质及攻击性水平

采用冲动性量表、冷漠无情特质量表以及攻击量表分别对两组被试的冲动性水平、冷漠无情特质水平以及攻击性水平进行测量，对两组被试在三个量表上的得分进行差异检验，结果如表6-3所示。结果表明，暴力组和对照组的冲动性总分差异显著，$t=3.41$，$P=0.001$，其中两组被试在分维度运动冲动性上的得分差异极其显著，$t=4.24$，$P<0.001$，说明暴力组的冲动性水平显著高于对照组，尤其表现在运动冲动性方面。暴力组和对照组的冷漠无情特质水平差异不显著，$t=1.87$，$P=0.07$。暴力组和对照组的攻击性总分差异显著，$t=2.46$，$P=0.02$，其中，两组被试在分维度身体攻击上的得分差异极其显著，$t=3.98$，$P<0.001$，在分维度愤怒上得分的差异也达到了显著性的水平，$t=2.17$，$P=0.04$，说明暴力组的攻击性水平显著高于对照组，尤其表现在身体攻击和愤怒方面。

表6-3　两组被试的冲动性、冷漠无情特质及攻击性水平差异检验

变量	暴力组（n=26）	对照组（n=26）	t 值
冲动性总分	60.31±7.15	53.12±8.05	3.41**
注意力冲动性	12.88±1.8	12±1.81	1.77
运动冲动性	21.42±2.9	17.85±3.17	4.24***
无计划冲动性	23.77±3.74	21.73±4.94	1.68
冷漠无情特质总分	26.46±9.52	21.88±8.07	1.87
攻击性总分	81.96±23.78	69.04±12.3	2.46*
身体攻击	20.19±7.84	13.27±4.16	3.98***
言语攻击	13.27±4.42	13.54±2.72	0.26
间接攻击	13.08±4.66	11.27±3.29	1.61

变量	暴力组（n=26）	对照组（n=26）	t 值
愤怒	18±5.81	15.08±3.65	2.17*
敌意	17.42±5.89	15.88±3.91	1.11

注：* $P<0.05$；** $P<0.01$；*** $P<0.001$

（三）渐进任务的行为学结果

以被试正确按键反应的个数为因变量，进行2（组别：暴力组/对照组）×2（方向：接近/远离）×2（情绪：愤怒/中性）三因素重复测量方差分析。结果表明，所有的主效应都不显著（$F_{组别}=2.24$，$P=0.51$；$F_{方向}=0.3$，$P=0.32$；$F_{情绪}=2.02$，$P=0.22$），所有的两两交互作用都不显著（$F_{组别×方向}=0.68$，$P=0.11$；$F_{组别×情绪}=0.51$，$P=0.23$；$F_{方向×情绪}=0$，$P=0.32$），三者的交互作用也不显著（$F_{组别×方向×情绪}=0.24$，$P=0.34$）。

（四）渐进任务功能性磁共振成像数据结果

对组别×方向×情绪三因素重复测量方差进行分析。以被试在完成渐进任务时脑区的血氧水平依赖性信号数据为因变量，进行2（组别：暴力组/对照组）×2（方向：接近/远离）×2（情绪：愤怒/中性）三因素重复测量方差分析，结果见表6-4。表中呈现了组别×方向×情绪三者以及组别×方向、方向×情绪之间的交互作用结果，并分别报告了方向、情绪以及组别的主效应，没有发现有脑区的信号反应强度在组别和情绪的交互作用显著。

表6-4　暴力组和对照组在渐进任务中血氧水平依赖性
信号反应存在差异的脑区

交互作用与脑区	脑区激活的位置[a]			统计量		voxels
	半球	布罗德曼分区	x, y, z	$F_{(1, 50)}$	P	
组别×方向×情绪						
枕中回/舌状回	左侧	19	−43, −78, −7	16.92	0.000	13
颞中回/颞下回	左侧	37/20	−53, −53, −12	12.06	0.001	8
额下回/中央前回	右侧	6/22/44	56, 9, 4	13.11	0.001	8
小脑嘴峰	右侧	36	40, −35, −30	18.33	0.000	7
楔叶	右侧	17/18/30	28, −80, 13	10.9	0.002	7
下丘脑/丘脑/豆状核[b]	左侧		−4, −6, −5	18.14	0.000	6
豆状核/腹前核/腹外侧核	右侧		21, −5, 8	13.79	0.001	6
组别×方向						
扣带回	左侧	31/23	−4, −21, 30	20.94	0.000	92
前楔叶	右侧	31	5, −48, 53	12.6	0.001	14
颞上回/颞中回/海马旁回	右侧	47	34, 9, −33	16.57	0.000	11
方向×情绪						
前扣带回	右侧	32/24	18, 31, 16	17.25	0.000	10
方向的主效应						
顶下小叶	右侧		50, −36, 45	2.78	0.006	94
颞上回	右侧	38/21	56, 4, −16	2.35	0.02	36
额上回	右侧	10	40, 47, 29	2.25	0.03	18
额下回	右侧		37, 22, −14	2.11	0.04	14
额中回	左侧	9/32	−8, 45, 12	2.62	0.01	14
情绪的主效应						
内侧额叶	右侧	32/24	21, 15, 52	2.94	0.004	17

交互作用与脑区	脑区激活的位置[a]			统计量		voxels
	半球	布罗德曼分区	x, y, z	F (1, 50)	P	
内侧额叶	左侧	10/32	−1, 56, −3	2.46	0.02	15
额上回	右侧		21, 44, 43	2.53	0.01	15
组别的主效应						
尾状核	左侧		−40, −36, 0	4.32	0.000	12
顶下小叶	右侧	40	66, −40, 42	3.9	0.000	10

注：a. 脑区激活的位置参照蒙特利尔神经科学研究所模板；b. 下丘脑的激活区域很小，但在研究预期中该部位很重要，故 voxels 阈值设为 6

组别×方向×情绪三者交互作用显著的脑区包括：枕中回/舌状回、颞中回/颞下回、额下回/中央前回、小脑嘴峰、楔叶、下丘脑/丘脑/豆状核、豆状核/腹前核/腹外侧核。如图 6-4，枕中回/舌状回脑区的 voxels 阈限值大于 10，故对其结果进行进一步的分析。结果表明，对照组对接近的中性面孔的枕中回/舌状回脑区激活反应强度要显著高于远离的中性面孔（$t=9.07$，$P=0.01$），而暴力组则表现出相反的趋势，对于远离的中性面孔的枕中回/舌状回脑区激活强度显著高于接近的中性面孔（$t=7.11$，$P=0.01$）。此外，对于逐渐接近的图片，暴力组对愤怒面孔的枕中回/舌状回脑区反应要显著强于中性面孔（$t=9.21$，$P=0.01$），而对照组却没有表现出来这种差异（$t=2.83$，$P=0.11$）；两组被试在所有水平上都不存在组间差异。组别×方向×情绪三者交互作用显著的脑区中下丘脑的激活区域很小，但在研究预期中该部位很重要，故对其结果进行进一步的分析。结果表明，暴力组对接近的愤怒面孔的下丘脑激活强度显著高于远离的愤怒图片（$t = 7.95$，$P = 0.01$），而对照组没有表现出来这种差异（$t = 0$，$P = 0.98$）；对照组对接近的中性面孔的下丘脑激活反应强度要显著高于远离的中性面孔（$t = 20.76$，$P < 0.001$），而暴力组没有表现出来这种差异（$t = 1.41$，$P = 0.25$）。此外，对于逐渐接近的图片，暴力组对愤怒面孔的下丘脑反应强度要显著高于中性面孔（$t = 7.72$，$P = 0.01$），对照组对中性面孔的下丘脑反应强度要显著高于愤怒面孔（$t = 11.07$，$P = 0.003$）；对于逐渐远离的图片，暴力组对中性面孔的下丘脑反应强度要显著高于愤怒面孔（$t = 5.66$，$P = 0.03$），而对照组没有表现出来这种差异（$t = 0.78$，$P = 0.39$）；两组被试在所有水平上都不存在组间差异。

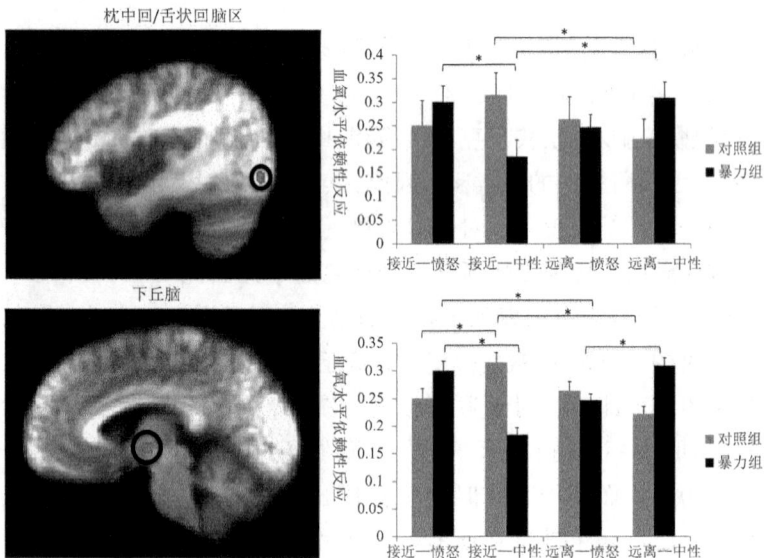

图6-4　组别×方向×情绪的交互作用（枕中回/舌状回脑区、下丘脑）

　　组别和方向二者交互作用显著的脑区包括：扣带回、前楔叶、颞上回/颞中回/海马旁回。对扣带回的血氧水平依赖性反应结果进行进一步的分析，见图6-5。结果表明，暴力组对接近的面孔的扣带回激活反应强度显著低于远离的面孔刺激（$t=7.42$，$P=0.01$），对照组对接近的面孔的扣带回激活反应强度显著高于远离的面孔刺激（$t=14.44$，$P=0.001$）；对照组对于逐渐接近的图片的扣带回激活反应强度显著高于暴力组（$t=2.19$，$P=0.03$），而对于逐渐远离的图片的扣带回激活反应强度，两组之间没有显著的差异（$t=0.29$，$P=0.78$）。对前楔叶的血氧水平依赖性反应结果进行进一步的分析，结果表明，暴力组对接近的面孔的前楔叶激活反应强度显著低于远离的面孔刺激（$t=5.69$，$P=0.03$），对照组对接近的面孔的前楔叶激活反应强度显著高于远离的面孔刺激（$t=6.91$，$P=0.01$）。但无论是逐渐接近的面孔还是逐渐远离的面孔，两组之间没有显著的差异。对颞上回/颞中回/海马旁回的血氧水平依赖性反应结果进行进一步的分析，结果表明，暴力组对接近的面孔的颞上回激活反应强度显著高于远离的面孔刺激（$t=18.43$，$P=0.00$），而对照组没有表现出这种差异（$t=3.11$，$P=0.09$）；对于逐渐远离的面孔，对照组的颞上回激活反应强度显著高于暴力组（$t=2.03$，$P=0.048$），而对于逐渐接近的面孔，两组之间没有显著的差异（$t=1.89$，$P=0.06$）。

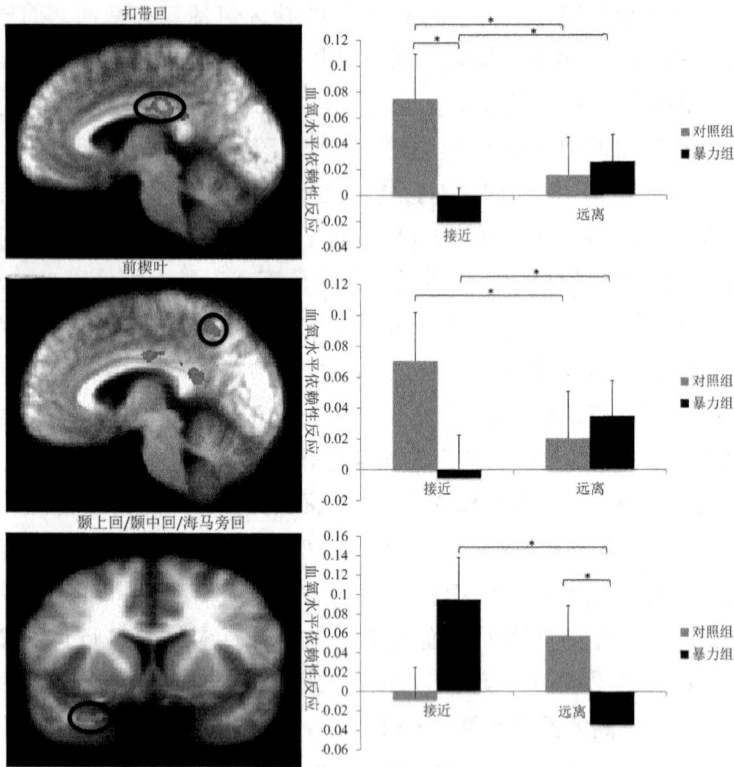

图 6-5　组别×方向的交互作用
（扣带回、前楔叶、颞上回/颞中回/海马旁回）

四、讨论

问卷调查结果表明，暴力组和对照组在年龄、教育程度和智力水平上没有显著差异，说明暴力组和对照组是达到匹配水平的研究样本。情绪状态可能会影响个体的神经反应活动，故两组被试的情绪状态没有显著差异，可以排除情绪状态对结果的影响。人格障碍的诊断结果表明，暴力组中反社会人格障碍和偏执型人格障碍的比例要显著高于对照组，暴力组的冲动性和攻击性水平也显著高于对照组，说明研究样本均具有代表性，并且这一结果符合逻辑。

渐进任务的研究结果显示，暴力组存在对逐渐接近的愤怒面孔的下丘脑激活反应增强，而对照组则不存在这一激活增强反应。动物研究表明，对猫的下丘脑区域实施电刺激会引发猫的攻击行为[1]，腹内侧下丘脑受损的小鼠会变得较为凶猛[2]。以往研究也证实，下丘脑与杏仁核、腹侧纹状体等都是与情绪相关的皮层下结构[3]。下丘脑是威胁反应回路的一部分，对于威胁性愤怒情绪面孔刺激的下丘脑过度反应，可能与暴力组的反应性攻击行为有关。组别×方向重复测量方差分析的结果表明，无论是逐渐接近还是逐渐远离的面孔刺激，暴力组在扣带回、前楔叶等三个脑区的激活反应强度从未显著高于对照组，说明暴力组的上述三个脑区在渐进任务中是不活跃的。但根据研究结果，对于逐渐接近的面孔刺激，与对照组相比，暴力组的扣带回反应明显减弱。扣带回与注意有着密切的关系[4]，提示暴力犯罪人可能存在注意控制功能的缺陷。

在颞上回和额中回，暴力组的风险水平与对接近的面孔的血氧水平依赖性反应强度均为正相关，与对远离的面孔的血氧

〔1〕　C. C. Chi and J. P. Flynn, "Neuroanatomic Projections Related to Biting Attack Elicited from Hypothalamus in Cats", *Brain Research*, Vol. 35, 1（1971）, pp. 49–66.

〔2〕　S. P. Grossman, "The VMH: A Center for Affective Reactions, Satiety, or Both?", *Physiology & Behavior*, Vol. 1, 1（1966）, pp. 1–10.

〔3〕　L. Pessoa, "On the Relationship Between Emotion and Cognition", *Nature Reviews Neuroscience*, Vol. 9, 2（2008）, pp. 148–158.

〔4〕　D. M. Torta and F. Cauda, "Different Functions in the Cingulate Cortex, A Meta-analytic Connectivity Modeling Study", *NeuroImage*, Vol. 56, 4（2011）, pp. 2157–2172.

水平依赖性反应强度均为负相关，说明风险水平越高的暴力犯罪人，在面对逐渐接近的面孔刺激的时候，颞上回和额中回的激活越强，在面对逐渐远离的面孔刺激的时候，两个脑区的激活越弱。有研究者考察了颞上回在空间动态知觉中的作用，发现相比于被动观察动态刺激，当被试主动预期刺激动向的时候，颞上回会出现较强的激活[1]。渐进任务的指导语中会提示被试，人脸或者逐渐接近或者逐渐远离，那么，风险水平越高的暴力犯罪人越可能提前对于人脸的空间方位变化产生预期。而额中回在空间信息的存储过程中发挥着重要的作用[2]，因为渐进任务的刺激呈现涉及动态的空间信息，所以暴力犯罪人对任务中的空间信息加工可能存在记忆存储。

在缘上回、颞中回、前楔叶、导水管周围灰质、前楔叶/顶上回以及后扣带回中，暴力组的风险水平与对愤怒面孔的血氧水平依赖性反应强度均为正相关，与对中性面孔的血氧水平依赖性反应强度均为负相关，说明风险水平越高的暴力犯罪人，在面对愤怒面孔的时候以上脑区的激活越强，在面对中性面孔的时候以上脑区的激活越弱。其中，导水管周围灰质是威胁反应回路的一部分，并且前人研究表明，当威胁靠近时，导水管周围灰质的激活增强[3]，暴力犯罪人会随着风险水平的升高而出现

[1]　J. Schultz et al. , "Activation of the Human Superior Temporal Gyrus During Observation of Goal Attribution by Intentional Objects", *Journal of Cognitive Neuroscience*, Vol. 16, 10 (2004), pp. 1695-1705.

[2]　H-C Leung, J. C. Gore and P. S. Goldman-Rakic, "Sustained Mnemonic Response in the Human Middle Frontal Gyrus During On-line Storage of Spatial Memoranda", *Journal of Cognitive Neuroscience*, Vol. 14, 4 (2002), pp. 659-671.

[3]　D. Mobbs et al. , "From Threat to Fear: The Neural Organization of Defensive Fear Systems in Humans", *Journal of Neuroscience*, Vol. 29, 39 (2009), pp. 12236-12243; D. Mobbs et al. , "When Fear is Near: Threat Imminence Elicits Prefrontal-periaqueductal Gray Shifts in Humans", *Science*, Vol. 317, 5841 (2007), pp. 1079-1083.

更强的导水管周围灰质激活反应。导水管周围灰质通常会对社交挑衅做出反应[1]，可能起到诱发或组织反应性攻击的作用。

本研究并未发现威胁反应回路的整体激活，但发现在逐渐接近的愤怒面孔刺激下，暴力组表现出下丘脑的激活反应增强，而下丘脑是威胁反应回路的一部分，所以，暴力犯罪人对于逐渐接近的威胁刺激会出现部分威胁反应回路的过度激活。研究并未发现预期中的杏仁核反应，只在对血氧水平依赖性反应进行风险水平×方向×情绪重复测量方差分析后的情绪主效应结果中发现，杏仁核对于愤怒面孔的激活反应强度显著高于中性面孔，这与以往研究的结果是一致的[2]。杏仁核是对情绪尤其是负性情绪比较敏感的脑区。

研究所采用的渐进任务主要是用于考察个体对于威胁刺激的神经反应。以往研究指出，个体的威胁防御反应的神经基础是一个"威胁反应回路"，包括杏仁核、下丘脑和导水管周围灰质。威胁性刺激会引起杏仁核的激活反应，并且研究中采用的威胁性刺激带有情绪属性，而杏仁核主要负责对情绪信息进行加工；经杏仁核加工后的情绪信息传至下丘脑，下丘脑一方面可能主要起到传导作用，另一方面也由于与杏仁核之间存在功能联系，而与其共同调节情绪反应活动；威胁性刺激同样会引起导水管周围灰质的激活反应，并且对于外界挑衅是否做出防

〔1〕　S. F. White et al., "Callous-unemotional Traits Modulate the Neural Response Associated with Punishing Another Individual During Social Exchange: A Preliminary Investigation", *Journal of Personality Disorders*, Vol. 27, 1 (2013), pp. 99–112.

〔2〕　R. Adolphs, "Fear, Faces, and the Human Amygdala", *Current Opinion in Neurobiology*, Vol. 18, 2 (2008), pp. 166–172.

御反应与导水管周围灰质的激活有关[1]，所以，导水管周围灰质可能更主要地参与组织反应性攻击，这在一定程度上可以解释为什么风险水平越高的暴力犯罪人，在面对逐渐接近的面孔刺激的时候导水管周围灰质的激活越强。

结合以往研究，与攻击行为有关的情绪信息加工神经机制可能有两条路径：一是对他人痛苦情绪线索（如恐惧或悲伤）的杏仁核反应减弱；二是对外界威胁性情绪信息（如愤怒）的杏仁核反应增强。杏仁核是情绪信息加工的关键脑区，对于恐惧或悲伤等情绪线索的反应减弱可能是攻击人群共情能力低下的神经反应基础，在具有精神病态倾向的青少年[2]以及高冷漠无情人群[3]中都发现了个体对他人痛苦的杏仁核反应减弱的证据，这是一种"冷"的神经反应机制。相比较而言，对于外界威胁信息的威胁反应回路的激活是一种"热"的神经反应机制。人类具有相同的基本威胁回路，杏仁核的激活程度会随着威胁水平的增加而增加[4]。本研究并未发现暴力犯罪人对威胁性情绪刺激出现杏仁核反应的增强，这一结果可能受到核磁设备配置以及刺激材料强度的影响，未来有必要开展相关研究进一步

〔1〕 S. F. White et al., "Callous-unemotional Traits Modulate the Neural Response Associated with Punishing Another Individual During Social Exchange: A Preliminary Investigation", *Journal of Personality Disorders*, Vol. 27, 1 (2013), pp. 99-112.

〔2〕 A. J. Bartoli et al., "Amygdala Hypoactivity to Fearful Faces in Boys with Conduct Problems and Callous-Unemotional Traits", *American Journal of Psychiatry*, Vol. 166, 1 (2009), pp. 95-102.

〔3〕 A. J. Bartoli et al., "Amygdala Hypoactivity to Fearful Faces in Boys with Conduct Problems and Callous-Unemotional Traits", *American Journal of Psychiatry*, Vol. 166, 1 (2009), pp. 95-102.

〔4〕 D. Mobbs et al., "Neural Activity Associated with Monitoring the Oscillating Threat Value of a Tarantula", *Proceedings of the National Academy of Sciences*, Vol. 107, 47 (2010), pp. 20582-20586.

考察攻击人群反应性攻击的神经基础。

五、小结

暴力犯罪人对于逐渐接近的威胁刺激会出现部分威胁反应回路的激活，并且激活强度与其风险水平相关。

第七章
暴力犯罪人的矫正初探

由于暴力犯罪的高社会危害性和高再犯罪率，如何提高暴力犯罪人的改造质量、降低其再犯率，是各实践部门与专家学者十分关注并亟须解决的社会问题。2012年，司法部时任副部长张苏军在我国监狱系统率先引入了循证矫正的概念[1]。循证矫正（evidence-based correction）意为遵循证据的矫正，也就是在矫正时寻找最佳证据、遵循科学依据对罪犯进行矫正，其最终目的是提高矫正效果、降低再犯率。2013年4月，司法部成立了循证矫正项目领导小组，张苏军副部长担任组长，司法部有关业务司局和有关单位负责人、高等院校科研院所专家学者等为领导小组成员。该领导小组的成立正式开启了我国循证矫正的理论研究与实践工作。在司法部预防犯罪研究所的部署下，笔者所在的课题组前往山东省某监狱、四川省某未成年犯管教所开展了暴力犯罪人团体矫正的初步实践探索。

第一节　精神病态暴力犯罪人的团体矫正

一、背景

如前文所述，精神病态患者是暴力犯罪人中非常棘手的一类人群。他们通常比其他类型的犯罪人表现出更多的暴力和攻击性，

---

〔1〕 张苏军主编：《循证矫正在中国的实践探索：以山东省任城监狱的暴力犯矫正为例》，法律出版社2016年版，第1—17页。

再犯率更高，矫正难度也更大。首先，非精神病态者的暴力犯罪，如杀人和严重伤害等行为，多发生在家庭纠纷或极度情绪唤起时，即表现为冲动性攻击。相比之下，精神病态暴力犯罪人通常把施暴作为报复或惩罚的一种方式，多表现为预谋性攻击，并且出现暴力行为虐待倾向的显著增加。例如，与非精神病态者相比，精神病态暴力犯罪人在施暴过程中更可能实施性侵害杀人（在杀人的前/中/后实施性侵害），并表现出过度施暴以及虐待行为[1]。其次，与非精神病态者相比，精神病态暴力犯罪人更可能再次犯罪、反复施暴。在释放一年后，精神病态暴力犯罪人的再犯率是非精神病态暴力犯罪人的 3 倍，其中暴力犯罪的再犯率高达 3 倍—5 倍[2]。与非精神病态暴力犯罪人相比，精神病态暴力犯罪人出现再次犯罪和违反假释的时间间隔更短，在监禁机构中也表现出更多的暴力行为，高精神病态评分不仅与释放一年后的再犯率显著相关，而且能够预测释放十年后的再犯率[3]。在青少年罪犯中，精神病态倾向评分较高的个体，在五年的随访期内更可能逃脱监管、违反假释条例，并再次实施暴力犯罪[4]。

有关精神病态暴力犯罪人矫正效果的研究证据也相当悲观，早期的研究者克莱克利就曾在其专著中提出，精神病态者既不

---

〔1〕　S. Porter et al. , "Characteristics of Sexual Homicides Committed by Psychopathic and Nonpsychopathic Offenders", *Law and Human Behavior*, Vol. 27, 5（2003）, p. 459; C. R. Bartol and A. M. Bartol, *Criminal Behavior: A Psychosocial Approach*, Prentice Hall, 2011, p. 179.

〔2〕　J. F. Hemphill, R. D. Hare and S. C. P. Wong, "Psychopathy and Recidivism: A Review", *Legal and Criminological Psychology*, Vol. 3, 1（1998）, pp. 139-170.

〔3〕　S. Porter, A. R. Birt and D. P. Boer, "Investigation of the Criminal and Conditional Release Profiles of Canadian Federal Offenders as a Function of Psychopathy and Age", *Law and Human Behavior*, Vol. 25, 6（2001）, p. 647.

〔4〕　H. Gretton et al. , "Psychopathy and Recidivism in Adolescent Sex Offenders", *Criminal Justice and Behavior*, Vol. 28, 4（2001）, pp. 427-449.

能从治疗中获益[1]，也不能形成有效治疗所需的情感联结。由于精神病态个体可能存在神经生物学缺陷或严重的童年期负性经历，部分研究者认为精神病态是不可治愈的[2]。既往多篇综述和元分析研究显示，没有确凿的证据表明成年精神病态者的矫正治疗有效[3]，甚至有研究者认为精神病态是不可治愈的[4]，还有研究发现社区干预项目反而导致精神病态暴力犯罪人的暴力再犯率升高[5]。

西方循证矫正的既往文献表明，对罪犯矫正最为常用的心理干预模式是认知行为治疗（cognitive behavioral treatment）[6]。

---

［1］　H. M. Cleckley, *The Mask of Sanity: An Attempt to Clarify Some Issues About the So Called Psychopathic Personality*, 5th ed. , Mosby, 1988, pp. 433-446.

［2］　J. Hobson, J. Shine and R. Roberts, "How Do Psychopaths Behave in a Prison Therapeutic Community?", *Psychology, Crime and Law*, Vol. 6, 2 (2000), pp. 139-154; J. R. P. Ogloff, S. Wong and A. Greenwood, "Treating Criminal Psychopaths in a Therapeutic Community Program", *Behavioral Sciences and the Law*, Vol. 8, 2 (1990), pp. 181-190.

［3］　K. D'silva, C. Duggan and L. McCarthy, "Does Treatment Really Make Psychopaths Worse? A Review of the Evidence", *Journal of Personality Disorders*, Vol. 18, 2 (2004), pp. 163-177; R. T. Salekin, C. Worley and R. D. Grimes, "Treatment of Psychopathy: A Review and Brief Introduction to the Mental Model Approach for Psychopathy", *Behavioral Sciences and the Law*, Vol. 28, 2 (2010), pp. 235-266.

［4］　W. H. Reid and C. Gacono, "Treatment of Antisocial Personality, Psychopathy, and Other Characterologic Antisocial Syndromes", *Behavioral Sciences & the Law*, Vol. 18, 5 (2000), pp. 647-662; J. Hobson, J. Shine and R. Roberts, "How Do Psychopaths Behave in a Prison Therapeutic Community?", *Psychology, Crime and Law*, Vol. 6, 2 (2000), pp. 139-154.

［5］　M. E. Rice, G. T. Harris and C. A. Cormier, "An Evaluation of a Maximum Security Therapeutic Community for Psychopaths and Other Mentally Disordered Offenders", *Law and Human Behavior*, Vol. 16, 4 (1992), pp. 399-412; M. C. Seto and H. E. Barbaree, "Psychopathy, Treatment Behavior, and Sex Offender Recidivism", *Journal of Interpersonal Violence*, Vol. 14, 12 (1999), pp. 1235-1248.

［6］　D. A. Andrews et al. , "Does Correctional Treatment Work? A Clinically Relevant and Psychologically Informed Meta-Analysis", *Criminology*, Vol. 28, 3 (1990), pp. 369-404.

认知行为治疗的基本观点是，个体心理障碍和问题行为产生于错误的思维方式和对现实的错误感知，只有帮助个体学会辨识并且改善这些不合理的信念、价值观、感知、归因等认知异常，才有可能有效地改变其不适当的行为。目前，认知行为治疗对于治疗某些犯罪群体已经成为首选方法，如性犯罪者、暴力犯罪人和各种持续财产犯罪人。元分析研究已证明认知行为治疗对减少刑事犯罪累犯有效，参加认知行为治疗的罪犯的平均再犯率显著低于参加普通治疗的罪犯的平均再犯率，因而更有力地证实了认知行为治疗是一种对罪犯干预的有效方法[1]。

自改革开放以来，我国的监狱系统借鉴和吸收了西方国家一些科学的管理制度和矫正教育模式，监狱对罪犯的改造从以政治和经济效益作为本位追求，逐渐趋向于以务实的态度探索适合我国罪犯改造实践的多元化模式。劳动、教育、技能培训、心理矫正等多元方法逐渐被应用到罪犯矫正实践中。例如，在教育方面，犯罪人可以获得继续教育及通过自考等方式取得学历；在技能培训方面，一些有条件的监狱可以开展手工制作、器械修理、园艺等培训班，为犯罪人出狱后的就业提供保障；在心理治疗方面，最常见的是个案研究及个体心理咨询，有条件的监狱也可以开展团体辅导活动。这些多元的方法对于罪犯矫正无疑是一种新的突破，但是上述矫正活动大多缺乏对犯罪

---

〔1〕　R. J. McGrath, S. E. Hoke and J. E. Vojtisek, "Cognitive-Behavioral Treatment of Sex Offenders: A Treatment Comparison and Long-Term Follow-Up Study", *Criminal Justice and Behavior*, Vol. 25, 2 (1998), pp. 203-225; N. A. Landenberger and M. W. Lipsey, "The Positive Effects of Cognitive-Behavioral Programs for Offenders: A Meta-analysis of Factors Associated with Effective Treatment", *Journal of Experimental Criminology*, Vol. 1, (2005), pp. 451-476; M. W. Lipsey, G. L. Chapman and N. A. Landenberger, "Cognitive-behavioral Programs for Offenders", *The Annals of the American Academy of Political and Social Science*, Vol. 578, 1 (2001), pp. 144-157.

人的分类和评估，对于矫正项目是否有效也并没有实证数据支持。

因此，本研究重点关注精神病态暴力犯罪人[1]，针对该群体的犯因性需求来设计和实施矫正项目。根据风险评估、问卷测量、行为学实验和事件相关电位测试等前期研究结果，构建针对精神病态暴力犯罪人的本土化矫正方案，以便监管部门对其实施更为科学的循证管理及减刑假释决策，为暴力犯罪的分类、矫正和预测等提供科学依据。

二、方法

（一）被试

通过查阅某监狱 346 名暴力犯罪人的档案，共筛选出精神病态暴力犯罪人 40 人和对照组 40 人进行访谈和量表测试。筛选标准：①年龄范围在 18 周岁—55 周岁；②犯罪类型涉及故意伤害、故意杀人、抢劫；③小学及以上文化水平；④自我报告和其他报告中没有显示严重的脑损伤或疾病；⑤没有《精神疾病诊断与统计手册》第四版中轴 I 诊断的疾病；⑥排除近 6 个月即将释放的人员。采用服务等级评估量表、精神病态检核表修订版进行个案访谈，并使用冲动性量表、人际反应指数量表、犯罪思维量表、团体气氛量表加以测评，最终在满足上述标准的精神病态暴力犯罪人中随机选取 12 名进入矫正组、12 名进入对照组。

矫正组平均年龄为 29.33 ± 5.47 周岁，对照组平均年龄为 31.79 ± 7.09 周岁，两组被试在年龄上不存在统计学上的差异（$t = -1.56$，$P > 0.05$），且在教育程度上也无显著差异（$t = -1.25$，

---

[1] 张苏军主编：《循证矫正在中国的实践探索：以山东省任城监狱的暴力犯矫正为例》，法律出版社 2016 年版，第 170—228 页。

$P>0.05$）。

（二）评估工具

1. 修订版服务等级量表

如前文所述，修订版服务等级量表（Level of Service Inventory-Revised）是安德鲁斯和邦塔开发的，最初由加拿大渥太华的假释犯评估工具发展而来，进而在不同类型犯罪人群体的危险性评估中得到了广泛应用。修订版服务等级量表共有 54 个条目，包括静态和动态的风险因子，含十个维度：犯罪历史、教育和就业、经济状况、家庭和婚姻、住宿、休息和娱乐、伙伴、酒精或毒品问题、情绪和人格、态度和目标。量表得分的高低表示再犯风险性的高低。既往针对不同国家和群体的研究结果显示，修订版服务等级量表具有较好的信效度[1]。

2. 精神病态自评问卷

精神病态自评问卷（Levenson's Self-Report Psychopathy Scale）由利文森（M. R. Levenson）等人于 1995 年编制[2]，共有 26 个条目。每个条目采用李克特四级评分（非常不同意 = 1，非常同意 = 4）。问卷包括两个因素：因素 1（原发型精神病态）包括 16 个题目，主要测量被试的自私性、漠不关心、喜欢支配别人的特性，与修订版服务等级量表的因素 1（情绪/人际关系）很相近；因素 2（继发型精神病态）包括 10 个题目，主要

---

〔1〕　D. A. Andrews et al. , "The Construct Validity of Interview-based Risk Assessment in Corrections", *Canadian Journal of Behavioural Science*, Vol. 18, 4 (1986), pp. 460–471; J. Zhang and N. Liu, "Reliability and Validity of the Chinese Version of the LSI-R with Probationers", *International Journal of Offender Therapy Comparative Criminology*, Vol. 59, 13 (2015), pp. 1474–1486.

〔2〕　M. R. Levenson, K. A. Kiehl and C. M. Fitzpatrick, "Assessing Psychopathic Attributes in a Noninstitutionalized Population", *Journal of Personality and Social Psychology*, Vol. 68, 1 (1995), p. 151.

测量被试的冲动性、不能忍受挫折性、性格急躁和缺乏长远目标的特性，与修订版服务等级量表的因素2（冲动性和生活方式）很相近。精神病态自评问卷总量表的内部一致性 α 系数为0.8，原发型精神病态自评问卷的内部一致性（0.76）比继发型精神病态自评问卷的内部一致性（0.67）要高。该问卷已经被许多研究者使用，具有较好的信效度，并且与修订版服务等级量表的两个因子相关性显著。在本研究中，精神病态自评问卷总量表的内部一致性 α 系数为0.8，原发型精神病态自评问卷的内部一致性（0.72）同样比继发型精神病态自评问卷的内部一致性（0.61）高。

3. 冲动性量表

采用巴瑞特冲动性量表第十一版考察矫正组和对照组被试的冲动性水平，详见本书第四章的方法部分。

4. 人际反应指数量表

人际反应指数量表（Interpersonal Reactivity Index）由戴维斯（M. H. Davis）1983 年编制[1]并由吴静吉等人修订成中文版，被广泛用于测量共情的认知成分和情感成分，适用于青少年和成人，共有 22 个条目，包括观点采择（perspective taking）、想象共情（fantasy）、共情关注（empathic concern）和个人忧伤（personal distress）四个维度。其中，观点采择属于认知成分，想象共情、共情关注、个人忧伤属于情感成分，当前研究者倾向于选取观点采择分量表对认知性共情进行测量，选取共情关注分量表对情感性共情进行评估。人际反应指数量表的内部一致性 α 系数为 0.71—0.77，重测信度为 0.62—0.71。在本研究

---

[1] M. H. Davis, "Measuring Individual Differences in Empathy: Evidence for a Multidimensional Approach", *Journal of Personality and Social Psychology*, Vol. 44, 1 (1983), pp. 113-126.

中，该量表的内部一致性 α 系数为 0.68。

5. 犯罪倾向量表

项目组根据"中心八"风险因子自编犯罪倾向量表，以考察暴力犯罪人的犯罪思维和态度，共包括 52 个题目，该量表共有五个维度：冲动短视、犯罪谋生、罪责推脱、人际交往、亲人关系，还附加了测谎问题。该量表内部一致性 α 系数为 0.73。

（三）研究程序

首先，通过暴力风险评估量表成人版对 40 名暴力犯罪人进行访谈，获得被试的暴力再犯风险水平；其次，对 27 名中高风险的暴力犯罪人施测精神病态自评问卷、冲动性量表、人际反应指数量表、犯罪倾向量表，均为团体施测的形式；再其次，根据问卷结果对暴力犯设计并实施团体矫正项目；最后，团体矫正结束后，再次实施相关的测量问卷和量表，对效果进行评估并追踪其狱内违纪行为。

遵循风险—需求—反应性原则设计团体矫正方案，根据精神病态暴力犯罪人的再犯风险水平和犯因性需求，设计并实施团体矫正项目。团体方案包括团体形成、共情训练、信念改变、问题解决训练、自我指导训练、社会支持和资源以及风险管理七个模块，共十个单元（见表 7-1），每周一次，连续十周，每次一个半小时，中间休息十分钟。矫正采取同质性的、结构化的、封闭式的团体形式。团体由一名心理咨询方向的研究生担任带领者，一名监狱教育科干警担任副带领者，二者均具有丰富的团体带领经验。每周干预后，团体带领者都要接受督导并且讨论在干预过程中的关键点以及遇到的问题。矫正组成员连续参加为期十周的团体矫正，对照组成员不参加团体矫正，仅接受常规教育。

表 7-1 团体矫正方案内容纲要

单元	主题	主要内容
1	团体形成	关系建立、提升改变动机
2	共情训练（1）	情绪词汇、情绪面孔识别、非言语交流
3	共情训练（2）	痛觉图片、认知共情和情感共情练习
4	共情训练（3）	认知共情和情感共情练习、换位思考、角色扮演
5	信念改变	认知 ABC、建立合理信念
6	问题解决训练（1）	倾听技巧、共情技巧
7	问题解决训练（2）	换位思考、问题解决策略
8	自我指导训练	内部语言、自我监控、自我肯定和奖赏
9	社会支持和资源	内外支持资源（亲情视频、SWOT 分析）
10	风险管理	风险案例探讨、理想拍卖会、优点轰炸、珍重再见

在十周的团体矫正之后，使用精神病态自评问卷、冲动性量表、人际反应指数量表、犯罪倾向量表对两组成员再次进行测试，并采用矫正前后两组成员的狱内违纪行为次数作为效果评估指标。所有参与者在干预前均签署保密协议及知情同意书。

（四）数据分析

使用 SPSS17.0 统计软件进行数据录入与分析，对前述心理量表的测试分数进行 2（组别：矫正组/对照组）×2（测量时间：前测/后测）重复测量方差分析。

三、结果

（一）矫正前后两组成员的量表测试结果

在实施团体矫正的过程中，矫正组的 2 名被试因时间冲突，无法全程参与矫正过程，最终参与统计分析的矫正组 10 人，对照组 12 人。经过十周的团体矫正后，重复测量方差分析结果表明：在精神病态特质评分方面，组别的主效应不显著，F（1，20）= 2.349，P = 0.141，矫正组与对照组的精神病态特质评分没有显著差异；测量时间的主效应不显著，F（1，20）= 0.264，P = 0.613，矫正前后的精神病态特质评分没有显著差异；测量时间和组别的交互作用不显著（P>0.05）（见表 7-2）。

表 7-2　矫正组与对照组在团体矫正前后的量表测试结果

变量	矫正组（n=10）		对照组（n=12）		组别×时间	
	前测（x̄±s）	后测（x̄±s）	前测（x̄±s）	后测（x̄±s）	F 值	P 值
精神病态	68±8.56	66.6±6.72	69.92±8.21	73.75±10.97	1.22	0.282
冲动性	93.6±11.81	92.1±16	65.17±16.69	80.5±13.21	5.24	0.033
共情	86.6±7.35	85.7±8.83	88.5±9.49	88.83±13.93	0.03	0.855
犯罪倾向	154.6±9.51	157.7±10.94	139.17±20.44	138.58±27.58	0.19	0.665

在冲动性评分方面，组别的主效应显著，F（1，20）= 15.634，P<0.001，矫正组的冲动性得分显著高于对照组；测量时间的主效应不显著，F（1，20）= 3.535，P = 0.075，矫正前后的人际反应指数评分没有显著差异；测量时间和组别的交互作用显著，F（1，20）= 5.24，P = 0.033。简单效应分析表明，对照组在矫正前后的差异显著，t = 5.736，P = 0.036，但矫正组在矫正前后的差异不显著；矫正组和对照组的前测差异显著，t = 4.518，P<0.001，但两组后测的差异不显著（P>0.05）。

在共情评分方面，组别的主效应不显著，F（1，20）= 0.725，P = 0.405，矫正组与对照组的人际反应指数总分没有显著差异；测量时间的主效应不显著，F（1，20）= 0.007，P = 0.933，矫正前后的人际反应指数评分没有显著差异；测量时间和组别的交互作用不显著（$P>0.05$）。

在犯罪倾向评分方面，组别的主效应显著，F（1，20）= 5.916，P = 0.025，矫正组的犯罪倾向评分显著高于对照组；测量时间的主效应不显著，F（1，20）= 0.09，P = 0.767，矫正前后的犯罪倾向评分没有显著差异；测量时间和组别的交互作用不显著（$P>0.05$）。

（二）团体矫正前后矫正组的违纪次数

对参加团体矫正的每名矫正组被试，根据监狱民警的记录，统计其在团体矫正实施前、团体矫正期间、团体矫正结束后（各 3 个月）的狱内违纪次数并进行卡方检验，结果发现，团体矫正开始之前的 3 个月内有违纪行为的矫正对象，在团体矫正实施期间和团体矫正结束后违纪次数明显减少，违纪次数分布情况见图 7-1。

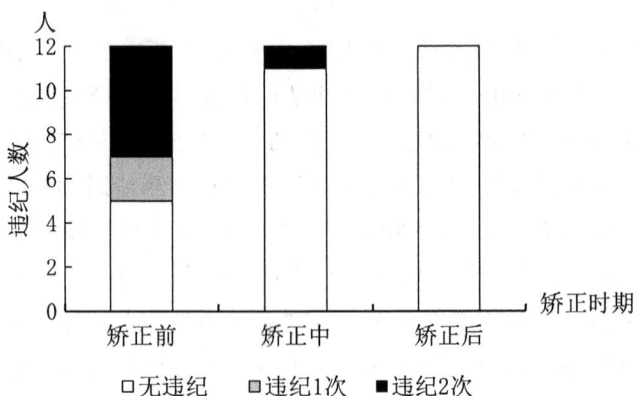

图7-1 矫正组在矫正前、中、后期的违纪次数分布

四、讨论

本研究采用以认知行为治疗为主的团体矫正方案，通过实施共情训练、信念改变、问题解决训练等矫正项目，以降低精神病态暴力犯罪人的暴力再犯风险。研究结果表明，矫正组在矫正前后，并未出现精神病态特质水平、冲动性水平、共情水平和犯罪倾向水平的显著改善，提示现有认知行为治疗的效果欠佳。尽管心理量表测试结果提示团体矫正未能降低矫正组的暴力风险，但监狱民警记录的狱内违纪行为次数显示矫正组学员在接受团体矫正后，表现出违纪等风险行为减少的趋势，并在团体矫正结束的 3 个月仍保持这一趋势，提示本次认知行为团体矫正尽管未能降低矫正组的暴力风险，但对于减少其违纪行为可能有一定作用。

与许多既往研究类似，本研究结果提示精神病态暴力犯罪人未出现显著的风险降低，可能与该群体的冷漠无情、情感肤浅、缺乏内疚和责任感等特质有关，这导致他们在矫正过程中缺乏治疗动机、难以建立治疗同盟、不愿为自己的暴力行为承担责任、难以认识到自己对他人造成的伤害，因此难以实现再犯风险的降低。但是，也有研究者认为许多既往研究缺乏良好的控制[1]，特别是缺乏随机对照试验的研究结果，因此无法作为精神病态暴力犯罪人难以矫正的确切证据。本次研究作为课题组在暴力犯罪人矫正领域的早期尝试，在筛选被试入组时，被试人数有限难以匹配矫正组和对照组的基线冲动性水平，导致矫正组的冲动性得分显著高于对照组，因此，样本量较小、

---

〔1〕 G. T. Harris and M. Rice, "Treatment of Psychopathy: A Review of Empirical Findings", in C. J. Patrick ed., *The Handbook of Psychopathy*, Guilford Press, 2006, pp. 555-572.

未能严格遵循随机对照试验设计，可能是导致矫正效果不显著的原因之一。

此外，近年来的部分研究发现，精神病态暴力犯罪人能够从认知行为治疗等对犯罪人普遍有效的矫正项目中获益，但他们需要接受更高剂量和更高强度的矫正项目，如一项元分析研究中发现[1]，对于精神病态者的平均治疗时长为每周4次且持续1年以上，相比之下，本研究矫正强度和时长的不足可能也是导致矫正效果不佳的原因之一。对于部分精神病态暴力犯罪人，实施针对精神病态核心特质的循证矫正项目，的确能够降低其再犯风险并促进其重返社会[2]。例如，由杨（J. E. Young）及其同事提出的图式治疗（Schema Therapy）[3]，近年来被应用于司法领域的精神病态等人格障碍患者[4]，扩展了传统认知行为治疗的概念，更加强调探索心理问题的童年根源、经验技巧、咨访关系以及适应不良的应对方式[5]。因此，今后的研究仍需进

---

〔1〕 R. T. Salekin, "Psychopathy and Therapeutic Pessimism: Clinical Lore or Clinical Reality?", *Clinical Psychology Review*, Vol. 22, 1 (2002), pp. 79–112.

〔2〕 D. P. Bernstein et al., "Schema Therapy for Forensic Patients with Personality Disorders: Design and Preliminary Findings of a Multicenter Randomized Clinical Trial in the Netherlands", *International Journal of Forensic Mental Health*, Vol. 11, 4 (2012), pp. 312–324; M. E. Olver, K. Lewis and S. C. P. Wong, "Risk Reduction Treatment of High-risk Psychopathic Offenders: The Relationship of Psychopathy and Treatment Change to Violent Recidivism", *Personality Disorders: Theory, Research, and Treatment*, Vol. 4, 2 (2013), p. 160.

〔3〕 J. E. Young, J. S. Klosko and M. E. Weishaar, *Schema Therapy: A Practitioner's Guide*, Guilford Press, 2003, pp. 1–62.

〔4〕 L. L. M. Bamelis et al., "Results of a Multicenter Randomized Controlled Trial of the Clinical Effectiveness of Schema Therapy for Personality Disorders", *American Journal of Psychiatry*, Vol. 171, 3 (2014), pp. 305–322.

〔5〕 F. Chakhssi, D. Bernstein and C. de Ruiter, "Early Maladaptive Schemas in Relation to Facets of Psychopathy and Institutional Violence in Offenders with Personality Disorders", *Legal and Criminological Psychology*, Vol. 19, 2 (2014), pp. 356–372.

一步探索每种矫正措施的风险改善机制，并在更大样本的精神病态暴力犯罪人群体中进行验证。未来创新的治疗模式以及严谨的循证研究设计，可能为精神病态暴力犯罪人的矫正提供新的启示。

五、小结

精神病态暴力犯罪人在接受认知行为团体矫正后，再犯风险水平并未显著降低，但出现狱内违纪行为减少的趋势。

第二节　未成年暴力犯罪人的团体矫正

一、背景

未成年人犯罪，是指已满14周岁不满18周岁年龄阶段的个体实施的犯罪行为。近年来，我国未成年人犯罪形势日趋严重，呈现出低龄化、暴力化等特点。2015—2017年《法治蓝皮书》表示，14周岁—16周岁犯罪人群数量呈逐年上升趋势，犯罪手段也日趋暴力化，其罪名主要表现为抢劫罪、故意伤害罪、寻衅滋事罪等犯罪类型。暴力团伙是未成年人犯罪的最大特点[1]。2002年，世界卫生组织完成了第一份全世界范围内的调查报告，其中的一个重要结论是暴力不可避免，但是人们可以通过一些工作来锁定暴力、减少暴力和预防暴力[2]。解决该问题的重要方法就是找到暴力风险评估的有效工具和暴力干预的有效措施，准确地锁定暴力风险以减少暴力再犯行为，早期的暴力风险评

---

〔1〕　李林、田禾主编：《法治蓝皮书：中国法治发展报告 No.13（2015）》，社会科学文献出版社2015年版；李林、田禾主编：《法治蓝皮书：中国法治发展报告 No.15（2017）》，社会科学文献出版社2017年版。

〔2〕　E. G. Krug et al., "The World Report on Violence and Health", *The Lancet*, Vol. 360, 9339（2002）, pp. 1083–1088.

估及干预能够带来较好的效果以及产生更好的成本收益[1]。因此，面对以暴力犯罪为突出特点的未成年人犯罪问题，通过评估、干预和矫正等方法以减少暴力犯罪行为是当前的核心措施。

暴力风险评估量表青少年版（Violence Risk Scale-Youth Version）是目前国际上应用广泛的青少年暴力风险评估工具，它属于第四代风险评估工具，能够多次评估个体当前的暴力风险水平，因此也常被用于干预效果的检测[2]。暴力风险评估量表青少年版具有 4 个静态项目和 19 个动态项目。静态项目是指与暴力相关的稳定的不可能再发生改变的因素，如初次犯罪的年龄。相对应地，动态项目是可能发生改变的风险因子，如冲动性、认知偏差等。暴力风险评估量表青少年版的动态项目包括暴力生活方式、冷漠无情、犯罪态度、受教育态度、反社会同伴、人际攻击、情绪控制、监管期间暴力、武器使用、暴力自知力、精神障碍、物质滥用、冲动性、认知歪曲、与抚养人互动、家庭压力、社交孤立、社区稳定、服从监管。动态项目被称为矫正的"靶目标"，是可能发生改变的，因此对暴力风险的矫正应主要针对这些动态的项目进行。

认知行为治疗对于儿童和青少年的攻击行为具有较好的疗效，其对罪犯的矫正主要以改变犯罪思维（criminal thinking）为靶目标[3]。犯罪思维是指犯罪人为自我辩解的扭曲认知，包括对人际交往线索的误解、对惩罚的错误归因、道德推理缺陷等。这些错误认知会导致个体在面对无害线索时将其理解为挑

---

〔1〕 J. L. Skeem and J. Monahan, "Current Directions in Violence Risk Assessment", *Current Directions in Psychological Science*, Vol. 20, 1（2011）, pp. 38-42.

〔2〕 肖玉琴等：青少年暴力风险评估量表在未成年暴力犯的信效度检验", 载《中国健康心理学杂志》2017 年第 11 期。

〔3〕 A. T. Beck, *Prisoners of Hate: The Cognitive Basis of Anger, Hostility, and Violence*, Harper Collins Publishers, 1999, pp. 213-219.

衅或威胁线索，倾向于需求的即时满足。一项针对使用认知行为治疗以矫正儿童和青少年攻击行为的元分析研究发现，认知行为治疗对于减少儿童和青少年的攻击行为具有较好的效果[1]。刘邦惠带领其研究生刘艳[2]和赵文文[3]对青少年劳教人员分别进行了提高自我控制的团体训练和愤怒控制的团体训练，这两种团体训练皆以认知行为治疗为理论依据。研究结果显示，通过自我控制的团体训练可以提高青少年劳教人员的自我控制能力，具体表现在认知上的改变和行为技能上的提高；通过愤怒控制的团体训练可以降低青少年劳教人员的外显攻击行为，且在人际交往技能和认知改变上取得了较大的变化。利普西（Lipsey）和威尔逊（Wilson）对 200 个旨在研究严重青少年罪犯的实验研究和准实验研究进行了元分析，结果发现：人际关系技能、使用认知行为治疗、在社区开展矫正这几个因素能够产生积极的矫正效果，在该元分析中，产生积极效果的矫正项目对于再犯率的降低都达到了 40% 以上。

降低青少年暴力再犯的风险水平，是帮助青少年罪犯回归社会、步入正轨的重要环节。然而，我国目前尚缺乏旨在降低未成年暴力犯罪人再犯风险的实证研究，因此，本研究主要采用认知行为治疗[4]，兼以动机晤谈、理性情绪疗法、人际交往

---

〔1〕　N. Özabacı, "Cognitive Behavioural Therapy for Violent Behaviour in Children and Adolescents: A Meta-analysis", *Children and Youth Services Review*, Vol. 33, 10 (2011), pp. 1989–1993.

〔2〕　刘艳：“未成年劳动教养人员自我控制的团体训练研究”，中国政法大学2008 年硕士学位论文。

〔3〕　赵文文：“对暴力攻击型青少年愤怒控制的团体训练研究”，中国政法大学 2011 年硕士学位论文。

〔4〕　肖玉琴：“未成年暴力犯暴力风险评估与矫正的实践探索——以循证矫正为视角”，中国政法大学 2016 年博士学位论文；肖玉琴等：“认知行为团体矫正对未成年犯暴力风险水平的影响”，载《中国临床心理学杂志》2019 年第 1 期。

技能训练等方法，构建针对未成年暴力犯罪人的本土化团体矫正方案，希望达到降低其暴力再犯风险的目的。

二、方法

（一）对象

在某未成年犯管教所，随机选取未成年暴力犯罪人 206 名，采用修订后的青少年版暴力风险评估量表评估其暴力风险水平。根据青少年版暴力风险评估量表风险程度的划分原则，总分在 27 分及以上的为中高风险者，总计 152 名。入组的标准还包括：①参与人员均自愿参加矫正及前后测评估；②参考管教干警的评价，排除存在明显抵制情绪、语言理解和沟通存在障碍、具有酒精或药物依赖、脑器质性病变、精神疾病等不适合进行团体治疗的人员；③排除在近 8 个月即将释放的人员。最终在满足上述标准的中高风险被试中随机选取 24 名进入矫正组，26 名进入对照组。

两组未成年暴力犯均为男性且均为初次犯罪。为了准确评估团体矫正方案的有效性，研究采用随机对照试验研究设计。矫正组成员的选择实行编码后完全随机抽取，抽取后对矫正组和对照组在前测问卷上的得分进行平均数差异检验，以保证矫正组和对照组的同质性。

矫正组的平均年龄为 16.08±0.58 周岁，对照组平均年龄为 16.5±0.72 周岁，两组被试在年龄上不存在统计学上的差异（$t = -2.19$，$P > 0.05$），在原判刑期上无显著差异（$t = 0.03$，$P > 0.05$），在教育程度上也无显著差异（$t = -1.53$，$P > 0.05$）。

（二）工具

1. 青少年版暴力风险评估量表

研究采用暴力风险评估量表的青少年版作为风险评估工具。

该量表为结构化评估工具，是由加拿大黄教授等人为刑事司法系统及社区矫正机构评估青少年暴力风险而开发的具有针对性的工具[1]，肖玉琴等人对其进行了修订[2]。该量表可用于多次测量同一被试的风险水平并比较风险水平的变化。青少年版暴力风险评估量表包括三个维度：人际暴力（F1）、不良行为（F2）和家庭问题（F3）。在本研究中，该量表的内部一致性系数为0.84。

2. 人际反应指数量表

采用人际反应指数量表考察矫正组和对照组被试的共情水平，详见本书第七章第一节的方法部分。

3. 冷漠无情特质量表

采用弗里克编制、陈展等人在2013年修订的冷漠无情特质量表，考察矫正组和对照组被试的冷漠无情特质水平，由各监区的管教民警以他评的形式完成量表评分，详见本书第四章的方法部分。

（三）研究程序

首先，通过青少年版暴力风险评估量表对50名未成年暴力犯罪人进行访谈，获得被试的暴力再犯风险水平；其次，对比两组被试施测人际反应指数量表和冷漠无情特质量表；再其次，设计并实施未成年暴力犯罪人的团体矫正项目；最后，团体矫正结束后，实施相关的测量问卷，并对矫正效果进行评估。

本次团体矫正方案的设计主要依据认知行为理论、团体动力学理论，同时结合未成年暴力犯罪人的年龄特点、风险水平

---

[1] K. C. Stockdale, M. E. Olver and S. C. P. Wong, "The Validity and Reliability of the Violence Risk Scale-Youth Version in a Diverse Sample of Violent Young Offenders", *Criminal Justice and Behavior*, Vol. 41, 1 (2013), pp. 575-608.

[2] 肖玉琴等："青少年暴力风险评估量表在未成年暴力犯的信效度检验"，载《中国健康心理学杂志》2017年第11期。

特点以及监狱实际环境综合考虑而制定。团体矫正方案包括团体形成、愤怒管理、信念改变、问题解决训练、人际沟通训练、自我指导训练、社会支持和资源以及风险管理八个模块，共十个单元（见表7-3），每个单元为一次活动，每周一次，连续十周，每次一个半小时，中间休息十分钟。

表7-3　团体矫正方案的内容

单元	主题	主要内容
1	团体形成	关系建立、提升改变动机
2	愤怒管理	愤怒管理、愤怒外化、放松训练
3	信念改变	改变与暴力相关的不合理认知，建立合理信念
4	问题解决训练（1）	订立改变目标、头脑风暴、决策平衡
5	问题解决训练（2）	建设性行动、行动评估与调整
6	人际沟通训练（1）	共情训练（表情识别、非言语交流、换位思考、倾听技巧）
7	人际沟通训练（2）	沟通技巧、冲突管理
8	自我指导训练	内部语言、自我监控、自我肯定和奖赏
9	社会支持和资源	内外支持资源（亲情视频、SWOT分析）
10	风险管理	风险案例探讨、理想拍卖会、优点轰炸、珍重再见

矫止采取同质性的、结构化的、封闭式的团体形式。每个团体配备一名带领者，一名副带领者，两名观察员。团体带领者和副带领者皆为未成年犯管教所心理中心干警、二级心理咨

询师，具有丰富的团体带领经验。每周干预后，团体带领者都要接受督导并且讨论在干预过程中的关键点以及遇到的问题。矫正组成员连续参加为期十周的团体矫正，对照组成员不参加团体矫正，仅接受常规教育。为了达到更好的干预效果，24 名矫正组成员随机分成两组，两组成员矫正内容和时长均完全一致。

在十周的团体矫正之后，使用青少年版暴力风险评估量表、人际反应指数量表、冷漠无情特质量表对两组成员进行测试，作为效果评估指标。所有参与者在干预前均签署保密协议及知情同意书。

（四）数据分析

使用 SPSS17.0 统计软件进行数据录入与分析，对前述心理量表的测试分数进行 2（组别：矫正组/对照组）×2（测量时间：前测/后测）重复测量方差分析。进一步对两组被试在矫正前后心理测试分数的变化量进行独立样本 t 检验。

三、结果

经过十周的团体矫正后，方差分析结果表明：在青少年版暴力风险评估量表总分上，测量时间的主效应显著，$F（1，48）= 66.35$，$P<0.001$，后测风险总分显著低于前测；测量时间和组别的交互作用显著，$F（1，48）= 14$，$P<0.001$（见表7-4）。简单效应分析表明，对照组在矫正前后测的差异不显著（$P>0.05$）；矫正组后测值显著低于前测值，即经过矫正后风险总分得到了显著降低，$F（1，23）= 152.3$，$P<0.001$。矫正前，矫正组和对照组差异不显著（$P>0.05$）；矫正后，矫正组与对照组差异边缘显著，$F（1，49）= 3.96$，$P=0.052$。

表 7-4　矫正组与对照组在团体矫正前后的心理测试结果

变量	矫正组（n=24）		对照组（n=26）		组别×时间	
	前测（$\bar{x}\pm s$）	后测（$\bar{x}\pm s$）	前测（$\bar{x}\pm s$）	后测（$\bar{x}\pm s$）	F 值	P 值
青少年版暴力风险评估量表总分	34.59±4.28	30.39±4.81	34.97±6.15	33.41±5.8	14	<0.001
F1 人际暴力	14.45±3.03	12.27±2.96	14.53±2.85	13.81±3.04	12.79	<0.001
F2 不良行为	13.95±2.95	12.61±2.93	14.03±3.21	13.36±3.05	8.23	<0.001
F3 家庭问题	6.2±2.53	5.81±2.24	6.73±2.57	6.36±2.43	0.28	0.868
人际反应指数评分	57.7±10.25	65.2±9.59	59.5±9.71	61.34±7.93	6.06	0.017
冷漠无情特质评分	40.12±6.74	38.08±7.29	40.84±8.53	39.95±8.67	0.17	0.682

在青少年版暴力风险评估量表的 F1 人际暴力维度，测量时间主效应显著，$F_{(1, 48)} = 50.83$，$P < 0.001$，后测得分显著低于前测，测量时间和组别的交互作用显著，$F_{(1, 48)} = 12.79$，$P < 0.001$。在青少年版暴力风险评估量表的 F2 不良行为维度，测量时间主效应显著，$F_{(1, 48)} = 74.72$，$P < 0.001$，后测得分显著低于前测，测量时间和组别的交互作用显著，$F_{(1, 48)} = 8.23$，$P < 0.001$。在青少年版暴力风险评估量表的 F3 家庭问题维度，测量时间主效应显著，$F_{(1, 48)} = 16.7$，$P < 0.001$，后测得分显著低于前测，测量时间和组别的交互作用不显著（$P > 0.05$）。

在人际反应指数即共情评分方面，测量时间主效应显著，F (1，48) = 16.57，$P<0.001$，后测得分显著高于前测；测量时间和组别的交互作用显著，F (1，48) = 6.06，$P=0.017$。

在冷漠无情特质评分方面，测量时间主效应显著，F (1，48) = 202.29，$P<0.001$，后测得分显著低于前测；测量时间和组别的交互作用不显著（$P>0.05$）。

如表7-5所示，对矫正组和对照组在矫正前后测试的变化量进行差异性检验，变化量为各项指标的后测值减去前测值的平均数，矫正组的变化量表示为 M1，对照组的变化量表示为M2。结果发现，矫正组在青少年版暴力风险评估量表总分上的降低显著大于对照组（$t=-4.67$，$P<0.001$），说明通过认知行为团体矫正，矫正组在再犯风险指标上得到了显著改善；在青少年版暴力风险评估量表的三个维度上，矫正组在 F1 人际暴力维度和 F2 不良行为维度都得到了显著降低（$t=-4.78$，$P<0.001$；$t=-3.39$，$P<0.001$），F3 家庭问题维度差异不显著（$P>0.05$）。在人际反应指数评分上，矫正组提高的分数也显著大于对照组（$t=2.26$，$P=0.03$）。在冷漠无情特质评分上，两组产生的变化差异不显著（$P>0.05$）。

表7-5　矫正组与对照组的前后测变化量比较

变量	矫正组（n=24）		对照组（n=26）		t 值	P 值
	M1	SD	M2	SD		
青少年版暴力风险评估量表总分	-3.94	1.63	-1.18	2.41	-4.67	<0.001
F1 人际暴力	-2.26	1.28	-0.59	1.15	-4.78	<0.001
F2 不良行为	-1.32	0.81	-0.58	0.71	-3.39	<0.001

续表

变量	矫正组（n=24）		对照组（n=26）		t 值	P 值
	M1	SD	M2	SD		
F3 家庭问题	-0.39	0.46	-0.32	0.65	-0.42	0.67
人际反应指数评分	7.5	8.6	2.32	7.38	2.26	0.03
冷漠无情特质评分	-2.04	5.32	-1.04	4.92	-0.67	0.50

四、讨论

本研究采用以认知行为治疗为主的团体矫正方案，通过实施愤怒管理、信念改变、人际沟通、问题解决等矫正项目，以降低未成年暴力犯罪人的暴力风险。从矫正效果上看，研究结果表明矫正组在暴力风险水平总分、F1 维度、F2 维度皆得到了显著降低，说明矫正取得了良好的效果，支持了研究假设。不仅如此，通过矫正还提高了矫正组成员的共情水平，而对照组前后测差异并不显著。与对照组相比，矫正组在前后测的冷漠无情特质评分差异不显著，说明冷漠无情特质水平的降低并不是本次矫正所产生的效果。冷漠无情特质是一种具有较强稳定性的特质，且其形成的原因还具有一定的生理基础和遗传基础。因此，降低冷漠无情特质水平对于治疗来说难度很大。虽然也有通过认知行为治疗降低冷漠无情特质水平的案例，但是通常治疗持续时间长、强度大[1]。

认知行为治疗对于减少和控制暴力而言是一种较为成熟的

---

〔1〕 R. T. Salekin, C. Worley and R. D. Grimes, "Treatment of Psychopathy: A Review and Brief Introduction to the Mental Model Approach for Psychopathy", *Behavioral Sciences & the Law*, Vol. 28, 2 (2010), pp. 235-266.

疗法，能够通过帮助个体改变不合理的信念和歪曲的思维模式，修正个体认知中的偏差和扭曲，整合恰当的信念体系，从而改变个体的行为。吴雯[1]通过对男性青少年罪犯采用认知行为治疗进行愤怒管理，结果表明个体的愤怒控制能力得到了显著提高，愤怒水平显著降低。毛燕静对成年罪犯进行了认知行为团体矫正，结果也表明，通过矫正降低了个体的攻击性、敌意和愤怒的情绪表现，冲动性和冲动性攻击也得到了改善[2]。本研究结果进一步说明了认知行为治疗对于降低暴力风险起到了良好的作用。

在暴力风险的三个维度中，矫正组在家庭问题维度的风险值降低不显著，说明以该认知行为治疗为主的团体矫正方法对于未成年暴力犯罪人的家庭问题改善作用欠佳。家庭问题主要包括个体所在的家庭环境风险、社区环境风险、家庭内部压力、缺乏与抚养人的良性互动等方面。黄教授针对暴力犯罪人专门开发出了暴力危险性项目，他在该项目手册中总结道："关于矫正青少年和成年暴力犯罪人的反社会行为时应该注意将矫正项目的选择与其犯因性需求相对应，即以个体确确实实存在的动态风险因子为矫正的靶目标"[3]。本次团体矫正主要聚焦在改变不良认知、提升共情水平等方面。对于 F3 家庭问题风险可以选择更有针对性的矫正方法，如家庭系统疗法等。在再犯风险的矫正中，邦塔认为导致犯罪的原因是多样的，为了降低再次

---

〔1〕　吴雯："对高愤怒特质男性青少年犯的认知行为团体干预研究"，首都师范大学 2008 年硕士学位论文。

〔2〕　毛燕静："男性成年犯冲动性攻击行为的团体干预研究"，华东师范大学 2007 年硕士学位论文。

〔3〕　S. C. P. Wong and A. Gordon, " The Violence Reduction Programme: A Treatment Programme for Violence-Prone Forensic Clients ", *Psychology*, *Crime and Law*, Vol. 19, 5-6 (2013), pp. 461-475.

发生犯罪行为的风险，治疗的方式方法也应该是多管齐下的，如各种心理治疗方法、技能培训、教育培训等都可以被列为矫正的方法。只有矫正的"靶目标"打得够准，矫正才能够发挥预想的效应。

本研究还存在下述不足：首先，十周的矫正时长仅仅达到了基本的治疗要求，后续研究应当拓展矫正时长。个体的转变只是持续累积的一个变化，只有当矫正内容深入其心且持续长久地作用于人，才能取得长效的变化。其次，对矫正效果最有力的检验指标是未成年罪犯出狱后的再犯率，本批研究对象在矫正结束时离释放最短的为1个月，最长的为8年零4个月。因此，后续的追踪应该从两个方面进行：一方面，在狱内继续追踪调查其服刑表现和矫正效果，主要采用量表调查、管教干警的日常评估等方式；另一方面，对于结束服刑的未成年犯罪人，与其所在地司法所取得联系，保持后续的追踪评估，了解其社会状态和心理行为变化。

五、小结

认知行为团体矫正能够降低未成年暴力犯罪人的暴力风险水平，并提升其共情水平。

第八章
局限与启示

　　本书整合了笔者所在团队的既往多项研究，以我国多所监狱内服刑的男性暴力犯罪人为研究对象，通过问卷调查、个案访谈、行为实验、事件相关电位、功能性磁共振成像技术，考察其暴力行为的基本特点、人格异常、认知缺陷和情绪障碍，并选取部分成年精神病态暴力犯罪人、未成年暴力犯罪人，初步开展认知行为治疗为主的团体矫正，以降低暴力犯罪人的再犯风险。研究结果发现，我国的暴力犯罪人以冲动性攻击为主，反社会人格障碍高达40%以上；精神病态暴力犯罪人存在执行功能缺陷，在人际合作任务中更多出现不合作行为，脑电结果显示其更关注自身收益，而对与他人合作的预期度较低；暴力犯罪人存在消极情绪面孔的识别障碍，脑成像结果显示其面对威胁刺激时出现部分威胁反应回路的激活，且激活强度与其暴力风险水平相关；认知行为团体矫正能够有效地降低未成年暴力犯罪人的再犯风险水平，但对于成年精神病态暴力犯罪人的矫正效果欠佳。上述研究成果系统阐释了我国暴力犯罪人的心理和行为特点，为深入理解暴力犯罪的风险因子和发生机制、开展暴力犯罪人的矫正和预防提供了科学依据。然而，上述研究中仍存在不少问题与局限，已取得的经验和教训可以为今后的研究带来启示。

一、局限

(一) 被试样本存在局限

现有的被试样本存在下述局限性：①样本的代表性不足。暴力犯罪人群体较为特殊，在全国范围内随机取样的难度较大，尽管本书的研究样本来自全国多个省市的监管场所，但仍不能完全代表我国暴力犯罪人的总体情况。②样本的性别单一。本书的研究对象均为男性暴力犯罪人，尽管暴力犯罪人中女性所占的比例偏低，但其心理与行为特点可能与男性暴力犯罪人迥异，研究结果未能反映暴力犯罪行为的性别差异。③样本的类型局限。本书的研究对象主要集中于故意杀人、故意伤害、抢劫等暴力犯罪的监狱服刑人员，其他罪名或来源的暴力犯罪人很少甚至没有涉及，同时，也未对样本中暴力攻击的类型进行细分，未来在研究中仍需扩大样本的类型并细化研究对象。④样本量仍需扩大。尽管本书中调查研究的被试近 900 人，但是部分行为实验、脑电和脑成像实验，特别是暴力犯罪人的风险评估和团体矫正，仍需拓展多个样本群体、扩大样本量以提升研究的效度。

(二) 研究设计仍需改进

开展暴力犯罪人研究的最终目的是掌握暴力犯罪的形成机制，减少并预防暴力犯罪的发生，因此只有将科研证据纳入实践领域、遵循研究证据开展行业实践，并最终根据实践成果来检验研究证据的有效性，才能够真正实现理论研究与行业实践的融合。然而，现有研究设计和框架仍存在局限性，需进一步改进：①现有研究仍以传统的心理学调查和实验研究为主，研究成果的可推广性与可迁移性有限，未来的研究设计需要采用循证研究的框架，整合理论研究证据、实践者个人经验与行业相关政策，全面提升研究成果的理论深度和应用价值。②现有研究仍以横断面研究为主，未来需要更多的纵向研究设计，例如，追踪儿童、青少年至成人期个体的暴力行为以阐明暴力犯罪的可能发展路径和影响因素，追踪真实的暴力再犯率来考察矫正预防措施的有效性并及时进行修正与调整，进而为深入剖析暴力犯罪的理论基础、制定实践策略提供最佳证据。

二、启示

（一）科学研究与实践应用相结合

犯罪心理学研究需要与公检法司领域的实践机构和应用部门开展长期合作，积极回应现实需求，全方位服务于基层实践。因此，未来的研究需要重点关注迫切需要解决的实践问题，例如，研发暴力犯罪人等特殊人群的心理评估工具、实施特殊人群的心理咨询和矫正项目、开展未成年人暴力行为的风险预警与犯罪预防等，真正实现研究者、实践者和决策者的持续沟通和互动。例如，整合专业力量开展学术交流与专业技能培训、尝试构建本土化的暴力风险评估工具和矫正项目手册、促进学术研究成果在行业机构内的推广普及与转化应用等，最终真正服务于司法实践的产学研协同创新和融合发展，推进我国社会心理服务体系和法治社会建设。

（二）推进学科交叉与融合创新

犯罪心理学是自然科学与社会科学相融合、基础与应用双轨并进的交叉学科，暴力犯罪行为不仅需要从中观和宏观的社会科学角度进行探索，还需要从客观和微观的认知神经科学和分子生物学层面深入解析，更需要结合大数据、云计算与人工智能等前沿技术，以适应多学科交叉汇聚与多技术跨界融合的发展趋势。因此，整合心理学、法学、神经科学、计算机科学等多学科的实证研究手段，如在传统的问卷调查、个案访谈和行为实验的基础上，记录表情、心率、脑电等暴力犯罪行为相关的多模态数据，通过人工智能模型和算法创建暴力犯罪风险的大数据分析平台，实现暴力犯罪人的智慧评估与矫正策略的智能推荐，可能是暴力犯罪等犯罪心理学研究未来的重要发展方向。

（三）拓展和深化国际交流与合作

在心理学的学科发展过程中，广泛的国际交流与合作是促进科研创新和人才培养的重要手段。犯罪心理学领域的诸多心理学理论与方法源自西方，如诞生于意大利的犯罪学早期理论、加拿大学者开发的多种暴力风险评估工具、美国刑事司法领域兴起的循证矫正运动等。尽管近年来我国的心理学发展已取得长足进步，但是心理学研究仍偏重理论探索，应用领域发展滞后，心理学研究成果在实践领域的应用尚未形成完整规范的体系。犯罪心理学作为应用心理学的一个分支，我们不仅要保持与国外高水平科研院所及行业学会的长期交流，更需要借鉴国外成熟的产学研合作及成果转化模式，真正开展有实质性成果的合作，并推动我国科技与产业的发展，最终为暴力犯罪人的循证矫正研究与实践贡献中国智慧和中国方案。

致　谢

在此书即将出版之际，首先要感谢我的每一位研究生，他们是赵辉、王强龙、隋丽娜、刘笑、赵梦雪、白舒靓、李朱铠幸、孙楚然和杨佳楠。感谢他们在前述每项研究中付出的心血和汗水，有幸在教学相长的过程中见证了他们的青春与成长，衷心祝愿他们在未来鹏程万里、快乐如意。

感谢中国政法大学心理学实验室的杨波教授、肖玉琴老师及其研究团队，本书从数据收集到文字出版都得到了他们的大力帮助，感谢团队中各届研究生在多项工作中带给我的启迪和支持。

感谢中国政法大学社会学院各位同事的关怀和鼓励，在多年工作中与心理学专业各位老师的交流和共事，使我在学术探索和教学工作中受益颇多，在此衷心感谢大家的支持，谨希望未来能够为学校、学院和学科的发展略尽绵薄之力。

感谢研究过程中各合作单位的大力支持，有关暴力犯罪人的每项数据和成果都得益于合作单位各位工作人员和服刑人员的帮助与配合，在此谨向下述机构致谢并期待未来的合作（以合作时间先后为序）：北京市未成年犯管教所、山东省任城监狱、北京市监狱管理局清河分局潮白监狱、四川省成都未成年犯管教所、四川省司法警官总医院、内蒙古自治区呼和浩特第二监狱、宁夏回族自治区石嘴山监狱、湖南省永州监狱、浙江省长湖监狱等。

感谢中国政法大学出版社的编辑在本书出版过程中提出的

宝贵建议和大力支持，感谢我的学生孙楚然和杨佳楠在文字校对和格式编排中大量细致辛勤的工作。

感谢我的家人，他们无条件的支持和鼓励是我前进的动力，祝愿他们永远健康平安。

一路走来，承蒙厚爱，感谢所有关心、帮助和支持过我的师友们，期待未来继续同行。

谨以此书献给我的父亲，感谢他赋予我探索未知的信心和永不言败的勇气。

张卓

北京海淀

2021 年 8 月